Roland Hanewald
Ostfriesische Inseln
mit Helgoland und Neuwerk

Man wird durch Luft, Wasser, Licht, Nahrungsmittel weit
sicherer gesund als durch die Apotheke

Adalbert Stifter

Impressum

Roland Hanewald
Ostfriesische Inseln mit Helgoland und Neuwerk

erschienen im:
Reise Know-How Verlag Peter Rump GmbH
Osnabrücker Str. 79, 33649 Bielefeld

© *Peter Rump* 1995, 1996
3. komplett aktualisierte Auflage *2000*

Gestaltung
Umschlag: M. Schömann, P. Rump (Layout)
G. Pawlak (Realisierung)
Inhalt: K. Röckenhaus (Realisierung)
Karten: Catherine Raisin, Bernhard Spachmüller (Umschlagkarten)
Fotos: Print Media (Wiesmoor), S. 216, Kurverwaltung Helgoland, S. 248,
alle anderen: der Autor
Bildbearbeitung: Thomas Buri

Lektorat (Aktualisierung): André Pentzien

Druck und Bindung
Fuldaer Verlagsagentur

ISBN 3-89416-602-9

Printed in Germany
Dieses Buch ist erhältlich in jeder Buchhandlung der BRD, Österreichs,
der Niederlande und der Schweiz. Bitte informieren Sie Ihren
Buchhändler über folgende Bezugsadressen:
BRD: Prolit GmbH, Postfach 9, 35461 Fernwald (Annerod)
sowie alle Barsortimente
Schweiz: AVA-buch 2000, Postfach 27, CH-8910 Affoltern
Österreich: Mohr-Morawa Buchvertrieb GmbH,
Sulzengasse 2, A-1230 Wien
Niederlande: Nilsson & Lamm BV,
Postbus 195, NL-1380 AD Weesp

Wer im Buchhandel trotzdem kein Glück hat, bekommt unsere Bücher
direkt bei: *Rump-Direktversand*
Heidekampstr. 18, 49809 Lingen (Ems)
oder über den *Büchershop auf der Internet-Homepage*
von Reise Know-How.

Wir freuen uns über Kritik, Kommentare und Verbesserungsvorschläge.

Ostfriesische Inseln
mit Helgoland und Neuwerk

Reisetips

Borkum

Häfen

Nordsee

Juist

Anhang

Norderney

Baltrum

Langeoog

Spiekeroog

Wangerooge

Helgoland

Urlaubshandbuch

REISE KNOW-HOW im Internet

Aktuelle Reisetips und Neuigkeiten
Ergänzungen nach Redaktionsschluß
Büchershop und Sonderangebote
Weiterführende Links zu über 100 Ländern

http://www.reise-know-how.de/

Der
Reise Know-How Verlag
Peter Rump GmbH
ist Mitglied der Verlagsgruppe
REISE KNOW-HOW

Inhalt

Abkürzungen

HS	Hauptsaison
JH	Jugendherberge
NSG	Naturschutzgebiet
Ü	Übernachtung
ÜF	Übernachtung mit Frühstück
VP	Vollpension

Exkurse

Ebbe und Flut 22
3 Grad Minus, Nebel – und die Flut läuft auf 24
Matjes 27
Was ist Watt? 43
Was kreucht und fleucht im Watt? 44
Verhalten im Nationalpark 48
„Küstendeutsch" 54
Namensgebung 56
Ostfriesenwitze 57
Badeverordnung vom 17. Juli 1882 93
Badevater Janus 94
Stichwort: Shanty 114
Heinrich Heine über die Insulaner 126
Der Norderneyer Leuchtturm 145
„Ein Boot? Unmöglich bei der hohen See..." 160
Leben ohne Auto 184
Die Strandung der Johanne 204
Geheimnisvolle Eilande 225
Die Helgoländer Lumme 243
Der Helgoländer Hummer 255
Scharhörn 259

Hinweise zur Benutzung

Aufbau des Buches

Dieses Buch ist in mehrere Abschnitte unterteilt.

Die *praktischen Reisetips* vermitteln einen allgemeinen Überblick zu Themen wie Preise und Unterkünfte, Gesundheit und Essen.

Unter *Die Nordsee* findet man landeskundliche Beschreibungen zu Natur und Ökologie der Nordseeinseln; ein weiterer Abschnitt behandelt Sprache, Kultur und Geschichte.

Es folgt die *Beschreibung der einzelnen Inseln,* geographisch von West nach Ost geordnet und in die Abschnitte Ostfriesische Inseln, Helgoland sowie Neuwerk und Scharhörn eingeteilt.

Zu jeder Insel findet man einleitende Texte mit Hintergrundinformationen und einer Beschreibung der Insel und ihrer Sehenswürdigkeiten. Darauf folgt ein ausführlicher Infoteil mit wichtigen Adressen und Angaben zu Themen wie Strandkorbmieten, FKK oder Kinderbetreuung.

Unterkünfte können natürlich nur in einer kleinen Auswahl vorgestellt werden – eine vollständige Aufzählung würde den Rahmen dieses Handbuches sprengen. Statt dessen werden nützliche Anhaltspunkte zum Preisvergleich gegeben. Dementsprechend ist – wie auch bei den Restaurants - weder die Auswahl noch die Reihenfolge als Wertung zu verstehen.

Im abschließenden *Anhang* findet man Informationen zu Fährverbindungen und -häfen, eine Tabelle der Kurtaxen, das Literaturverzeichnis sowie das Register.

Vorwort

Nach langen Jahren, in denen ich als Seemann die Weltmeere befahren habe, nach langer Zeit, in der ich einen der schönsten Inselstaaten der Erde, die Philippinen, zum Domizil erkoren hatte, hat es mich wieder zurück an die deutsche Nordseeküste gezogen. Was hat mich dazu veranlaßt, tropische Trauminseln mit dem rauhen Norden zu vertauschen? Und was hat mich an den Ostfriesischen Inseln so fasziniert, daß ich sie zum Inhalt eines Reisehandbuchs gewählt habe?

Gewiß lassen sich die kargen Eilande und Küsten der Nordsee nicht mit den Maßstäben tropischer Gestade, dem Liebreiz (unverbauter) mediterraner Küsten messen. Aber eine einmalige Andersartigkeit kann man ihnen nicht absprechen. Nicht, daß da etwas wäre, auf das man mit dem Finger zeigen könnte – so einfach ist die Faszination, die von den Inseln ausgeht, nicht erklärbar. Es sind eher die vielen kleinen Einzelheiten, die zusammen ein Ganzes ergeben, das man womöglich erst dann als solches erkennt, wenn man die Inseln wieder verlassen hat.

Da ist der hohe Himmel, der unendlich weite Horizont, der selten ruhende Wind mit seinen jagenden Wolken. Da sind die „an den Strand trekkenden Wellen" – so die „Nordseehymne" – und das Grummeln und Tosen der Brandung, die durchdringenden Möwenschreie und, wenn es einmal „pottendick" ist und der Horizont auf Steinwurfweite schrumpft, die klagenden Sirenen ferner Seeschiffe. Da ist der Geruch von Salzwasser und Schlick, ein „Nullgeruch" eigentlich, der dem von Millionen von Motoren umgasten Kontinentalbewohner als prickelndes Sauerstoffbad in Nase und Lunge fährt. Da sind das Wasser und der Sand, elementare Teile der Erde und stets in solcher Nähe, daß es leicht fällt, sich zu beglückender Einheit mit ihnen zu verbinden.

Alles dies stellt die alltägliche insulare Kulisse dar, die die Sinne des Wachen belebt und den Müden wie ein Kind in den Schlaf wiegt.

Zwar liegen die Inselstrände selten gänzlich verlassen, auch im Winter nicht, und manchmal tummelt sich auf ihnen mehr Menschheit, als dem nach insularer Isolation Dürstenden lieb sein mag. Doch sind dies überwiegend Menschen in fröhlicher Stimmung, deren Gesellschaft eher anregt als „nervt". Dies, das „Nerven", ist auf den Inseln ohnehin ein Fremdwort. Außer vielleicht, wenn die Rechnung präsentiert wird. Davon reden wir gleich, damit wir's hinter uns haben.

Einen schönen Inselaufenthalt! Mögen auch Sie hinfort zu den Nisophilen, den Liebhabern von Eilanden gehören!

Roland Hanewald

Praktische Reisetips

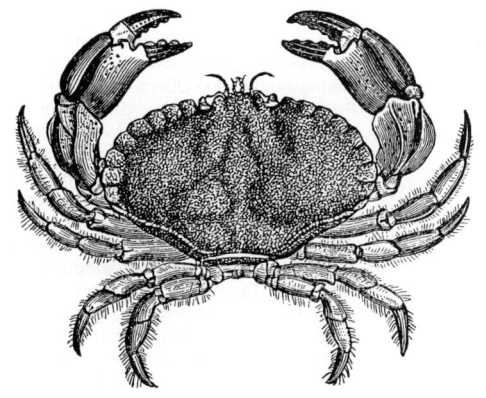

Reise und Preise

Anno 1992 gab es eine einschneidende Veränderung im touristischen Gefüge Germaniens: Der Bundesgerichtshof entschied („leider", so eine Inselvertretung), daß alle **Nebenkosten** (z.B. Strom, Wasser und Heizung) im Mietpreis für Ferienwohnungen klar angegeben werden müssen.

Für den Gast hat dieses Urteil fühlbare Erleichterung geschaffen, und es war auch bitter vonnöten gewesen. Denn bis dato enthielten die Preislisten häufig Posten, die irgendwo unter „ferner liefen" oder im Kleingedruckten untergebracht waren und dem Mieter beim Abschied eine böse Überraschung bescherten. Vor allem bei den sogenannten **End- oder Nachreinigungkosten** war dreist zugelangt worden: Mit 60 Mark oder mehr war dieser Posten mitunter teurer als die Übernachtung selbst. Strom, Wasser, Heizung, Reinigung usw. fallen heute in eine gemeinsame Sparte; sie müssen, bei Hotels funktioniert das ja auch, mit in den Tagespreis einkalkuliert sein. Wenn man in der Endabrechnung zusätzliche Kosten dieser Art aufgelistet findet, kann man diese mit einem Achselzucken abtun – vorausgesetzt allerdings, daß eine Inanspruchnahme solcher Leistungen, so der Gerichtsentscheid, nicht freiwillig war.

Also Vorsicht! Auch weiterhin wird versucht, sich an der neuen Gesetzeslage vorbeizulavieren und dem Gast eine Mogelpackung unterzujubeln. Dafür eignet sich der Terminus „freiwillig" vorzüglich. Wer nimmt schon unfreiwillig eine Dusche? Das Morgenbad kann deshalb, nach einem entsprechenden Hinweis, in separate Rechnung gestellt werden.

Die im Buch angegebenen **Beherbergungspreise** sind mehrheitlich, sofern nicht anders vermerkt, die jeweils niedrigsten für eine Übernachtung mit Frühstück (ÜF) pro Person im Doppelzimmer (DZ) in der Hauptsaison (HS). (Die Definition der HS variiert von Insel zu Insel, Einzelheiten im jeweiligen Info-Teil). Sie sind zudem, wie alle Zahlenangaben in diesem Buch, nicht verbindlich, sondern Anhaltswerte für einen Überblick über das Preisniveau. Ebensowenig kann von Fixpreisen ausgegangen werden, denn weitere Variationen sind stets möglich. Vielfach sind die Preise auf eine **Mindestbelegung** bezogen, die in der Regel drei Tage beträgt, oft aber auch eine Woche oder mehr. Bei kürzerer Belegung gibt's einen Aufschlag. Das ist ganz legal und auch verständlich. Bei langer Belegung (oder zu „Sauregurkenzeiten") kann man andererseits auch ein wenig handeln, was bei schmaler Kasse allemal zu empfehlen ist.

Feste Kosten stehen bei den *Jugendherbergen* an. Die JH auf den Inseln haben die Kategorien II und IV und bei (obligatorischer) VP die folgenden Preise:

Kat. II (Juist-Althaus, Langeoog, Norderney-Dünensender und -Südstraße, Spiekeroog, Wangerooge): 36,90 DM.

Kat. IV (Borkum, Juist-Haupthaus): 40,70 DM. Senioren ab 27 zahlen 5 DM mehr. Plus (bei Bedarf) Bettwäsche: 6 DM. Plus Kurtaxe.

Zu bedenken ist auch stets, daß das allgemeine *Kostenniveau für Lebensmittel* auf den Inseln spürbar höher ist als auf dem Festland. Selbstversorger sollten sich vor Anreise zumindest für ein paar Tage mit dem Notwendigsten eindecken.

Richtig buchen

Der Leser möge Verständnis dafür haben, daß angesichts einer *sechsstelligen Gästebettenzahl* auf den deutschen Nordseeinseln unmöglich alle Herbergen in diesem Buch aufgezählt werden können. Es würde im Format sonst dem PLZ-Verzeichnis ähneln und wäre nur noch ein Handbuch für jene, die Hände wie Kohlenschaufeln besitzen.

Zimmer-vermitt-lung

Die Praxis ist auch viel einfacher. Wer sich für eine Insel interessiert, setzt sich mit der dortigen *Zimmervermittlung* oder *Kurverwaltung* in Verbindung (Adressen und Telefonnummern im jeweiligen Info-Teil) und läßt sich das *Gastgeberverzeichnis* zuschicken, in dem alle Herber-

Die Möwe Emma

gen säuberlich aufgelistet und in sämtlichen Einzelheiten beschrieben sind. (Die Reihenfolge der Beherbergungs- und Gaststättenbetriebe ist in diesen Verzeichnissen – und auch in diesem Buch – keineswegs wertend zu verstehen, sondern folgt dem Alphabet, Größenordnungen, der Lage oder anderen praktischen Erwägungen).

Auswahl der Unterkunft

Erster wichtiger Punkt: Wann ist das Haus geöffnet? Viele Herbergen machen über Winter dicht oder legen zu anderen Zeiten eine Pause ein.

Außer dem Typus der Unterkunft und, versteht sich, ihrem Preis, sind jetzt viele kleine Details zu beachten, die alle im Verzeichnis stehen. Die Lage zum Beispiel. (Manche Leute empfinden Brandungsrauschen als einklagbare Lärmbelästigung.) Die Ausstattung. (Ein Telefon mag für manchen unverzichtbar sein, aber ginge es nicht mal zwei Wochen ohne Glotze?) Sind Kinder willkommen? Hunde und andere Haustiere? Keineswegs überall! Ziehen Sie womöglich ein Nichtraucherhaus vor? Davon gibt's jetzt immer mehr. Und letztlich wird auch interessieren, ob die Herberge zumindest entfernten Inselcharakter hat und nicht aussieht wie eine Garage mit Wohnteil. In den meisten Prospekten sind die Häuser einschließlich ihrer sorgfältig getrimmten Rasen und Hecken abgebildet. Inselwildnis-Charakter hat leider keines, nirgendwo.

Vertragsabschluß

Gegenseitige Kontaktaufnahme und Vertragsabschluß sind ausschließlich Sache von Gast und Vermieter; die Kurverwaltungen haben damit nichts mehr zu tun. Ein *Gastaufnahmevertrag* gilt als abgeschlossen, sobald die Unterkunft bestellt und schriftlich bestätigt worden ist. Eine *schriftliche Bestätigung* ist auch seitens der meisten Insel-Jugendherbergen erforderlich, andernfalls erfolgt keine Aufnahme!

Die *Paragraphen* eines Gastaufnahmevertrags sind im Gastgeberverzeichnis aufgelistet. Man schenke ihnen zumindest dann Aufmerksamkeit, wenn man in Versuchung kommt, von einem Mietvertrag etwaig zurücktreten zu wollen. Das Bürgerliche Gesetzbuch sieht dafür nämlich keine Handhabe vor. Vermietern geschieht es wiederholt, daß ein Gast einen Vertragsabschluß unter Angabe der fadenscheinigsten Gründe („Regenwetter") nichtig machen möchte. Doch Vertrag ist Vertrag; selbst Zwangslagen wie Krankheit, Todesfälle in der Familie und Urlaubsstornierungen erkennt das Mietrecht nicht an. Da gibt es nur zwei Auswege, um sich Ärger zu ersparen: 1. den rechtzeitigen Abschluß einer *Reiserücktrittsversicherung*, 2. einen *Appell an die Kulanz* des Vermieters. Dieser dürfte sich bei Angabe realistischer und wirklich stichhaltiger Gründe auch auf einen Rücktritt einlassen, sofern der Antrag nicht in allerletzter Minute erfolgt.

Die Sache mit der Kurtaxe

Daß ein freier Bürger seinen Fuß nicht auf freien Boden setzen darf, ohne dafür zur Kasse gebeten zu werden, ist vielen Menschen schlicht unverständlich. Deshalb hat es auf den deutschen Nordseeinseln seit der frühen Einführung der leidigen Abgabe immer wieder Ärger zwischen Gästen und der Verwaltung gegeben. Und ein Ende ist nicht in Sicht. Die Kurtaxe stellt nämlich eine nicht geringe zusätzliche Last für das Urlaubsbudget dar. Das läßt manchen Inselreisenden aufmucken, der ihren Sinn nicht zu erkennen vermag, vor allem, wenn er weiß, daß Bund und Länder die Inseln kräftig unterstützen.

Der Wortreichtum, mit dem die Verwaltungen in ihren Schriften das Thema angehen, die langatmigen Auslassungen zur Sache, das Anführen von Paragraphen und Grundsatzurteilen in ansonsten devot gehaltenen Texten – das alles läßt im „Kurgast" den Argwohn aufkommen, daß hier etwas nicht rechtens ist. Von ihm, der vielleicht nur seine Lungen mit der guten Seeluft durchspülen, ein Bad im Meer genießen will, wird erwartet, einen teuren Verwaltungsapparat mitzufinanzieren, sich aus eigener Tasche an Programmen zu beteiligen, die ihm sehr überflüssig und albern vorkommen mögen – und für die in der Mehrzahl eh noch gepfeffert gelöhnt werden muß. Vielleicht verlangt es ihn auch gar nicht nach den pompösen Kurpalästen aus Glas und Klinker und anderem mehr, das den Inseln wenig zum Schmuck gereicht, vielleicht sähe er lieber etwas natürlich Gewachsenes anstelle von Architektur, die auch in Bayern ihren Platz hätte.

Alte Schlenge
im Watt

Doch danach fragt man ihn nicht. Sein Luftholen, sein Morgenbad, der Fuß auf dem Sand werden pauschal zur geldwerten „Kur" erklärt, für die er gefälligst zu blechen hat. Und rechtens ist auch alles. Wiederholt ist versucht worden, die Kurtaxe zu Fall zu bringen, doch sie ist gesetzlich fest einbetoniert.

Manchmal sind es die Insulaner selbst, die an den Fundamenten der Taxe rütteln, indem sie sie ihren Gästen gar nicht in Rechnung stellen. In Wittdün auf Amrum gingen die Rebellen (1992, laut „Stern") einen anderen Weg: Sie rechneten vor, wie sich Gebührenerhöhungen vermittels Kürzung von Repräsentationsaufwendungen der Kurverwaltung vermeiden ließen. Diese schlug umgehend zurück: Die Kurtaxe wurde heraufgesetzt – um 40 Prozent.

Eine gewisse Kontrolle, ob der Gast seine Taxe zahlt oder nicht, erlangen die Verwaltungen mittels der **Kurkarte**. Es gibt sie auf den meisten Inseln. Sie wird entweder an der **Kurkasse** gelöst oder direkt vom Vermieter ausgestellt (der gibt auch die nötige Auskunft). Neuerdings ist die Karte auf manchen Inseln auch in Plastik gebettet und die Kontrolle noch perfekter. Ohne dieses Kärtchen läuft vielerorts gar nichts. Man erreicht nicht einmal den Strand – es sei denn, man zahlt horrend drauf, und jede Veranstaltung und Fahrt kostet doppelt soviel. Aber erst mal anreisen – dann sehen wir weiter!

Gesundheit

Meer für die Gesundheit

Thalassotherapeutisches Potential. Aktinischer Komplex. Thermisch-hygrisches Prinzip. Maritime Aerosol-Atmosphäre.

Dies sind einige der Hundertmarkwörter aus den Prospekten, mit denen ein Klima beschrieben wird, wie es eigentlich überall sein sollte: Gesund und anregend, mit sauberer Luft und inmitten einer weitgehend unverschandelten Umwelt und Natur. Die See ist ein Extrabonus.

Die deutschen Nordseeinseln besitzen kein Monopol auf das sogenannte und vielgepriesene **Heil- und Reizklima.** Auch anderswo gibt es ähnlich günstige klimatische Verhältnisse.

Indikation: Allergien

Wenn Ärzte ihren Patienten einen Inselaufenthalt verordnen, so haben sie dabei vor allem Allergiker im Visier, die auf bestimmte Stoffe in ihrer Umgebung – besonders in der Luft – ausgesprochen „gereizt" reagieren. Allein in der Bundesrepublik leiden schätzungsweise 15 Millionen

Menschen an Gesundheitsproblemen dieser Kategorie. Eine Vielzahl spricht sehr ungünstig auf **Pollen** an, Blütenstaubpartikel, die sich je nach Pflanzenart von Februar bis September in den Lüften tummeln. Anderen, ebenfalls sehr zahlreich, bereitet der Aufenthalt in beheizten, klimatisierten oder elektronikbestandenen Räumen intensive Beschwerden.

Die sehr hohe Zahl der dieserart Leidenden läßt vermuten, daß das Immunsystem vieler Zivilisationsmenschen durch ständige Überreizung geschwächt ist und beim kleinsten Anlaß „sauer" reagiert. Man könnte diese Auslöser „negative Reize" nennen. Es gibt aber auch positive, und die herrschen im Seeklima vor und machen es so „heilkräftig". Außerdem fehlen in der sauberen Meeresluft viele der allergieauslösenden Stoffe.

Licht und Luft

Ganz von selbst sorgt auch die Abkopplung vom Alltag, die Ferien- und Feiertagsstimmung, für ganzheitliches Wohlbefinden. Hierzu gesellen sich die Wirkungen der „aktinischen und thermisch-hygrischen Komplexe", auf gut deutsch die Einflüsse von Licht, Luft, Wärme und Wasser. Licht nämlich stimuliert die Produktion von Hormonen, die direkt auf unser Wohlbefinden Einfluß haben.

Vorsicht, Krebs!

Defizite auf diesem Sektor sind während einiger Ferientage nicht mit Brachialgewalt auszugleichen. Wer sich mit dieser Absicht auf den „Teutonengrill" packt, kann sich unter Umständen sogar statt guter Laune und knackiger **Bräune** Schlimmes einhandeln. Daß übermäßiges **Sonnenbaden,** besonders dann, wenn es zum **Sonnenbrand** kommt, eine der Hauptursachen für Hautkrebs ist, sollte sich inzwischen herumgesprochen haben. Besonders in den ersten Urlaubstagen und in der Mittagszeit sollte man sich schützen – am einfachsten dadurch, daß man den Schatten aufsucht.

Bekanntlich ist die UV-Einstrahlung an der See um einiges höher als im Binnenland. Selbst im Schatten kommt man hier – langsam, aber sicher – zur begehrten Bräune.

Wohltäter

Im schattigen Exil erreichen den Nordseeurlauber sowieso auch weiterhin Scharen von meeresspezifischen Wohltätern. Dies sind zunächst einmal die **Aerosole,** fein aufgelöstes Salz und Jod in der Atemluft, und des weiteren die sogenannten **negativen Ionen.** Die werden erzeugt, wo immer Wasser in heftiger Bewegung ist, so am Brandungssaum, und sie vermitteln dem Menschen das prickelnde Wohlgefühl, das ihm in umbauten Räumen – bis hin zu einem erstickenden Minimum in betonierter Umgebung – in totalem, womöglich krankmachendem Ausmaß abhanden kommt. Dort herrschen nämlich die positiven Ionen vor, deren Effekte außerordentlich negativ sein können.

**Kur-
packung**

Die Kurpackung ist für alle Nordseebäder ein Eckpfeiler ihrer Existenzgrundlage. Viele Millionen hat man nahezu überall in Einrichtungen gesteckt, die sich von Insel zu Insel im Prinzip wenig unterscheiden.

Allen gemeinsam sind gesalzene Preise; natürlich, die teuren Anlagen wollen betrieben werden und müssen sich amortisieren. Wer seine Kur nicht von der Kasse bezahlt bekommt, muß tief in die Tasche greifen. Natürlich kann man das Bad im Nordseeschlick statt als teure „Anwendung" auch umsonst haben – im Watt nebenan.

Dieses Buch gibt keine Empfehlungen für den Kurbetrieb – dafür gibt es schließlich die Kurärzte. Es ist nämlich möglich, ein Eiland nach einem Ferienaufenthalt erfrischt und belebt zu verlassen, ohne ein einziges Mal der Segnungen einer mit dem Wort Kur- beginnenden Einrichtung teilhaftig geworden zu sein. Das ist ja auch überhaupt das kleine Geheimnis der Inseln, das sie so anziehend macht.

**See-
krankheit**

Bei allen nützlichen Aspekten des Klimas – einem ganz inselspezifischen Leiden wird sich mancher Küstenbesucher nicht immer entziehen können: Der Seekrankheit. Auf einigen Seebäderschiffen gibt es einen eigens installierten „Brechraum", in dem sich die Reise in netter Gesellschaft erleben läßt... Weniger auf den Zubringern der küstennahen Inseln, Fahrzeugen stattlicher Tonnage, die durch das Wattenmeer schippern. Doch auf einer Helgolandfahrt kann es trotz Schlingerkielen und Umwälzsystemen mitunter ganz lustig hergehen!

Manche Medikamente aus der Apotheke schützen vor dem Schlimmsten. Auch ein Stück frischen Ingwers zu kauen soll hilfreich sein. Am besten hilft wohl die „Augen-zu-und-durch-Methode" und zudem eine humorige Einstellung wie diejenige *Wilhelm Buschs*, der eine Inselreise (nach Borkum) mit diesen Worten beschrieb:

„...Der Weg durch Oldenburg und Ostfriesland bei Hitze und unglaublichem Sand und Staub war auch unerfreulich genug. Aber schon die Seefahrt von Emden aus machte mir das größte Vergnügen. Drei Hüte gingen fort auf ewig. Ein stattliches Kalb, welches ein Schlachter überführte, richtete vermittels seiner Wind- und Wetterseite ergötzliches Unheil an. Ein paar junge Damen wurden seekrank, die eine in meiner Nähe so geschickt, daß ich mit dem Winde so eine Art Pastetenfüllung ins linke Ohr bekam."

Möge es dem heutigen Inselfahrer besser ergehen. Wenn nicht, dann möge er bedenken: Die Windseite vermeiden!!!

Säuglinge und Taubstumme werden nie seekrank, ebenso eine verschwindend kleine Anzahl von permanent Gefeiten. Ein ebenso geringer Prozentsatz ist von dem Übel erst befreit, wenn er wieder festen Boden unter den Füßen verspürt. Für das Gros dazwischen stellt die Seekrankheit eine Frage der Gewöhnung dar. Unwahr ist auch, daß ein „richtiger Kerl" nie seekrank wird...

Einer, den es mächtig packte, war der dicke *Hermann Göring* auf einer stürmischen Kreuzfahrt von Helgoland nach Kiel. Nachdem er − was den Seeoffizieren nicht verborgen blieb – Neptun reichlich geopfert hatte, belegte man ihn in der Offiziersmesse mit dem ehrenvollen Titel „Reichsfischfuttermeister" (mit der Berechtigung, ein goldenes Netzhemd zu tragen).

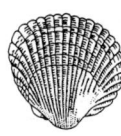

Herzmuschel

Göring kam die Sache zu Ohren, und er verlangte bitterböse die Bestrafung des Offiziers, der sich bei diesen Frotzeleien am meisten hervorgetan hatte. Der Mann wurde befehlsgemäß verdonnert, doch seine Karriere nahm keinen Knick. Die deutsche Marine war auch im Zweiten Weltkrieg noch monarchistischen Prinzipien treu. Der olle Willem hatte schon mal einen Spaß vertragen können − zumal er seefest war.

Sicheres Baden

Natürlich reist man vor allem auf die Inseln, um dort zu baden, und nicht in der Hotelwanne, sondern in der See. Selbiges wird einem vielerorts jedoch stark erschwert. Es gibt **Bademeister, Baderegeln, Badezeiten.** Hier und da ist das Baden außerhalb abgezirkelter Areale sogar schlichtweg verboten.

Brandung

Die heraufbeschworenen Gefahren sind real. Hohe Brandungswellen sind allein schon wegen ihrer kinetischen Energie gefährlich. Sie können einen Schwimmer auf den betonharten Boden schmettern, daß ihn die Sinne vielleicht für immer verlassen. Das Risiko ist aber primär durch die Vermischung von Wasser und Luft in der Brandungszone gegeben, denn diese Mixtur hat eine weitaus geringere Tragkraft als unvermengtes Wasser.

Strömung

Schwache Schwimmer können in dieser Zone schnell in Bedrängnis geraten, vor allem, wenn noch Strömungen an ihnen ziehen. Der Rückfluß der Wellen ist um so stärker, je höher diese sind, und dazu gesellen sich die ***Gezeitenströmungen.*** Diese sind besonders stark, wo sich in einiger Entfernung parallel zum Strand Sandbänke hinziehen, wie es auf vielen Inseln der Fall ist. Vor allem bei ablaufendem Wasser entstehen in dieser Rinne böse Strömungen, die durch über die Bänke brechende Seen noch zusätzliche Kraft erhalten. Für den, der hier auf die offene See getragen wird — denn gegen den Strom ist kein Anschwimmen — sieht's zappenduster aus. Das kalte Nordseewasser läßt ein Überleben von höchstens ein paar Stunden zu. Auch die Mär vom „Warmschwimmen"

Warnzeichen: Ein roter Warnball. Baden nur unter Aufsicht der Rettungsschwimmer gestattet! Zwei rote Warnbälle: Baden verboten! (Nicht auf allen Inseln)

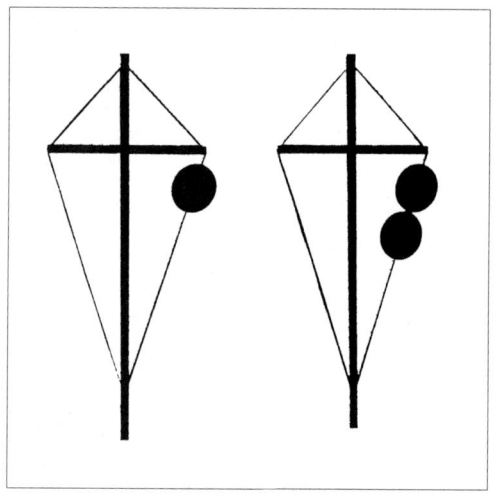

ist natürlich eine solche: Jegliche Körperbewegung im kalten Wasser führt letztendlich zu Wärmeentzug und Schwächung. Unbewegliches Treibenlassen mit Hoffnung auf Rettung ist in dieser Lage die beste Strategie.

Wadenkrampf und Unterkühlung

Ein Minimum an Bewegung beugt auch dem gefürchteten Wadenkrampf vor, der übrigens kein (direktes) Produkt des vollen Magens, sondern eines von Unterkühlung und Überanstrengung ist. Hilfreich — bis zum völligen Verschwinden des Problems — ist das Heraufziehen der großen Zehe bei gestrecktem und durchgedrücktem Bein.

Analoges gilt auch bei glücklicher Rückkehr an den winddurchzogenen Strand. Da hilft kein „Warmturnen"; ein

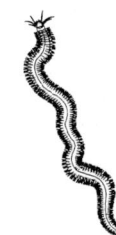

Unterkühlter gehört unter die heiße Dusche (siehe auch „Alkohol" im nächsten Abschnitt).

Also sollte man – von moderaten Ausbrüchen abgesehen – doch wohl lieber „den Anordnungen des Badepersonals Folge leisten"? Gewiß – zumindest so lange, bis man selber mit allen Gefahren und Risiken auf das Innigste vertraut ist.

Wattwandern

See-
ringelwurm

Dies gilt auch ganz besonders für Wattwanderungen. „Verboten!" heißt es da fast überall, oder „nur mit staatlich geprüftem *Wattführer*", der natürlich Geld kostet.

Da dem Entdeckungstrieb der Menschheit aber keine Zügel anzulegen sind, gehen immer wieder Neugierige, Trotzige und Unwissende auf Erkundungstour in die Watten und geraten mitunter ganz schön in die Bredouille.

Watt-
schnecke

Ausdrücklich sei hier empfohlen, es diesen „Individualisten" nicht nachzutun. Nicht nur der Gefahr wegen, sondern auch, weil der größte Teil der Watten Naturschutzgebiete sind, in denen man nicht herumtrampeln sollte. Der Wattführer hat den Kompaß, das Walkie-Talkie und die Erfahrung, und die hat der Kurgast meistens nicht. Das ist besonders bitter, wenn plötzlicher *Nebel* aufkommt. Und es gleichzeitig kälter wird. Und die Flut aufläuft...

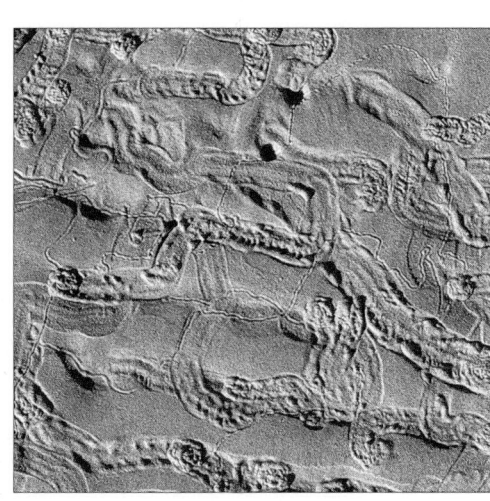

Spuren im
Sand

Ebbe und Flut

Ganz früher einmal glaubte man, daß das Atmen eines Seeungeheuers oder Meeresgottes die Gezeiten bewirkte. Doch schon vor der Zeitenwende hatten kluge Köpfe erkannt, daß irgendwie ein Zusammenhang mit der **Bewegung des Mondes** bestand. Der Grieche *Strabo* stellte fest: „Der Okeanos ahmt die Bewegungen der Gestirne nach!" Vor allem *Plinius d. Ä.* machte sich wenige Jahre später um den Wissensstand zu diesem Thema verdient. Dann geriet mit dem Verfall der Antike alles wieder in Vergessenheit.

Erst *Kopernikus* sah (im 16. Jh.) die Zusammenhänge in groben Zügen wieder, und *Kepler* bahnte *Newton* den Weg zu weiteren Erkenntnissen, vornehmlich dem Gravitationsgesetz. Denn es ist die **Schwerkraft**, die für das Phänomen der Gezeiten (Küstendeutsch: **Tiden)** verantwortlich zeichnet. Die Massen des Mondes und, in weit geringerem Ausmaß, der Sonne zerren nämlich mit ihren Anziehungskräften gewaltig an der Erde. Und da ein flüssiger Stoff wie Wasser sich leicht in Bewegung versetzen läßt, entsteht dort, wo diese Kräfte sich am stärksten auswirken, jeweils ein regelrechter Wasserberg, unter dem die Erde sich quasi hinwegdreht.

Der durch diesen „Berg" verursachte **Gezeitenhub (Tidenhub)** kann beträchtlich sein. Im Nordosten der USA erreicht er über 18 m, im englischen Bristol 14 m und im französischen St. Malo 13 m. An der deutschen Nordseeküste sind diese Werte bescheidener: 2,80 m in Wangerooge, 2,40 m in Borkum und Helgoland, 1,80 m in List auf Sylt. Nur in den Flüssen kann der Hub noch höher liegen, so bei 4 m in Bremen.

Das Gefälle des Wassers bewirkt das Entstehen erheblicher **Strömungen,** die in der Nordsee aufgrund des relativ geringen Tidenhubes jedoch einigermaßen moderat sind. An engen Stellen wie in den Passagen zwischen den Inseln rauscht es aber ganz schön durch. Bei 4 Knoten (7,4 km/h) wird es auch für Schwimmer und sogar für manche Boote eng. Dann erhallt, wie so oft in jedem Jahr, der Ruf nach den Rettern.

Anhand der sogenannten **Tidenkalenders** bzw. einer **Gezeitenübersicht,** die auf den Inseln an jedem Anleger und Badestrand einsehbar ist, kann man sich mit Ebbe und Flut, Hoch- und Niedrigwasser vertraut machen. Es ist nämlich keineswegs so, daß diese Vorgänge sich jeden Tag zur gleichen Zeit wiederholen. Die Tiden sind pro Mondaufgang um 50 Minuten versetzt, und da es zweimal innerhalb von 24 Stunden auf- und abläuft, ver-

schiebt sich der Zeitpunkt von Hoch- bzw. Niedrigwasser um täglich jeweils 25 Minuten. Mit anderen Worten: Die **Dauer einer Tide** (oder Gezeit) beträgt 6 Stunden und 13 Minuten. Je nach der Mondphase, d.h. der Stellung unseres Trabanten zur Sonne, stellen sich auch besonders hohe (Springtiden) oder niedrige (Nipptiden) Gezeiten ein, die sich ebenfalls aus den Tabellen entnehmen lassen.

Schwimmer, Surfer, Bootsfahrer, Wattwanderer – eigentlich jedermann auf den Inseln sollte mit den Gezeiten eng vertraut sein, sollte auch wissen, daß Wind und Seegang für große Abweichungen des berechneten Ergebnisses sorgen können. Die Gezeiten der Nordsee stellen nicht nur ein faszinierendes Phänomen dar. Sie bergen auch ein Gefahrenpotential, vor dem es sich in acht zu nehmen gilt.

3 Grad minus, Nebel – und die Flut läuft auf

Wie schnell Leichtsinn und Unwissenheit in die Katastrophe führen können, zeigt der nachstehende Bericht aus den Annalen der DGzRS:

Der letzte Dienstag im Dezember 1992 ist ein grauer, kalter, unfreundlicher Tag. Starker Nebel liegt über dem Watt von Borkum, der ostfriesischen Insel im Westen, die auch um diese Jahreszeit als Urlaubsziel ihre Vorteile bietet: klare, saubere Luft und Hochseeklima, gerade drei Stunden vom Festland entfernt.

Heinrich und Helga K. aus dem schwäbischen Kornwestheim haben sich vormittags auf den Weg gemacht, um eine Prise Meeresluft zu schnuppern. Über die lange Strandpromenade führt sie ihr Weg in Höhe des Kurhauses hinunter an den um diese Jahreszeit verwehten, graugelben Strand und weiter an die Wattkante. Die bunten Strandkörbe sind längst im Winterquartier und nur wenige Spaziergänger unterwegs. Das Ehepaar hat den Weg Richtung Seehundsplate angetreten – eine großflächige Untiefe, die weitläufig trockenfällt. Bei auflaufendem Wasser, also wenn die Flut ihren Höchststand erreicht, überspült die Nordsee die Plate. Heute vormittag ist das Was-

Reisetips

ser bei Ebbe weit abgelaufen. Ein Priel wird von den „Spaziergängern auf dem Meeresgrund" umlaufen, und sie erreichen das Hohe Riff, das normalerweise nicht betreten werden darf: Seehundschutzgebiet. Für 14.12 Uhr ist Hochwasser angesagt. Wer dann noch trockenen Fußes zurückgehen will, muß einen ganz bestimmten Weg kennen. Und den wissen eigentlich nur die Einheimischen ...

Szenenwechsel. Kurz vor 13.00 Uhr. Liegeplatz des Seenotkreuzers *Alfried Krupp* im Schutzhafen von Borkum. Der Mittagstisch ist gerade abgebackt worden. In der Kombüse klimpern Bestecke und Teller – Abwasch. Auf UKW läuft ein Funkspruch auf. „Wattwanderer am Hohen Riff vom Wasser eingeschlossen. Von Land aus keine Hilfe möglich."

Glücklicherweise waren die beiden Wattwanderer beobachtet worden, wie sie sich immer weiter von der Promenade entfernten, vom Nebel verschluckt wurden und auf die weite Entfernung nur schemenhaft mit dem Fernglas ausgemacht werden konnten. Alarm für die Inselfeuerwehr. Vergeblicher Einsatz: Das Wasser ist schon zu hoch aufgelaufen. „Da kommen wir nicht mehr ran. Ruf die Retter!"

„Retter" – das ist an der Küste und auf den Inseln die kurze und einprägsame Bezeichnung für die Seenotkreuzer und Seenotrettungsboote – und auch für die Männer, die an Bord rund um die Uhr ihren Dienst tun. Die „Retter" sind auf dem Anmarsch. Durch das Hubertgat prescht der Seenotkreuzer, erreicht nach knapp 20 Minuten das Revier am Hohen Riff.

„Tochterboot raus!" Die 7,50 Meter lange *Glückauf* mit gerade 75 Zentimetern Tiefgang ist in ihrem Element. Umsichtig manövrieren die beiden Rettungsmänner das Tochterboot an die Wattkante, wo ihnen das Paar entgegenkommt. Völlig durchnäßt, zitternd vor Kälte. Kein Wunder: Lufttemperatur minus drei Grad. Wassertemperatur drei Grad. Ein frischer Wind aus Südost.

Minuten später wird das Tochterboot vom Kreuzer aufgeslipt. Heinrich und Helga K. werden an Bord der *Alfried Krupp* versorgt. Mit trockener Kleidung und einem guten ostfriesischen Tee mit Kluntjes. Viel Worte gibt es in dieser Situation nicht. Der Seenotkreuzer läuft zurück zum Liegeplatz, wo die Wasserschutzpolizei für alles Weitere sorgt, unter anderem den Transport in das Inselkrankenhaus, wo die beiden Urlaubsgäste auf Unterkühlungserscheinungen untersucht werden.

Als Heinrich und Helga K. von Bord der *Alfried Krupp* gehen, spüren die Seenotretter, was in den Köpfen der beiden vor sich geht: „ ... wenn die uns nicht da rausgeholt hätten ..."

Essen und Trinken an der Küste

Brot

Es beginnt mit dem Brot. Was sich **Schwarzbrot** nennt, ist auch schwarz und enthält komplette Getreidekörner, die zu einem krustigen, nährstoffreichen Laib zusammengebacken sind. So ein richtiges norddeutsches Schwarzbrot erweckt den Eindruck, es würde die erste Halbzeit eines Fußballspiels ganz gut als Ball überstehen. Ein Klacks Butter drauf – und voilà: eine komplette Mahlzeit!

Krabben

Dabei läßt es der Nordseemensch nun aber nicht bewenden. Er häuft sich entweder rohes **Hackfleisch** auf den Kanten oder belegt ihn dick mit **Garnelen,** die in den flachen Gründen vor der Küste gefangen und noch an Bord der Kutter in Seewasser gekocht werden. Die Krabbeltiere haben an der See die kuriosesten Namen und heißen überall anders: **Granat** in Ostfriesland und an der Weser, **Kraut** an der Unterelbe und im Nordfriesischen, **Porren** und vereinzelt auch **Sanduhl** auf den Halligen und Inseln im Norden. Sie sind von vorzüglichem Eigengeschmack und – außerhalb der Restaurants – gar nicht teuer, vorausgesetzt allerdings, man „puhlt" (schält) sie selbst.

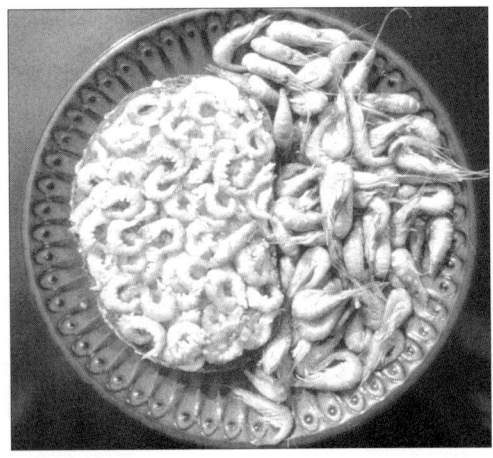

Granatteller

Fisch

Garnele

Wer Fisch verabscheut, ist an der Nordsee eigentlich fehl am Platze. Eine leckere Palette erwartet hingegen den Kenner oder Experimentierfreudigen. Jedes *Maischollen-gericht,* auch in einfachster Zubereitungsart, ist fünf Sterne wert. So häßlich der *Knurrhahn* aussieht, so lieblich schmeckt er. Und dann haben wir noch den noblen *Matjes,* den man schon deshalb zu schätzen wissen sollte, weil ihm in der – vor allem von den Holländern – hemmungslos überfischten Nordsee möglicherweise ein baldiges Aussterben bevorsteht...

Matjes

Laut Lexikon ist Matjes „ein junger Hering im besten Ernährungszustand, der zur Fangzeit (Frühsommer) vor der Laichreife steht, doch noch keinen Ansatz von Milch (=Samen) oder Rogen (= Eier) erkennen läßt." Nach dem Fang wird Matjes etwa acht Wochen bei Temperaturen zwischen 6 und 15 Grad in einer milden Salzlake, der Zucker und biologische Wirkstoffe beigegeben werden, „herangereift". Mehrere hundert Tonnen Matjes bereitet man dieserart alljährlich an der Küste zu, vornehmlich im ostfriesischen Emden. Der beste Monat für den Verzehr von knackfrischem Matjes ist der Juni, doch perfekt kontrollierte Steuerungen des Reifevorgangs machen den Fisch heute zu jeder Jahreszeit zur exquisiten Delikatesse, dem „Kaviar der Nordsee".

Man serviert Matjes mit saurer Sahne, Zwiebelringen und Apfelscheiben zu Pellkartoffeln oder Schwarzbrot. Oder aber man packt ihn am Schwanz und läßt ihn nach und nach im Schlund verschwinden – das ist die traditionelle und keineswegs anstößige Art des Verzehrs. Alle Methoden resultieren (des nie ganz auslöschbaren Salzgehalts des Herings wegen) in herrlichem Durst.

„Ostfriesenpalme"

Grünkohl (alias „Ostfriesenpalme") ist die einzige wahrhaft deutsche Kohlart, doch kaum über den Norden hinaus bekannt, geschweige denn geschätzt, was unter anderem an mangelnden Zubereitungskenntnissen liegen mag. Von oben gesehen ähnelt ein Grünkohlfeld beeindruckend einem Urwalddach en miniature. Das Kraut wird vorzugsweise nach den ersten Frösten geerntet, noch steif vor

Eis, und mit Schmalz, fettem Bauchfleisch und dicken Grützwürsten *(Pinkel)* gegart, „bis es glänzt" — so die gängige Rezeptur. Dazu gibt es Röstkartoffeln und scharfen Senf und, zur vermeintlichen Entschärfung dieser Cholesterinbombe, jede Menge Alkoholisches.

S-teifer Grog

Zum Thema Alkohol soll hier nichts Spielverderberisches gesagt werden. Allerdings sollte auch kein Insel- und Küstenbesucher dem fatalen Irrglauben anhängen, daß die Einnahme von Hochprozentigem eine Art Kälteschutz darstelle. „Dann haben wir zuerst mal einen anständigen 's-teifen Grog' zur Brust genommen, bis uns wieder warm wurde... oder 'n ordentlichen Köm..." So etwas hört man immer wieder. Jedermann scheint auch zu glauben, daß Seeleute und Fischer mehr oder weniger permanent diesem schönen Brauch huldigen, um gegen widrige Winde gefeit zu sein.

Dr. Meinhard Kohfahl, Seenotarzt der Deutschen Gesellschaft zur Rettung Schiffbrüchiger, ist einer, der es ganz bestimmt besser weiß. „Das zunächst als wohlig empfundene Wärmegefühl ist trügerisch," warnt er. „Der 'Klare', der 'steife Grog' – jede Art der Alkoholeinnahme führt zu einer Erweiterung der Blutgefäße. Das hat zur Folge, daß der Körper mehr Wärme abgibt, als er produzieren kann." Der Alkohol trägt letzten Endes also nur zu weiterem Wärmeverlust bei, im Falle extremer Unterkühlung kann er tödlich wirken. Wenn Seeleute „einen heben", so geschieht dies meist, um ihre Einsamkeit und Perspektivlosigkeit zu betäuben.

Niemandem soll mit diesen Zeilen die Freude vergällt werden, einmal einen kräftigen Zug zu tun, und Inselfahrer mögen sich auch weiterhin das „zünftige" Grogrezept „Rum muß, Zucker darf, Wasser kann" geduldig anhören. Aber daß der Stoff nicht gegen die Kälte hilft, sollte gerade im kühlen Norden nie vergessen werden.

'n Koppke Tee

Von „Köm" kann man auch mit Gewinn auf ein zahmeres Getränk umsteigen, das wirklich wärmt. Es ist Tee, mit dem ein Großteil der Küstenbewohner ein aufwendigeres *Zeremoniell* veranstaltet als die Japaner. Auf den Nordseeinseln wird man sich überall, wo es noch halbwegs traditionell zugeht (oder wo man einen Touristenkult daraus macht), diesem Zeremoniell kaum entziehen können.

Der Tee muß „der richtige" sein, nur die besten Sorten. Dasselbe gilt für das Wasser. Chloriertes Leitungswasser ist unter Kennern out. Mit dem *Stövje,* einer Art Mini-Samowar, werden die richtigen Brauverhältnisse gewährleistet. Dunkel-goldgelb muß der Tee ins „Koppke" rinnen. Knisternder *Kandiszucker* – kein anderer – wird zugesetzt und dann die dicke *Teesahne,* die eine blumige Wolke im Goldbraunen aufblühen läßt. Die Sahne nicht umrühren! Das tun nur unverbesserliche Barbaren aus dem Binnenland!

An Tee ist allerdings auch ein (kleiner) Haken. Er enthält viel Gerbstoff (Tannin), weitaus mehr als Kaffee, der die sogenannte Eisen-Bioverfügbarkeit negativ beeinflußt. Gerade das Küstenprodukt Fisch ist sehr reich an biologisch hochwertigem Eisen, das bei Einnahme von viel Tee nicht voll genutzt wird. Andererseits wirken die Tannine besänftigend auf Magen und Darm, sind im Verbund mit Fluor gegen Karies wirksam und bauen über B-Vitamine Streßlasten ab. Das Mittelmaß ist hier, wie so oft, die beste Empfehlung.

Die Nordsee

Ans Haff nun fliegt die Möwe,
Und Dämmrung bricht herein;
Über den feuchten Watten
Spiegelt der Abendschein.

Graues Geflügel huschet
Neben dem Wasser her;
Wie Träume liegen die Inseln
Im Nebel auf dem Meer.

Ich höre des gärenden Schlammes
Geheimnisvollen Ton,
Einsames Vogelgerufe -
So war es immer schon.

Noch einmal schauert leise
Und schweiget dann der Wind;
Vernehmlich werden die Stimmen,
Die über der Tiefe sind.

Theodor Storm

Die Natur

Wie alles begann

Frühzeit

Wo fangen wir an – bei Würm, Riß, Mindel und Günz, den letzten Eiszeiten, die im erdgeschichtlichen Maßstab nur ein paar Sekündchen zurückliegen? Oder holen wir etwas weiter aus, 250 Millionen Jahre vielleicht, als der Großkontinent Pangäa gerade auseinanderzudriften begann, um die heutigen Erdteile zu bilden?

An welcher Stelle wir auch immer das Buch der **Erdgeschichte** aufschlagen: Wir finden ein ständiges, regelloses Auf und Ab. Riesige Landstriche verschwinden von der Oberfläche der Erde, andere tauchen auf. Meere entstehen und vergehen. Im frühen **Perm** etwa bedeckte das von wunderlichen Kreaturen bewohnte **Zechsteinmeer** die heutige Nordsee und Norddeutschland. Doch dieser Vorläufer unseres Hausmeeres hatte keinen Bestand. Durch wüstenähnliche Klimabedingungen trocknete das Zechsteinmeer wiederholt aus. Dieserart entstanden die unter der norddeutschen Tiefebene liegenden gewaltigen Salzlager, die den Menschen der Gegenwart so begehrenswert für die „Entsorgung" ihres lebensfeindlichen Mülls erscheinen. Im Verlauf der **Trias-Phase** war das Nordseebecken von Gebirgen und Hochländern umgeben, deren Verwitterungsschutt in die Tiefe geschwemmt und dort abgelagert wurde. So entstanden mächtige Schichten aus Buntsandstein – dem „Baumaterial" der roten Felsen Helgolands. Das war vor etwa 225 Millionen Jahren.

Dann, während die britische Insel wie ein Zahn aus dem Kiefer Europas herausbrach und nach Westen zu driften begann, stieß die See erneut in die nördlichen Niederungen vor und bewirkte über die Ablagerung von **Muschelkalk** die Sedimentation von **Kreideschichten.** Diese, aus winzigen Lebewesen gebildet, wuchsen im Lauf der Jahrmillionen auf Hunderte von Metern heran, und das ursprünglich lose Material wurde zu hartem Stein zusammengepreßt. So entstanden die berühmten „Kreidefelsen": Dover, Helgolands „Witte Kliff", Rügen.

Und das Meer, dann auch wieder die Erde, sie hoben und senkten sich weiter. Mitunter drückte das Salz aus der Tiefe nach oben – so wurde Helgoland „aus der Taufe gehoben" –, oder Eis band das Wasser und ließ den Meeresspiegel fallen. Das geschah während der bewußten **Eiszeiten,** die jedem Oberschüler ein Begriff sind.

Eiszeiten

Nicht nur viermal, wie anfangs erwähnt, sondern mindestens achtmal gab es die Eiszeiten. Die letzte dieser Kälteperioden, die Weichsel-Eiszeit, endete vor lediglich zehntausend Jahren, als unsere Vorfahren bereits diese Gefilde bewohnten.

Auf dem Höhepunkt dieser letzten Vergletscherung lag der Meeresspiegel um rund 100 m tiefer als heute. Weite Teile der gegenwärtigen Nordsee waren solides, allerdings eisbedecktes Festland. Die Elbe floß im Verbund mit der Weser westlich von Helgoland vorbei; der Rhein, mit Themse und Humber als Nebenflüssen, ergoß sich nördlich der Doggerbank ins Meer.

**Erwär-
mung**

Einer neuerlichen Erwärmung des Erdklimas folgte auch ein **Abtauen der polaren Eismassen** und **Ansteigen des Meeresspiegels.** Die von Skandinavien kommenden, bis weit nach Deutschland hineinstoßenden, mächtigen Gletscher hatten das Land flachgehobelt, bei ihrem Rückzug aber auch enorme **Endmoränen** und gewaltige Steinbrocken, die **Findlinge,** hinterlassen. Aus den Sandmassen der Moränen entwickelten sich die höhergelegenen trockenen **Geestrücken,** das tiefergelegene Land bildete die feuchten, aber fruchtbaren **Marschen.**

Doch die Nordsee überflutete in mehreren Anläufen ihr heutiges Becken. Ab 13.000 v. Chr. wütete der Blanke Hans bereits wieder über der **Doggerbank,** und vor etwa 8000 Jahren erreichte die Nordsee schon ungefähr ihre heutige **Küstenlinie.** Rund 3000 Jahre später, bei Durchbruch des Englischen Kanals durch eine alte Gletscherrinne, erhielt diese dann ihre vorerst gültige, von den wiederholten Eisschüben abgeplattete Form.

Immerhin fünf oder sechs Meter tiefer lag der Meeresspiegel damals noch. Auch weiterhin ragten markante Inseln und Höhenzüge aus der Wasserwüste, deren Reste den Geologen heute als **Pisa-** oder **Amrumbank-Moräne** vertraut sind. Hier entwickelte sich die frühe menschliche Kultur unserer Breiten unter harten Lebensbedingungen, doch in einer herrlichen Umwelt mit reicher Fauna und Flora.

Vor etwa 5000 Jahren lag **Helgoland** wahrscheinlich am westlichen Ende einer Geest-Halbinsel. Schon ein halbes Jahrtausend später zerbrach diese Brücke, und Helgoland gewann endgültig seinen insularen Status. Vorher bereits war die **Geestküste Schleswig-Holsteins** auf winzige Überbleibsel reduziert worden. Gewiß werden sich in einem späteren Erdzeitalter Gebirge recken, wo heute die Nordsee rauscht. In der Gegenwart und nahen Zukunft hält das Abbröckeln indes noch an – ein ernstes Problem unserer Zeit, von dem in diesem Buch noch wiederholt die Rede sein wird.

Die Nordsee

33

Die *Ostfriesischen Inseln* allerdings sind keine Überreste dieses ehemaligen Festlandes. Sie entstanden aus *Sandbänken,* auf denen der Wind Dünen aufhäufte, die durch Pflanzenbewuchs stabilisiert wurden. Im Laufe der Jahrhunderte wandern diese bewohnbaren Sandhaufen allmählich immer weiter nach Osten.

Wind und Wetter

Ewiger Westwind

Die Nordsee liegt ziemlich mittig im Bereich der Zugbahnen *nordatlantischer Tiefdruckgebiete,* die sich am quasistationären Azorenhoch vorbeidrücken müssen. Deshalb weist sie fast ständig wechselndes und häufig windiges bis stürmisches Wetter auf. Dies ist die sogenannte *Westwindtrift.*

Ein von den Britischen Inseln herannahendes Tief kündigt sich in der Regel durch südwestliche Winde an. Nach Durchzug einer Warmfront mit Regen und einer Kaltfront mit Schauern springt der Wind dann gewöhnlich auf nördliche Richtungen um, meistens Nordwest, und es wird klarer und kälter. Dies ist das „typische" Nordseewetter, dessen Wechselhaftigkeit nie die Langeweile eines permanent blauen Himmels aufkommen läßt, andererseits aber auch auf allen Küsten- und Inselreisen die Mitnahme des wasserdichten gelben „Friesennerzes" voraussetzt.

Nordsee – Mordsee

Die mitunter zum Extremen neigenden Wetterverhältnisse und ihre Folgen haben der Nordsee das schlimme Beiwort „Mordsee" eingetragen. Zwar ist sie nur fünfmal so klein wie das Mittelmeer, und ihr Volumen beträgt weniger als 0,01 % der globalen Seewassermenge. Aber ein Ententeich ist das „atlantische Randmeer" dennoch nicht. Das

Schwere See

hat seine Geschichte bewiesen, seit man diese entlang seiner Gestade aufzuzeichnen begann.

In der *Julianenflut* kamen 1164 mehr als 20.000 Menschen ums Leben. Die *Lucia-Flut* von 1287 forderte 50.000 Opfer; die verheerendste aller Sturmfluten, die *Grote Mandrenke* vom 16. Januar 1362, mindestens die doppelte Zahl. Tausende ertranken auch in der *Antoniflut* des Jahres 1511. Nordfriesland allein beklagte mehr als 8.000 Tote, als die *Buchardiflut* 1634 über die Inseln und Halligen hinwegbrach. Die schreckliche *Weihnachtsflut von 1717* bleibt bis heute an der Küste unvergessen. Überall entlang der Nordsee kennt man auch noch die Namen blühender Ortschaften, die spurlos verschwanden: Itzendorf bei Norddeich; Otzum bei Neuharlingersiel; Jadeleh, Dauens und Bant am Jadebusen; Rungholt im Nordfriesischen und noch viele mehr.

„Landunter", so der gängige Ausdruck an der Küste, gab es auch am *17. Februar 1962,* als die Nordseedeiche an 61 Stellen brachen und selbst das 80 km elbaufwärts gelegene Hamburg zu einem Fünftel zur Wasserwüste wurde. 315 Menschen starben in dieser *Jahrhundertflut,* wie sie in den Medien genannt wurde. In der *Holland-Flut,* just elf Jahre zuvor, waren sogar 1851 Menschen ums Leben gekommen; 300.000 mußten vor den Wassermassen flüchten.

Auch weiterhin Landunter

Die oben geschilderte meteorologische Konstellation mit jäh umspringenden Winden von Sturmstärke ist, wie gesagt, typisch für die Nordsee und trägt für den Inselfahrer zu manchem Reiz bei. Doch ein Zuviel davon, gar noch gekoppelt mit überhohen *Springtiden,* kann für die deutsche Nordseeküste nicht weniger katastrophale Folgen haben als 1962 – immer noch.

Riesige Mengen Wassers werden vom Sturm zunächst durch den Englischen Kanal gepreßt, um in der Deutschen Bucht, wo es nicht mehr weitergeht, einen regelrechten Berg zu bilden. Hinter diesen faßt der Nordwest dann und schiebt ihn in die Trichter der Flußmündungen – potentielles Landunter! In den Niederlanden hat man bereits den ketzerischen Gedanken wahrgemacht, der See mühsam abgewonnenes Land wieder zurückzugeben, um den Druck auf die Küste zu verringern.

Solche Überlegungen werden aus gutem Grund angestellt, denn sie sind auf lange Sicht von nackter Not diktiert. Noch ist nicht genau abzusehen, ob und wie schnell das Erdklima sich, unter anderem durch menschengemachte Auslöser, erwärmen wird. Doch der *Meeresspiegel* kriecht langsam, aber stetig höher. Schlimmer noch: Die Energie des Seegangs und der Brandung wächst fortwährend an; das Hämmern auf die Küsten verstärkt sich. Zwar hat die Kraft der Sturmtiefs nur unwesentlich zugenommen, falls überhaupt. Superstürme hat es schon immer gegeben. Doch neuerdings ist sogar von „Mammuttiefs" die Rede, der Definition nach Druckgebilde, die ein normales Barometer gar nicht mehr anzeigen kann. Sicher ist: Wenn Winde von Hurrikanstärke über die Nordsee hinwegtoben, werden an der Küste nicht nur ein paar Dachpfannen wegfliegen.

Landunter heißt es dann vor allem auf den Inseln und Halligen. Wieviel dort bereits zu Bruch gegangen ist, zeigt die Geschichte. Doch der **Blanke Hans** nagt ewig weiter. Die ostfriesischen Inseln, driftende Sandbänke allesamt, bewegen sich nach und nach gen Osten, mit dem kleinen Trost allerdings, daß der westliche Abbau am anderen Ende meistens wieder anwächst. Aber dieser Trost ist schwach. Auf 40 m näherten sich die Fluten im Winter 1992/93 den ersten Gebäuden Langeoogs, einer an und für sich recht stabilen Insel. Tausende von Kubikmetern Sand mußten nachgespült werden, um das Ufer zu festigen. Das sind Kosten, die keine Kurtaxe mehr trägt und für die Land und Bund einspringen müssen.

Trübe Aussichten

Ähnlich sieht es auf den Nordseeinseln fast überall aus. Am dramatischsten ist das bisher auf der nordfriesischen Insel Sylt sichtbar: Trotz heftigster Gegenwehr gehen der 99 km² großen Insel alljährlich 170.000 m² Substanz verloren – für immer. Um anderthalb Meter weicht an der Westküste die Strandlinie jedes Jahr, Tendenz zunehmend. Modernste Großtechnik kommt zum Einsatz, um den Abbau, wenn schon nicht aufzuhalten, so doch zumindest zu verlangsamen. Doch das dafür ausgelegte große Geld ist nur für den Moment gut und bleibt letztlich in den Sand gesetzt. Die Geologen sind sich einig, daß die Nordseeinseln in spätestens 600-700 Jahren von der Karte verschwunden sein werden und noch viel eher, falls der Treibhauseffekt richtig zum Greifen kommen sollte. Auch die Holländer täten nach Ansicht der Fachleute gut daran, sich trotz aller Wasserbaukunst schon jetzt nach höhergelegenen Asylen für ihre Nachkommen umzusehen.

– und Sonnenschein

Noch allerdings sind die schönen Nordseeinseln da. Und auch wenn die Winde rauh wehen – zumindest die **Temperaturen** sind recht ausgeglichen. Auf den Inseln wird es nie zu heiß und sehr selten einmal wirklich kalt. Dafür sorgt auch weiterhin der nicht allzu weit entfernte Golfstrom.

Der Monat mit den **höchsten Temperaturen** ist auf allen Inseln der August mit einem maximalen täglichen Mittel von 20° C. Das Thermometer kann auch höher klettern, doch fast immer mildert Wind die Hitze. Den meisten

Sonnenschein gibt es überall im Juni. Sylt erreicht hier mit 261 Stunden ein ausgeprägtes Maximum (Borkum im Vergleich: 226 Stunden). Man spricht in der Tat im Bereich Nordfriesland von einer regelrechten Sonnenküste. Der dunkelste Monat ist der Dezember; auch Sylt kommt hier nur auf 41 Sonnenstunden. Die *Wassertemperaturen* auf den Inseln erreichen im Juli und August 17° C und fallen außerhalb dieser Monate rasch auf erheblich kühlere Werte ab (Angaben: Deutscher Wetterdienst, Seewetteramt).

Doch dies sind statistische Erhebungen, die allenfalls einen Überblick vermitteln, aber natürlich nichts über das Wetter von einem Tag auf den anderen aussagen. Für die Nordsee gilt: Voller Optimismus anreisen, aber immer auf das Schlimmste gefaßt sein!

Übrigens: Ein ausführlicher regionaler Wetterbericht hängt täglich bei Kurverwaltungen, Rathäusern und Segelclubs aus.

Die Umwelt

Sand und Wasser

**Insel-
baustoffe**

Die Hauptelemente der meisten deutschen Nordseeinseln sind eben diese: Sand und Wasser. Um was für Stoffe handelt es sich dabei eigentlich genau?

Der *Nordseesand* ist vorwiegend das zerriebene Überbleibsel einstiger Felsmassen, die in die Mühle der Eiszeiten gerieten. Er ist auf allen Inseln, die einen Strand besitzen, von makellosem Hell- bis Dunkelgelblichweiß, feinkörnig und absolut sauber. Im weltweiten Vergleich verdienen die deutschen Inselstrände höchste Benotungen – vor allem, wenn man bedenkt, daß sie einem industriellen Koloß vorgelagert sind und sich pro Jahr Zehntausende von Schiffen an ihnen vorbeiwälzen.

Es hat allerdings einige Arbeit gekostet, diesen Idealstatus zu erreichen, im großen Maßstab wie auch im kleinen vor Ort. Heute sind die Strände so sauber, daß eine angetriebene solitäre Flasche schon interessierte Aufmerksamkeit erregt. (Ja, es gibt zeitweilige Ausnahmen, den ekligen Giftbeutelskandal im Januar '94 zum Beispiel, doch diese sind nicht von Dauer.) Das allgemein erhöhte **Umweltbewußtsein** hat unter anderem stark dazu beigetragen, daß im ökologischen Bereich auf allen Inseln geradezu richtungweisend vorgegangen wird. Der Tag ist nicht fern, da Kunststoffe weitgehend von den Inseln verbannt sein werden. Einwegflaschen, Getränkedosen und belastende Reinigungsmittel sind schon jetzt fast verschwunden. Sehr lobenswert auch kostenlose Toiletten im Gelände; geklärt wird weitgehend biologisch.

Und das Wasser?

Daß angesichts dieser Saubermann-Bedingungen auch das **Meerwasser** gute Noten erhalten hat, darf niemanden verwundern. Die vom ADAC in den letzten Jahren periodisch durchgeführten Untersuchungen ergaben durch die Bank das Fazit „einwandfrei sauber", welches allseits mit großer Genugtuung aufgenommen wurde. Manche Leute hatten das doch schon immer gesagt und alles andere einer Panikmache der linken Kampfpresse zugeordnet.

Allerdings beziehen sich die ADAC-Tests lediglich auf das Vorhandensein schädlicher Bakterien. Was die Nordsee an sonstiger Schmutzfracht mit sich führt, steht auf einem anderen Blatt. Das graue Nordmeer ist keine blaue Karibik.

Zwar ist das, was da im Kielwasser der Fähre braungrünlich emporbrodelt, dem hoffnungsvollen Schnorchler am Inselstrand die Hand vor Augen verwehrt, keine Verschmutzung im eigentlichen und abschreckenden Sinn. Es handelt sich um Schwebstoffe aus Schlick, Plankton und Algen – das gab es schon vor tausend Jahren und ist vielleicht sogar „gesund". Was jedoch von anderer Seite in die Nordsee „eingetragen" – so das Fachwort – wird, ist von minderer Heilkraft.

Spröde Elastizität

Früher, noch gar nicht so lange her, sah man die Belastbarkeit mariner **Ökosysteme** wie der Nordsee als unerschöpflich an. Bis auf Bundesebene schwadronierte man von den „unendlichen Selbstheilungskräften", der „Elastizität" und der „Absorptionsfähigkeit" des Meeres. Spätestens in den 60er Jahren wurden diese Erkenntnisse hochbezahlter Fachleute als Irrglaube und Nonsens entlarvt; vieles war im Zeichen industrieller Interessenvertretung auch nur so dahergeredet worden. Wie sich zunehmend zeigte, war das Meer ein höchst fragiles Biotop und der Mensch im besten Begriff, es zu zerstören. Als ganz besonders gefährdet erwies sich die Nordsee, ein von lauter Industriestaaten umgebenes flaches Schelfrandgebiet des Atlantischen Ozeans. Auch die Mär, daß alles aus ihm „hinausgeschwemmt" würde, erwies sich als solche. Die

Nordsee, klein und seicht wie sie ist, hat nicht einmal eigene Gezeiten, sondern liegt im Bereich sogenannter Mitschwingtiden des Nordatlantiks, die als Welle bei den Orkneys und Shetlands in das Bassin hineinlaufen und sich gegen den Uhrzeigersinn an den Küsten entlang ausbreiten.

Grusel-Szenario Öl-GAU

Wehe, wehe, wenn es in diesem hochempfindlichen Flachmeer einmal zu einer Supertankerkatastrophe kommen sollte! Dieses aus den Medien leider wohlbekannte Szenario wird an der Wattenmeerküste immer wieder mit allen gruseligen Konsequenzen ausgemalt. Was passiert, wenn...!

Doch es bedarf gar keines solchen Desasters, um die Nordsee auch so alljährlich mit einer *Großtankerladung Öl* zu überziehen. Nicht spektakulär „im Stück" und wabernden Schmierteppichen, sondern so ganz „sutje", um ein Küstenwort zu benutzen. Die entsprechenden Schätzungen jährlicher Gesamteintragungen aus verschiedenen Quellen liegen bei mehreren zehntausend Tonnen! Allein rund 20.000 davon kommen aus der Atmosphäre: unvollständig verbrannte Treibstoffreste von Maschinen aller Art mit Einschluß von Kraftfahrzeugen. Die Schiffahrt ist zu 10-20 % mit sich summierenden „Kleineinträgen" beteiligt, auffällig schon durch eine deutlich lebhafter sprudelnde Quelle im Winter, wenn Dunkelheit und schlechte Sicht ein Beobachten der illegalen Schweinereien erschweren.

Ein Löwenanteil entstammt Landabflüssen, ein kleinerer Prozentsatz dem Offshore-Bohrgewerbe, bei dem das eine oder andere Tönnchen immer mal wieder danebenkleckert.

So ungeheuerlich diese Quantitäten klingen mögen – sie sind gottlob (?) überwiegend dünn verteilt oder auch im Wasser gebunden und richten dort keinen unmittelbaren, augenfälligen Schaden an. Dazu reichen viel kleinere Mengen. Als der Holzfrachter „Pallar" 1998 vor Amrum strandete, kamen 16.000 Seevögel ums Leben. Selbst in feiner Verteilung tötet das Öl nach Schätzung von Fachleuten an die 100.000 Vögel pro Jahr.

Chemie

Für Öl, das man sieht und riecht, hat der Badegast Sinnesorgane, und er wird im Regelfall und zu seiner großen Befriedigung beim Mittagsbad nichts davon bemerken. Doch für einige andere „Einträge" haben wir leider keine Fühler – sonst gäb's auch dauernd Alarm.

Dies geht vor allen Dingen die komplexeren Produkte der *Chlorchemie* an, von denen riesige Mengen den Weg in den „industriellen Nachttopf" finden, als den Zyniker die Nordsee bereits bezeichnet haben.

Nun mag abwiegelnd argumentiert werden, daß die See, der Badegast selber gar, als elementaren Baustein eine Chlorverbindung enthält: Natriumchlorid, das schlichte Kochsalz, ein überlebenswichtiger Stoff. Stimmt. Wir Menschen und das Meer können offenbar auf uralte gemeinsame Ursprünge zurückblicken. Deshalb enthalten wir auch beide keine chlorierten Kohlenwasserstoffe (CKWs) und erst recht keine polychlorierten Biphenyle (PCBs) – oder sollten es zumindest nicht. Denn diese brodeln erst seit etwa hundert Jahren in den Retorten. Und nicht nur dort. Der teuflische Gebräukomplex ist auch in solchem Maße „freigesetzt" worden, daß er mittlerweile alle biologischen Kreisläufe durchdrungen hat. Und da in unserem über Jahrmillionen hinweg mühsam erworbenen enzymatischen Abwehrprogramm kein Mittel gegen diese neuen lebensfeindlichen Substanzen existiert, haben sie uns zahlreiche und außerordentlich komplexe Krankheiten beschert. Nicht über eine unmittelbare „giftige" Wirkung, sondern auf dem Umweg über eine allgemeine Schädigung und Schwächung des Immunsystems mit allen weiteren Konsequenzen. Das beginnt, haben Wissenschaftler herausgefunden, bei Mikroorganismen auf dem Meeresboden und endet bei uns, der „Krone der Schöpfung".

Mehr Chemie

Zu diesen üblen Stoffen (auf die keineswegs das Meer, geschweige denn die Nordsee, ein „Monopol" hat), gesellen sich an die 40.000 t **Schwermetalle,** ein großer Teil davon – jetzt allmählich weniger werdend – Blei aus Auspuffrohren. **Radioaktivität** (aus den Wiederaufbereitungsanlagen La Hague und Sellafield) macht sich ebenfalls in der Nordsee bemerkbar, wenn auch keineswegs besorgniserregend im deutschen Bereich. Aber muß dieser sprichwörtliche, ein Überlaufen einleitende Tropfen denn unbedingt noch hinein in den industriellen Nachttopf?

In den letzten Jahren hat sich gottlob einiges getan im ökologischen Umdenkprozeß. Wesentlich mehr noch ist vonnöten. Immerhin ist man aber bereits so weit, daß im Zweifel über die Auswirkungen menschlicher Aktivitäten stets auch von Schadeffekten ausgegangen wird. Nach dem Vorsorgeprinzip sucht man in der Vermeidung von Ursachen generell die beste Lösung. Einige besonders schlimme Exzesse, so die berüchtigte **Dünnsäureverklappung** in die Nordsee, konnten über konzertierte Aktionen gestoppt werden. Es besteht Anlaß zu vorsichtigem Optimismus.

„Was geht mich das alles an?" mögen Sie fragen, während Sie Ihre Zehen in das erfrischend kühle und naturbelassene Nordmeer tauchen. „Das Wasser ist doch sauber!"

Nun, vielleicht möchten Sie Ihr Lieblingsmeer im nächsten Jahr genauso taufrisch und scheinbar pflegeleicht vorfinden. Das beinhaltet auf lange Sicht allerdings ein paar persönliche Einschränkungen: Weniger Auto, Plaste und Elaste. Umweltbewußtes Denken erfordert heute vernetzte Überlegungen.

Während des großen *Seehundsterbens* in Nordfriesland von 1988/89 konnte auch auf keinen einzelnen Schadstoff mit dem Finger gezeigt und gesagt werden: „Der war's." Zu denken geben sollte allerdings auch den Uneinsichtigsten, daß die etwa 11.000 Kadaver wegen extrem hoher Giftanreicherungen als „Sondermüll" beseitigt werden mußten.

**Um-
denken?**

Ungefähr 17.000 Seehunde gingen in der genannten Periode ein, wahrscheinlich durch eine Virusepidemie, gegen die ihr von endlosen „Eintragungen" geschwächtes Immunsystem keinen Widerstand bot.

Als die ersten Kadaver antrieben, gingen die Kurverwaltungen in aller Hast daran, diese einzugraben, um die Gäste nicht scheu werden zu lassen. Doch die meisten Inselbesucher ließen sich keineswegs verschrecken. Im Gegenteil, vielen gereichte das Spektakel zur Gaudi. Zusammentreffen mit zerfließenden Seehundleichen wurden als abenteuerliche Erlebnisse abgebucht. In bestimmt mehr als einem Fall setzte man Kleinkinder für ein pittoreskes Erinnerungsfoto auf den glibbernden Kadaver.

(Nach dem Bericht eines Mitarbeiters bei der Kadaverbeseitigung auf den Nordfriesischen Inseln).

Die Nordsee

Höchst
sensible
Lebensfomen:
Watt-Getier

Nationalpark Wattenmeer

Der erste, der sich nachweislich über diese eigentümliche Weltregion wunderte und seine Eindrücke zu einem Bericht zusammenfaßte, war *Plinius d. Ä.* Er sah hier das Land zweimal am Tage aus der See auftauchen und wieder darin verschwinden, für ihn, der dem fast gezeitenlosen Mittelmeerraum entstammte, ein wahrhaft erschreckendes Phänomen.

Annähernd zweitausend Jahre später, anno 1985, standen erneut Menschen kopfschüttelnd am Rande des Schlick- und Sandmeeres und verstanden die Welt auch nicht mehr. Doch diesmal handelte es sich nicht um von fernher angereiste Fremde, sondern um Einheimische, die längst mit den Gegebenheiten vertraut waren. Was ihnen nicht in den Kopf gehen wollte, war ein Plan „von denen da oben", das Wattenmeer in einen *Nationalpark* zu verwandeln. Zu Beginn der achtziger Jahre hatte sich – endlich – die Erkenntnis verdichtet, daß sich dieses überaus fruchtbare und wichtige Ökosystem in akuter Gefahr durch menschliches Wirken befand.

„Nein, danke!" war die Reaktion an der Küste – und das war lediglich die mildeste. Schleswig-Holsteins Ministerpräsident *Uwe Barschel* flatterten Morddrohungen ins Haus, das Wort „Zonengrenze" machte die Runde. Nicht anders in Ost-Friesland. Man sah persönliche Pfründe in Gefahr, lang Etabliertes schwinden. Die dringlichen ökologischen Zusammenhänge sah man nicht oder wollte sie nicht sehen. Zwar lancierten die Anrainer ihre Proteste insofern schon zutreffend, als sie, mit relativ „sanften" Eingriffen vertreten, immer noch den geringsten Schaden anrichteten. Die Befürworter des Parkkonzepts ließen jedoch keinen Zweifel daran, daß auch Tourismus und Fischerei im Wattenmeer zunächst in umweltverträglichere Bahnen gelenkt werden mußten, bevor man die dickeren Brocken wie Ölförderung, militärischen Mißbrauch und letztlich die industrielle Großverschmutzung anging.

„Die da oben" setzten sich durch. Seit 1986 ist das Wattenmeer von Den Helder in den Niederlanden bis zum dänischen Esbjerg Europas größter Nationalpark mit einer Ausdehnung von 525.000 Hektar allein im deutschen Bereich. Einbezogen sind Teile aller ostfriesischen Inseln, jedoch keine Landgebiete (außer ein paar Sänden) im nordfriesischen Raum.

Was ist Watt?

Was *Theodor Storm* als ein „Gären des Schlammes" bezeichnet, ist in Wahrheit das Wuseln unzähliger Kleintiere. Kaum ein anderes Biosystem hat eine derart große **Biomasse** aufzuweisen wie das Wattenmeer. In einem Fingerhut Watt findet sich eine Million Algenzellen, an die 40.000 Kleinkrebse bevölkern einen Quadratmeter Schlick. Dieser außergewöhnliche Lebensreichtum gedeiht auf einem trockenfallenden Meeresboden, der bei jeder Tide aufs neue mit Sedimenten und Nährstoffen versorgt und der durch vorgelagerte Inseln geschützt und erhalten wird. Paradoxerweise tragen nämlich die Eilande der Nordsee durch eigenen Substanzverlust zur Existenz der Watten bei – des einen Tod, des anderen Brot. Es ist diese einzigartige Konstellation, die zum Werden und Bleiben des Watts führte: Ein wildes Meer, Inseln mit (noch) viel Abbausubstanz, relativ langsame Gezeitenströmungen, die das Aufgespülte nicht wieder fortwaschen.

Zwar gibt es auch anderswo in Europa Wattgebiete, in Irland und an der Algarve zum Beispiel, und in Übersee noch viel mehr. Doch die an der Nordsee herrschenden Verhältnisse findet man nirgendwo anders. Das Nordseewatt nimmt insofern weltweit eine einsame Spitze ein.

In der ständig regenerierenden Urbrühe der Watten, die dem Betrachter bei flüchtigem Hinblick eher als tote Schlickwüste erscheinen mögen, wimmelt es von Leben. Hier beginnt die **marine Nahrungskette** mit mikroskopisch kleinen Kieselalgen; am Ende der vielfältigen tierischen Erscheinungsformen steht Großfauna wie der Seehund. Hier auch ist die Kinderstube zahlreicher Fisch- und Schalentierarten, die unverzichtbar für die menschliche Ernährung sind. Gleichzeitig ist das geschützte Wattenmeer **Europas größtes Vogelreservoir** und seine Übergangsgebiete zum Land (Salzwiesen, „Heller", Strände, Dünen und Deichvorländer mit Prielen und Flußmündungen) ein Hort seltener Pflanzenarten, in dem wiederum bis zu 2000 Spezies von Kleingetier leben.

Die Nordsee

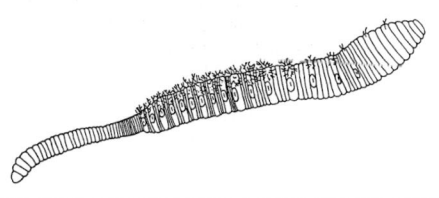

Pierwurm
ca. 20 cm

Was kreucht und fleucht im Watt?

Schlickkrebs

Der erste Blick ins trockengefallene Watt enthüllt wenig Spektakuläres. Man muß schon etwas genauer hinsehen. Zum Beispiel müssen die Haufen von dünnen Sandwürsten, die sich überall erheben, offensichtlich organischen Ursprungs sein. Mit ein wenig Geduld erkennt man auch ab und zu eine Bewegung in ihnen. Da lebt also etwas.

Die Haufen sind die Auswürfe des **Watt- oder Pierwurms,** der das Watt stellenweise mit bis zu fünfzig Exemplaren pro Quadratmeter durchsetzt und für Fisch und Vogel gleichermaßen als leckere Beute gilt. Kleinere „Bauten", Löcher und Trichter sind das Werk von **Borsten- und Seeringelwürmern,** von winzigen **Schlickkrebsen** (bis zu 400.000 pro m²), von **Herz-, Platt-, Pfeffer- und Sandklaffmuscheln.** Eine ruckartige Bewegung im Sand, begleitet von einem Wasserspritzer, verrät eine aufgeschreckte, jäh ihren Saugrüssel zurückziehende Muschel – und dem **Austernfischer** und **Großen Brachvogel,** daß es hier, nur dünn verborgen, etwas Nahrhaftes gibt. Bei der Sandklaffmuschel müssen allerdings auch sie passen. Bis zu 250 Gramm schwer sitzt sie nämlich fußtief im Boden. Nur der Mensch stellt ihr dort noch nach.

An der Oberfläche, vornehmlich dort, wo Steine und Pfahlwerk ein Festhalten erlauben, haben sich in arroganter Offenheit, bis zu 12.000 von ihnen auf dem Quadratmeter, **Miesmuscheln** angesiedelt – mir kann keener. Doch, der Mensch schon. Die Muschelfischerei hat seit Gründung des Nationalparks Wattenmeer zu einigen Kontroversen geführt; man bemüht sich auch weiterhin, Kompromisse zu finden, die allen Beteiligten gerecht werden. Allerdings trägt die Muschel selber auch einige Mitschuld – schlicht in Essigsud gekocht schmeckt sie nämlich verteufelt gut!

Apropos Essig: Dies ist das geeignete Gegenmittel bei Kollision mit einer sehr unangenehmen und „wehrhaften" Bewohnerin der Nordsee. Die sogenannten **Feuerquallen** können mit ihren bis zu 5 m langen haarfeinen Tentakelfäden Schwimmern arge Verletzungen durch Nesselgifte zufügen. Zwar gibt es an der Nordsee nur zwei gefährliche Quallenarten, und die sind überdies recht selten. Doch ein guter Pfadfinder ist immer vorbereitet. Abreiben der betroffenen Körperteile mit Essig ist hilfreich. Im schlimmsten Falle mag sogar die künstliche Beatmung eines Opfers notwendig werden, bei schweren „Verbrennungen" durch Quallen ist ärztliche Hilfe also schnellstmöglich zu suchen.

Ein kurioses Lebewesen im Watt ist die **Seepocke,** deren kleine weiße Kegel sich überall dort ansiedeln, wo es einen einigermaßen harten Untergrund gibt, Treibgut jeglicher Art nicht ausgeschlossen. Logischerweise wird man die festklebende „Pocke" im Reich der Muscheln ansiedeln. Weit gefehlt. Es handelt sich um ein Krebstier, das, geschützt von einem glasharten Chitinpanzer und angepappt mit einem ausgesprochenen Megaklebstoff, recht zufrieden und weitgehend feindlos vor sich hinlebt. Nur der Mensch mag die Seepocke nicht, denn sie klebt sich besonders gerne an Schiffsböden und nimmt so die Fahrt aus dem Dampfer ...

Da sind ihm die nächsten Verwandten des Klebtieres, die **Hummer** (s. Helgoland) und **Garnelen** (s. Essen und Trinken) schon lieber. Zwischen 20.000 und 30.000 Tonnen Garnelen werden alljährlich in deutschen Nordseegewässern von Krabbenkuttern gefangen - eine Zahl, die zunächst erschreckend anmuten mag. Doch der Fischwelt schmecken Garnelen mindestens genauso gut. Man schätzt, daß mindestens das Fünffache der genannten Menge von Fischen gefressen wird.

Ein besonders lustiger zu dieser Familie gehöriger Geselle, ein Krabbeltier, das einem häufig auch weit oben auf dem Trockenen begegnet, ist der **Einsiedlerkrebs.** Er schützt seinen weichhäutigen, verletzlichen Hinterleib, indem er ihn in ein leeres Schneckengehäuse rollt, das er dann immer mit sich herumschleppt. Wächst der Eremit, muß er sich auch ein größeres Haus suchen. Das Tierchen läßt sich schon mal von Menschenhand füttern, wenn ihm die Atzung zusagt. Eltern sollten ihren Kindern aber streng den Versuch untersagen, den „Willi" aus seinem Bau zu ziehen. Er reißt dabei nämlich in der Mitte durch und stirbt.

Die Nordsee

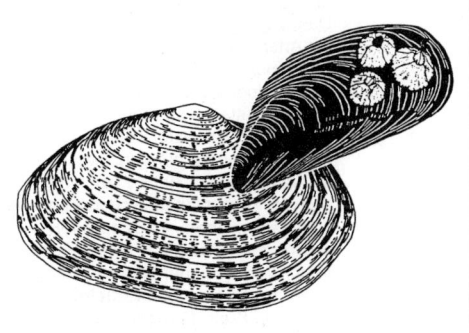

Sanklaff-
muschel und
Miesmuschel
mit Seepocken

Auch bei *Seesternen* ist ein autoritäres Wort vonnöten, und nicht nur an die Adresse von Kindern. Zwar ist das symbolträchtigste aller Nordseetiere im Flachwasser relativ selten. Zudem ist der Seestern ein böser Räuber, der mit Vorliebe Miesmuscheln auslutscht. Doch auch er hat seine Lebensberechtigung. Man sollte einen lebenden Seestern nicht „zum Trocknen" mitnehmen, um damit seine Strandburg zu verzieren. Ist er aber bereits einmal mumifiziert, so steht seiner Rolle als Souvenir natürlich nichts im Wege.

Von den *Fischen* des Watts wird auch der aufmerksamste Beobachter wenig zu sehen bekommen, es sei denn, sie treiben tot an den Strand oder sie landen als Fangergebnis auf seinem Teller. Nur gelegentlich kann es einem mal passieren, daß beim Waten im flachen Wasser etwas unter dem Fuß zappelt. Keine Angst – das ist dann eine kleine *Scholle*, die sich eilends davonmachen wird und kein tropischer Stachelrochen, der einen in die Wade sticht.

Viel auffälliger für den Menschen als Landlebewesen ist die *Vogelwelt* des Watts. Für 25 Arten stellt der Wattenraum das *Hauptbrutgebiet* im europäischen Küstenbereich dar, viele weitere sind vertreten, zum Teil als Durchreisende. An erster Stelle stehen *Silbermöwen,* von denen es wohl an die 70.000 streng monogame Paare gibt, sowie auch *Lach-* und zu einem weit geringeren Anteil *Sturmmöwen.* Diese Vogelarten, vielfach als charakteristisch für den Nordseeraum angesehen, haben in der jüngsten Vergangenheit stark an Zahl gewonnen. Einmal dadurch, daß die Silbermöwe binnenländische Müllkippen als bequeme Winterversorgungslager „entdeckte", was eine Bestandsvergrößerung zur Folge hatte, andererseits weil, genau umgekehrt, die Lachmöwe, einst ein Inlandsvogel, seit den dreißiger Jahren immer stärker die Inseln besiedelte. Das ging auf Kosten anderer, teilweise stark gefährdeter Arten. Möwen sind von Küstenbewohnern und Vogelkennern deshalb gar nicht so gerne gesehen wie von den Badegästen. Schilder an Bord der Inselfähren – „Möwen füttern verboten!" – mögen wunderlich anmuten, und es wird nach Kräften „zuwidergehandelt". Doch die Aufforderung hat den Zweck, den Möwen den Status als „fliegende Ratten" zu versagen, wie ihn die Tauben des Binnenlandes schon innehaben.

Seeschwalben, Regenpfeifer, Rotschenkel, Austernfischer, Säbelschnäbler, Enten, Gänse – alles was in der Vogelwelt der Nordsee Rang und Namen hat, ist auch im Wattenmeer vertreten. Und das rund um die Uhr. Das Kreischen der Möwen verstummt am Abend,

Säbelschnäbler

„... und fliegen
weiter und
haben zu
sechst doch
richtig den
ganzen
Dückdalben
beklext."
(*Joachim
Ringelnatz*)

denn die Vögel ernähren sich zu einem Großteil direkt aus dem Meer und können nachts zu Bett gehen. Andere - viele - Arten sind auf das trockenfallende Watt angewiesen und müssen einen gezeitenbedingten Tagesrhythmus einhalten. Im Watt „ist immer etwas los", keineswegs kann man von einer trostlosen und schweigenden Wasser- und Schlickwüste sprechen.

Und grün ist's auch. **Algen** und **Tange,** archaische Gewächse aus der Urzeit irdischer Lebensentfaltung, bilden mitunter ganze Teppiche, üppig an der Wasseroberfläche wallend oder braungetrocknet und angenehm unter dem Fuß den Strand säumend. **Blasentang,** von kleinen „Luftballons" getragen, treibt besonders häufig in Fragmenten an, und Kinder vergnügen sich damit, die Blasen mit einem „popp!" zerplatzen zu lassen. Manchmal kauen sie auch daran herum - Bubblegum. Macht nichts. Die Praxis ist ungefährlich. Algen und Tange sind in großem Umfang eßbar, haben zum Teil sogar Heilwirkung - sofern nicht gerade ein besonders saftiger Schub von CKWs und PCBs in die Nordsee eingetragen wurde.

Blasentang

Verhalten im Nationalpark

Aus praktischen Erwägungen hat man den Nationalpark-
bereich in drei Zonen eingeteilt:

1. *Die Ruhezone.* In dieser „Zone I" gelten die streng-
sten Schutzbestimmungen, weil sich hier die empfind-
lichsten Landschaften und Biotope befinden. Betreten
und Befahren dieser Zone ist generell nicht erlaubt, es
sei denn auf ausgewiesenen Pfaden oder unter Führung
von Parkpersonal. Versteht sich, daß man auch der Tier-
welt fernbleibt. Niemand ist legitimiert, in eine Vogel-
oder Seehundfamilie einzubrechen, um „nur" ein Foto zu
machen.

2. Die *Zwischen- oder Pufferzone.* Hier sind alle Hand-
lungen untersagt, die den Charakter des Wattenmeeres
und der Inseln verändern oder die natürlichen Verhältnisse beeinträchtigen. Sonderbestimmungen gelten für die
Brut- und Aufzuchtzeit der Vögel vom 1.4.-31.7. jeden
Jahres. Naturgerechtes Verhalten sollte eigentlich in
jeder „Zone" eine Selbstverständlichkeit sein.

3. In der *Erholungszone* (III, zumeist Stadt-, Strand-
und Kulturgebiete) gelten lediglich lokale Beschränkungen.

Mehr Auskünfte zum Thema erteilt die *Nationalparkverwaltung Niedersächsisches Wattenmeer* (Virchowstr. 1,
26382 Wilhelmshaven). Außerdem befinden sich auf
allen Inseln Info-Zentren (siehe Text), in denen man sich
vor Ort kundig machen kann.

Die Menschen

Geschichte

Römerzeit Schon der Grieche *Strabo* (66 v.-24 n. Chr.) beschrieb die
Nordseeküste und ihre Bewohner. Der Römer *Plinius d.
Ä.* wunderte sich als erster über das Wattenmeer mit seinen Gezeiten. *Tacitus* spendet den Küstenbewohnern
Lob und beschreibt ihre Boote als „leichte Kähne, die
sich aber zu Plünderungsfahrten eignen". Er berichtet
auch von den Häuptlingen *Verritus* und *Malorix* und
deren Reise zum *Kaiser Nero* in Rom, wo sie keck wie
Asterix und Obelix Ehrenplätze im Theater beanspruchen, „denn niemand übertrifft an Tapferkeit und Treue
die Germanen".

Das waren damals an der Küste die **Chauken** und die **Friesen,** vor allem die letzteren. Ihr Ursprung ist wahrscheinlich in den heutigen Niederlanden zu suchen, von wo sie sich entlang der Marschküsten in Richtung Osten und Norden ausbreiteten. Dort fanden sie weitgehend unbewohntes Land vor, Land, das den Launen der Nordsee ausgesetzt war und auf dem niemand leben wollte. Um 700 n. Chr. entstand das **friesische Großreich** unter *König Radbod.*

Christiani-sierung

Ein halbes Jahrhundert später begann auch hier das Christentum Einzug zu halten – was den Friesen zunächst überhaupt nicht in den Kram paßte. Der große Missionar *Bonifatius* starb 755 in Dockum (Ostfriesland) den Märtyrertod. (Böse Zungen behaupten, die Friesen hätten ihn auch verspeist, was jedoch keineswegs den Tatsachen entspricht. Wahr ist allerdings, daß seine Gebeine nie gefunden wurden).

Bonifatius jedenfalls gebührt der Ruhm, das widerspenstige Volk unter das Kreuz der Christenheit geführt zu haben. Im Jahre 785 wurden die friesischen Gebiete **Teil des Frankenreiches** unter *Karl dem Großen*. Gleichzeitig setzte auch eine stärkere **Besiedlung des heutigen Nordfriesland** von Westen her ein. Die Dickköpfe unter den Friesen, und sie hatten offenbar nicht wenige davon, verließen ihre alte Heimat, um sich der Herrschaft des deutschen Kaisers und dem Einfluß des Christentums zu entziehen. Sie siedelten sich auf den Geestinseln Sylt, Föhr und Amrum sowie auch auf Helgoland an, wo sich noch geringe Reste eines verwandten Volkes, der **Angeln,** befanden, deren Hauptzahl zuvor nach England abgewandert war.

Warften

„*Frisia non cantat*", lästerten bereits die Römer in Hinblick auf die karge **Subsistenzkultur** der Küstenbewohner, „in Friesland singt man nicht." Man hatte dort auch gar keine Zeit zum Trällern, denn es gab Vordringlicheres zu tun.

Im 9. Jahrhundert erhoben sich die friesischen Behausungen noch auf sogenannten Warf(t)en oder Wurten, menschengemachten Erdanhäufungen, um die See „außen vor" zu halten. Doch das „Mare Oceanum Germaniae" kroch weiter empor, weil sich die Küste unmerklich senkte. Zwar waren die Häuser auf den Warften zunächst noch cinigermaßen sicher. Aber der Getreideanbau und damit die Grundernährung wurde durch immerwährende Überflutungen zunehmend in Frage gestellt. Es galt etwas zu unternehmen.

Deichbau

Der Deichbau an der deutschen Nordseeküste begann um das Jahr 1000. Er wurde vom ganzen Volk, nicht vom Einzelnen, unternommen und stellt ein stolzes Kapitel in der Geschichte der Küstenbewohner dar. „Wer nicht will deichen, muß weichen!", hieß es: Wer sich nicht am Deichbau beteiligte, flog aus der Volksgemeinschaft. In seinem „Schimmelreiter" schildert *Theodor Storm*, wie unerbittlich es auch noch Jahrhunderte später am Deich zuging. „Gott schuf das Meer, der Friese die Deiche", klingt es heute an der Küste. Im Hinblick auf das Jahrtausendwerk, an dem immer noch gearbeitet wird, werden muß, kann man sich ein bißchen Selbstbewußtsein auch ruhig leisten.

Friesischer Freiheitsdrang

Das hat man eigentlich immer gehabt, dort, „wo Ebbe herrscht und Flut" (Ostfriesenhymne). Die Friesen an ihrem buchstäblich selbsterrungenen Land haben sich nie etwas dreinreden lassen. Das hatte schon *Karl der Große* anerkannt, der ihnen Sonderrechte einräumte, und das mußten auch andere hinnehmen, die sich bei den vermeintlich tumben Schlickschauflern blutige Nasen holten. Im 13. Jahrhundert gründeten die Friesen den **Upstalsboomverband,** eine der Schweizer Eidgenossenschaft nicht unähnliche Vereinigung. „Thiu forme urkere aller Fresena is thet hiu ense a jera to gadera kome to Upstalsboma – die erste Kür aller Friesen ist, daß sie einmal im Jahr beim Upstalsboom zusammenkommen", war der Grundsatz dieses urgermanischen **Things.**

Das bodenständige Motto trug zu jahrhundertelangem Zusammenhalt bei. In vieler Hinsicht herrschten im Friesenland bereits **mustergültige demokratische Verhältnisse,** als es überall sonst in Europa noch drunter und drüber ging. Alles Auswärtige war den Friesen daher auch zutiefst suspekt. Man blieb, schon aus Gewohnheit, unter sich.

Neuzeit

So hielt auch das **Industriezeitalter** nie Einzug; an den Deichen herrschte permanente Ebbe. Während es im übrigen Deutschland boomte, blieb man in Friesland **arbeitslos.** Und während es in anderen deutschen Landen allmählich immer demokratischer und sozialer wurde, vollzog sich im Friesischen genau das Gegenteil: Fast bis in die jüngste Neuzeit hat sich dort ein geradezu penetrantes **Junkertum** erhalten, das an der Rückständigkeit breiter Volksschichten einen nicht unbeträchtlichen Anteil hatte.

Aber die Zeiten ändern sich. Angesichts eines neuen, durch den Massentourismus an die Küste geschwemmten **Wohlstandes** heißt es schon heute, durch zahlreiche Künstler und Musiker untermalt: *„Frisia cantat."*

Navigare necesse –

**Haupt-
sache
Seefahrt**

Navigare necesse – vivere non. So lautet der grimme Spruch an der Küste: „Seefahrt ist not, leben nicht." Der nördliche Teil dessen, was sich heute Deutschland nennt, war seit seiner frühesten Besiedlung auf Fischfang und Seehandel angewiesen. Und schon immer war die Seefahrt im Nordseebereich ein beinhartes Gewerbe gewesen. Nicht nur hatte der Seemann mit den Widrigkeiten der Elemente zu kämpfen. Auch seinesgleichen machte ihm das Leben schwer. **Seeräuber,** heute eher romantisch verklärte Gestalten, forderten einen hohen Tribut innerhalb seiner Zunft. Schlimme Seegeier lauerten insbesondere an den

Die Nordsee

Auf einem
Oldtimer

friesischen Küsten und gierten nach Beute. Einer der ersten Berichte dieser Art stammt aus dem Jahre 1290, als eine päpstliche Gesandschaft aus Norwegen den kapitalen Fehler machte, sich samt Geldschatulle auf einem friesischen Segler einzuschiffen. Der Papst reagierte mit Acht und Bannfluch – aber welchen echten Friesen beeindruckt das schon...

Die „**Vitalienbrüder**" verunsicherten im nächsten Jahrhundert Nord- und Ostsee, und obwohl ihnen schließlich das Handwerk gelegt wurde, regierte das Faustrecht an den Stränden weiter. Wer hilflos antrieb, wurde zur Beute der Küsten- und Inselbewohner, und wer dagegen Einwände vorbrachte, wurde kurzerhand erschlagen. Mitunter wurden sogar irreführende Leitfeuer angezündet, um Schiffe auf falschen Kurs und ins Verderben zu locken.

**Neues
Denken**

So ging es lustig fort bis weit in die erste Hälfte des 19. Jahrhunderts. Das „Strandrecht" ließ diesen „ganz normalen" Erwerb zu, und niemand fand etwas dabei, waren es doch nur Seeleute, die dabei ihres Lebens verlustig gingen.

Erst als das Auswandererschiff *Johanne* im Jahre 1854 unter dramatischen Umständen auf Spiekeroog strandete, wurde man an der Küste ein wenig nachdenklich. Ändern tat sich indes nichts. Es war der Untergang der hannoverschen Brigg *Alliance* samt ihrer neunköpfigen Besatzung am 10. September 1860, der den Stein ins Rollen brachte. Ein alter, morscher Kahn und ein paar Todesopfer – nichts unterschied dieses Unglück von den mindestens fünfzig, die sich alljährlich an der deutschen Nordseeküste ereigneten. Zufällig hatte ein „Kurgast" jedoch das Ereignis beobachtet und sich über die Wurstigkeit und ausbleibende Hilfsbereitschaft der eifrig „strandjenden" Insulaner empört. Er verfaßte einen Augenzeugenbericht und gab diesen an die Presse weiter.

Gründung der DGzRS

Doch das Echo blieb zunächst gedämpft. Es war *Adolph Bermpohl*, Ex-Steuermann und jetzt Seefahrtschullehrer in Vegesack, der den Faden aufnahm und voller Engagement weiterspann. Am Ende – große Hindernisse und ein Berg an Gleichgültigkeit mußten noch überwunden werden – stand die Gründung der ***Deutschen Gesellschaft zur Rettung Schiffbrüchiger*** (DGzRS) am 29. Mai 1865. Zehntausende seefahrender Menschen (und etliche andere) verdanken dieser Organisation seither ihr Leben. Die Gesellschaft wird – einmalig auf der Welt – ausnahmslos von Spenden und freiwilligen Aufwendungen erhalten. Die Hauptverwaltung sitzt in Bremen (Werderstr. 2, Tel. 0421-537070); dort befindet sich auch die ***Seenotleitstelle,*** das MRCC (Maritime Rescue Coordination Center).

Viel zu tun

Die Modernisierung der Seeschiffahrt, alle diese mit hervorragender Technik ausgerüsteten schwimmenden Maschinen, haben den Rettern beileibe nicht etwa weniger Arbeit eingebracht als im vorigen Jahrhundert. Allein in den letzten 150 Jahren sind der Nordsee zwischen 3000 und 4000 Schiffe zum Opfer gefallen. Alljährlich erhöht sich diese Zahl weiterhin durch Untergänge, Strandungen, Kollisionen. Mehr Freizeitskipper denn je sind auch in der Nordsee unterwegs, und sie geben den ***Seenotkreuzern*** besonders gut zu tun.

Aus einem Bericht der DGzRS: „Auch in diesem Jahr gab es das wieder überreichlich: Einsätze und nächtelange Suchfahrten, z. T. unterstützt durch Flugzeuge und Hubschrauber, nach Luftmatratzenkapitänen, nach Leichtsinnigen, Unbelehrbaren. Gefahren werden verkannt oder gering geachtet, Verantwortungslosigkeit mit Mut verwechselt. Helfer und Retter müssen sich in Gefahr begeben – Kosten entstehen, die niemand deckt. Menschen sind in Gefahr – selbstverständlich wird geholfen! Aber für manchen kommt die Hilfe zu spät. Muß das sein?"

Auch die kommerzielle, „christlich" genannte Seefahrt wartet weiterhin mit eindrucksvollen Verluststatistiken auf, verursacht durch vergammelte Pötte, überstrapazierte, todmüde Besatzungen, zuviel Vertrauen in die Technik, durch Sparen um jeden Preis, an allen Ecken und Enden. Wenn Sie am Inselstrand stehen und dem stolzen Containerriesen mit wehmütigen Augen nachblicken, schlagen Sie sich jegliche Romantik lieber aus dem Kopf. Dort oben, auf der Brücke des hypermodernen Kahns, sitzt der Wachoffizier vielleicht gerade auf dem „gläsernen Lokus" mit Rundumblick, weil man ihm den Ausgucksmann gestrichen hat ...

Friesisch und „Platt"

Friesisch

Einstmals wurde an der Küste und auf den Inseln fast nur Friesisch gesprochen. Doch von der friesischen Sprache ist wenig übrig geblieben. In den Niederlanden wurde sie schon vor langem als Schulfach abgeschafft, und auch in Deutschland ist sie in den siebziger Jahren *fast ausgestorben.* Nur im hohen Norden, vor allem auf Föhr und Amrum, wird sie von einer Minderheit noch mit viel Engagement gesprochen, und es steht zu hoffen, daß diese schütteren *Sprachinseln* auch weiter erhalten bleiben.

„Platt"

Wesentlich besser hat das *Plattdeutsche* abgeschnitten, das in verschiedenen Färbungen von fast 20 Millionen Menschen im Land gesprochen oder verstanden wird.

„Platt", im Gegensatz zum drögen (auch ein „plattes" Wort) Hochdeutsch ein eher pausbackiger *Großdialekt,* hat in den letzten fünfzehn Jahren sogar eine Renaissance erlebt und ist salonfähig geworden. Es liegt gegenwärtig „voll im Trend" und hat seinen festen Platz in Funk und Fernsehen, Literatur und Musik. Selbst Zugereiste bemühen sich an der Küste jetzt schon mal, Platt mit den Eingeborenen zu „schnacken", rührend mitunter.

Plattdeutsch ist, wie sein Name sagt, eine deutsche Mundart. Das heißt, es ist keine archaisch-fremde Sprache wie das Friesische, obwohl es aus diesem zahlreiche Elemente bezieht.

**Moin,
moin**

Typisch und für Binnenländer erklärtermaßen völlig unverständlich ist auch der Gruß *Moin, moin,* der im Oldenburg-Ostfriesischen am häufigsten ist, aber sich an der gesamten Küste verbreitet hat. Man grüßt dieserart zu jeder Tageszeit, und eben das finden die Besucher so befremdlich. Aber nicht der Morgen liegt dem Wort zugrunde, sondern das westfriesische *mooi* = gut. Der Gruß bedeutet so etwas wie „Alles Gute", liebenswert genug.

Die Nordsee

„Küstendeutsch"

Könnte ein Süddeutscher etwas anfangen mit: *Töv is wat, he mokt gau un komt fors...* ? Ganz gewiß nicht. Es übersetzt sich als: „Warten Sie bitte etwas, er beeilt sich und kommt sofort."

Etwas verständlicher ist dieser markante plattdeutsche Vierzeiler, der für Yachties und angehende Seefahrer recht nützlich ist:

An Backbord brennt dat rode Licht
An Stüerbord dat greun;
Wer dat nich weet, den schall man glieks
Dat Achterdeel verbleun!

Ein wenig Küstendeutsch als Verständigungshilfe:

achtern	hinten
Back	1. Vorschiff
	2. Eßtisch
Balje	„Wanne"; flacher Meereseinschnitt
Blanker Hans	Nordsee (poet.)
Buhne	Steindamm im rechten Winkel zur Küste; zur Uferbefestigung
Dalben,	Pfahlgruppe zum Festmachen von
Duckdalben	Schiffen
Deern	Mädchen. Kommt zwar von „Dirne", hat aber keine Assoziation im heutigen Sinn
dick	1. neblig 2. bezecht
dwars	quer(ab)
Dwarslöper	Querläufer (Schiff), scherzh. für Krabbe
Feuer	leuchtendes Seezeichen
Fleet	Siel (s. u.)
Gat(t)	Einbuchtung im Watt
Geest	das sandige gehobene Land, das sich an die Marsch anschließt
Groden	Land vor dem Deich
Heck	1. Achterschiff (s. o.)
	2. Weidegatter
Heller	Salzwiese
Huk	Inselende (oft hakenförmig, daher der Name)
Kieker	Fernglas
Kimm	Horizont
klönen	sich gemütlich unterhalten
Klönschnack	das Hauptwort dazu
Kog, Koog	Land zw. zwei Deichen (Nordfr.)
Köm	Schnaps

Leine	Tau, Seil; an Bord sagt man nur „Leine"
Messe	Eßraum an Bord
Plate	Sandbank, flache Insel
pottendick	sehr neblig
Pricke	besenartiges Seezeichen im Watt
Priel	Wasserlauf im Watt
Pütz	kleiner Eimer
Reet	Ried: trockenes Schilf zum Dachdecken
Ruder	„Steuer" eines Schiffes
Rudergänger	Dieser Mann steuert das Schiff, im Gegensatz zum „Steuermann", dem navigatorische Aufgaben obliegen
Sand	Sandbank, flache Sandinsel
Schapp	Schrank; Lade
Schart	massiver Durchlaß im Deich
Schlenge	Uferbefestigung aus Pfahl- und Zweigwerk
Schnack	Gerede, Unterhaltung
schnacken	reden
Siel	Entwässerungskanal
Stövje	Teewärmer (Ostfr.)
Stube, „Stuv"	Wohnzimmer
sutje	langsam
Tide	„Gezeit". An der Nordsee sagt kaum jemand Ebbe und Flut, sondern „ab- und auflaufend Wasser" bzw. „Hoch- und Niedrigwasser". „Stauwasser" ist, bevor „die Tide kippt".
Tonne	Boje — kein Seemann sagt „Boje"
Wuling	großer Andrang, Durcheinander

Die Nordsee

Altfriesisch (11.-13.Jh.):

Hwasa thene thruchtingath let, sa resze hi tha liudem tua merc, and tha sithum ene halwe; thi, ther tha kethene nauwet ne halt, alsa stor...

Altfriesisch besitzt kaum erkennbare Ähnlichkeit mit heutigen modernen Sprachen.

Niederdeutsch (15. Jh.):

Van enen droegen sommer. Anno Christi 1497. In dussem jaer is een droege sommer gewest, selden hefft geregent, dan allene...

Niederdeutsch ist mit einiger Sachkenntnis für den Deutschsprachigen schon ziemlich leicht lesbar. Es ähnelt dem heutigen Niederländischen und ist auch nicht weit vom Plattdeutschen entfernt.

Namensgebung

Zwar ist, wie eben vermerkt, von der alten Sprache gerade in Ostfriesland nicht viel übrig geblieben. Doch in der Namensgebung hat sie sich im gesamten Bereich noch erhalten. An der Küste gibt es Vornamen, die sich vollkommen von denen des Binnenlandes unterscheiden. Ein kleiner Querschnitt:

Adde	Ibo	Popeo
Aiso	Iggo	Pupke
Alke	Imke	
Ammo	Immo	Redelf
	Ino	Renskea
Bette		Renste
	Jabbo	Reuke
Cekea	Jantken	Rinelde
Coob	Japen	Rippe
	Jelde	
Edine		Schwidde
Ehme	Kea	Siebo
Eike	Koert	Silko
Etta		Swantje
	Lammert	
Fokko	Lüke	Taalke
Folke	Lünkea	Tini
Fooke		Tjarko
Frauke	Meldert	Tobe
	Middent	Tönjes
Galt	Moetje	
Gebkaus		Ulfert
Göke	Okje	Upte
	Okko	
Habbo	Ollig	Weert
Heie	Ommo	Wi(e)bke
Hillrich	Onka	Wübbo
Honke	Onko	

Was ist Männlein, was Weiblein? Die Friesen wissen es, vor allem bei den Endungen auf -e, oft selber nicht. Manche Namen sind sogar echte Zwitter, männlich und weiblich zu verwenden. (Deutsches Standesrecht schreibt in diesen Fällen einen weiteren, geschlechtsidentischen Namen vor). Schon Napoleon war bemüht gewesen, etwas Klarheit in dieses Dickicht zu bringen. Er schaffte es bei den wirren Familiennamen. Bei den Vornamen mußte auch er allerdings passen ...

Krater
im Watt

Ostfriesenwitze

Ausgehend vom feindlichen benachbarten Oldenburg,
wo Studenten den Römerspruch mit *„Frisia non ridet sed nos*
– Friesland lacht nicht, aber wir!" parodierten, überzog
in den siebziger Jahren eine Welle von Ostfriesenwitzen
die gesamte Nation und stellte die bedächtigen Hinter-
deichler bundesweit als Dorfdeppen dar. (Frage:
„Warum tragen die Ostfriesen immer Rollkragenpull-
over?" Antwort: „Damit man die Gewinde ihrer Holzköp-
fe nicht sieht.") Frisia schlug zurück – immerhin hatte
man die Pointen verstanden – und giftete: „Warum gibt
es in Ostfriesland keine Hämorrhoiden? – Weil die
ganzen Arschlöcher in Oldenburg sitzen!" Als der „Bür-
gerkrieg" vorbei war, vertrug man sich nach
Marschmännerart wieder.

Die Ostfriesischen Inseln

Übersicht

Welcher	Wangerooge
Seemann	Spiekeroog
Liegt	Langeoog
Bei	Baltrum
Nanni	Norderney
Im	Juist
Bett?	Borkum

An der Küste populärer Merkspruch, um die Reihenfolge der Ostfriesischen Inseln – von Ost nach West – im Gedächtnis zu behalten. In diesem Buch sind die Inseln, einer allgemeinen geographischen Richtung folgend, in umgekehrter Sequenz aufgelistet.

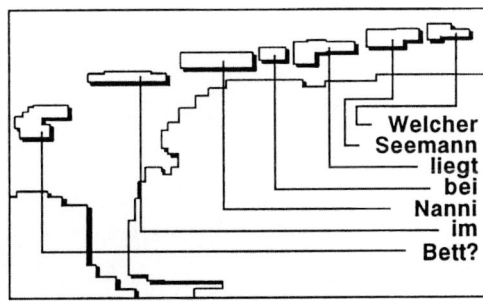

Die sieben Schwestern

Auf Bildern aus dem Weltraum sehen sie sich
alle sehr ähnlich, die sieben ostfriesischen
Schwestern: Im Westen von wilden Wassern an-
gebohrt, im Osten allmählich ausfiedernd –
Köpfchen unter Wasser, Schwänzchen in die
Höh! Schaut man sich ganz im Osten die kleine
Insel Minsener Oog an, so erkennt man an
deren Westseite die gleichen Ansätze. Doch den
Kaulquappenschwanz haben die Jade und die
Bagger abgeschnitten, und die nach Wilhelms-
haven bestimmten Großtanker lavieren behut-
sam an den Resten vorbei.

Fast hat es den Anschein, als wollten die nach
Osten wandernden sieben Schwestern nach
und nach in diesem Loch verschwinden. Denn
die ostfriesischen Inseln sind keine Überbleibsel

Ostfriesische
Mühle

eines einstmals mächtigen Festlandes, kein Bollwerk wie Helgoland, das der See die Stirn bieten könnte. Sie sind schüttere Sandbänke, die das Meer eher spielerisch aufwarf und die sich in den letzten paar Jahrhunderten durch Dünenanhäufung, Vegetationsansiedlung und menschliches Wirken etwas verfestigt haben. Dennoch wird ihr Bestand kaum von Dauer sein. Und man wird weiter um sie ringen müssen, um den Exitus hinauszuzögern.

Trotz aller Nöte klammerten sich die Menschen bereits an die unwirtlichen Eilande, als die Besiedlung der Nordseeküste gerade begonnen hatte. Das hatte zweifellos seinen Grund darin, daß das Nordmeer damals ein Fisch- und Vogelparadies war, von dem wir heute, in der Endphase einer langsamen Zerstörung, nur träumen können. Außerdem war man auf sturmumtosten Inseln sicherer vor kriegerischen Auseinandersetzungen als auf dem Festland. Auch heute noch sind die kargen Sandhaufen ihren Bewohnern lieb und teuer. Woran der inzwischen voll entwickelte Fremdenverkehr mit seinem großen Geld natürlich eher beteiligt sein mag als süße Heimatgefühle ...

Anreise

Ein Inselurlaub verläuft meistens nach Schema F: Buchen, anreisen, sich vergnügen, abreisen.

Und doch läßt das System Innovationen zu. Um die „sieben Ostfriesinnen" wieder einmal zu besuchen und um die Küste besser kennenzulernen, hatten meine Frau und ich uns ein Bereisungskonzept ausgeheckt, das erheblich vom Schema abwich: Wir gingen – auf dem Deich – die ganze ostfriesische Küste zu Fuß ab, verbrachten die Nächte in der sogenannten „dritten Reihe" und unternahmen von solchen Stützpunkten aus jeweils Inseltouren von einigen Tagen. (Die „dritte Reihe" setzt sich aus weiter inland gelegenen Gästehäusern zusammen. Die zweite liegt direkt an der Küste, die erste auf den Inseln. Entsprechend staffeln sich die Preise).

Nun ist dies wirklich keine ungewöhnliche Art des Reisens, und die maximal 20 km, die wir im „Etmal" (in der Seemannssprache die Distanz von einem Mittag zum nächsten) zurücklegten, keine Glanzleistung. Und doch bereitete es uns Genugtuung festzustellen, daß wir die einzigen waren, die sich auf diese milde abenteuerliche Weise fortbewegten. Vielleicht mag dem einen oder anderen Leser die Idee gefallen und ihn zur Nachahmung einer solchen „Erlebnistour" anregen, bei der er sich allein unter Schafen findet.

Störtebeker

Die meisten Inselgäste rollen im eigenen Auto an; das ist, in doppelter Bedeutung, der Zug der Zeit. *Wilhelm Buschs* „unglaublicher Sand und Staub" auf der Reise durch Oldenburg und Ostfriesland gehört der Vergangenheit an. Heute führen gut ausgebaute Straßen bis ins letzte Kaff. Wer mit seinem Wagen die **Störtebeker-Route** entlangfährt, die sich mehr oder minder parallel zum Deich die ganze Ostfrieslandküste (und weiter bis Bremerhaven, Cuxhaven und Stade) entlangzieht, der wird immer wieder auf Hinweisschilder stoßen, die zu Übernachtung und Verbleib in privaten Häusern und auf Bauernhöfen laden. Insofern läßt sich die beschriebene Tour auch auf Rädern nachvollziehen. Jedenfalls bis ans Wasser. Dort muß man das Vehikel in den meisten Fällen, nutzlos am Ferienbudget zehrend, ohnehin stehen lassen.

Doch es kann auch ruckzuck gehen, per Auto, Bahn, Flugzeug, denn alles ist perfekt durchorganisiert, befinden wir uns doch in Deutschland. Dann ist halt nicht der Weg das Ziel, sondern die Insel. Und davon handelt dieses Buch ja auch. Genug deshalb der Vorrede. Wir gehen jetzt auf Inselreise.

Borkum

– die Bohneninsel (?)

Geschichte

Römerzeit Am Anfang war das Wort. Keine steinernen Zeitzeugen, keine ausgegrabenen Ruinen künden von einem Borkum, das bereits eine gewisse Kultur aufwies, als das Römische Reich sich auf dem Höhepunkt seiner Macht und Ausdehnung befand.

Und doch war die Insel Borkum schon im *Altertum* ein geographischer Begriff. Der vorerwähnte griechische Chronist *Strabo* berichtete etwa zur Zeitenwende von den **Eroberungsfahrten** des älteren *Drusus* in den Jahren **12 bis 9 v. Chr.**: „Zwischen Saale und Rhein fand *Drusus Germanicus* nach glücklichen Kriegszügen sein Ende. Er überwältigte aber nicht nur die meisten Völkerschaften, sondern auch die Inseln, an denen man vorbeifahren mußte. Unter diesen war auch *Byrchanis*, das er nach einer Belagerung eroberte..."

Man lese und staune: Ein Eiland (denn „Byrchanis" ist kein anderes als Borkum) an der grimmen Nordseeküste, das vor Christi Geburt schon in solchem Maße besiedelt war, daß es erst nach einer Belagerung durch kriegserprobte römische Truppen fiel! Fühlt man sich nicht an Asterixens „kleines, unbeugsames Dorf" erinnert?

Strandläufer

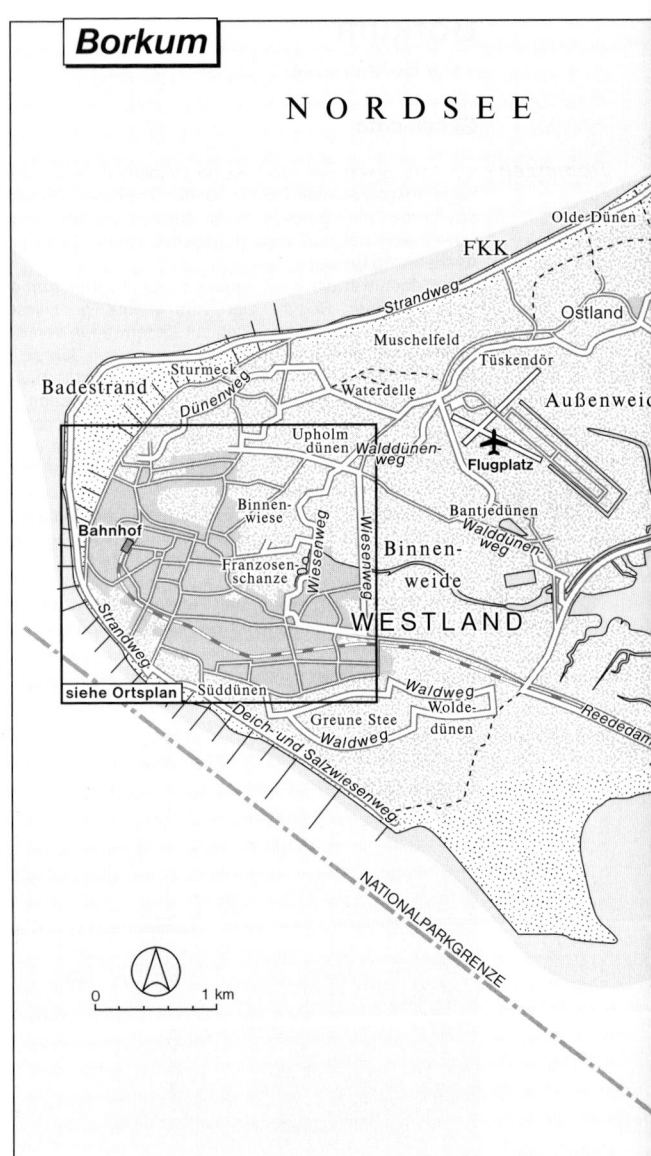

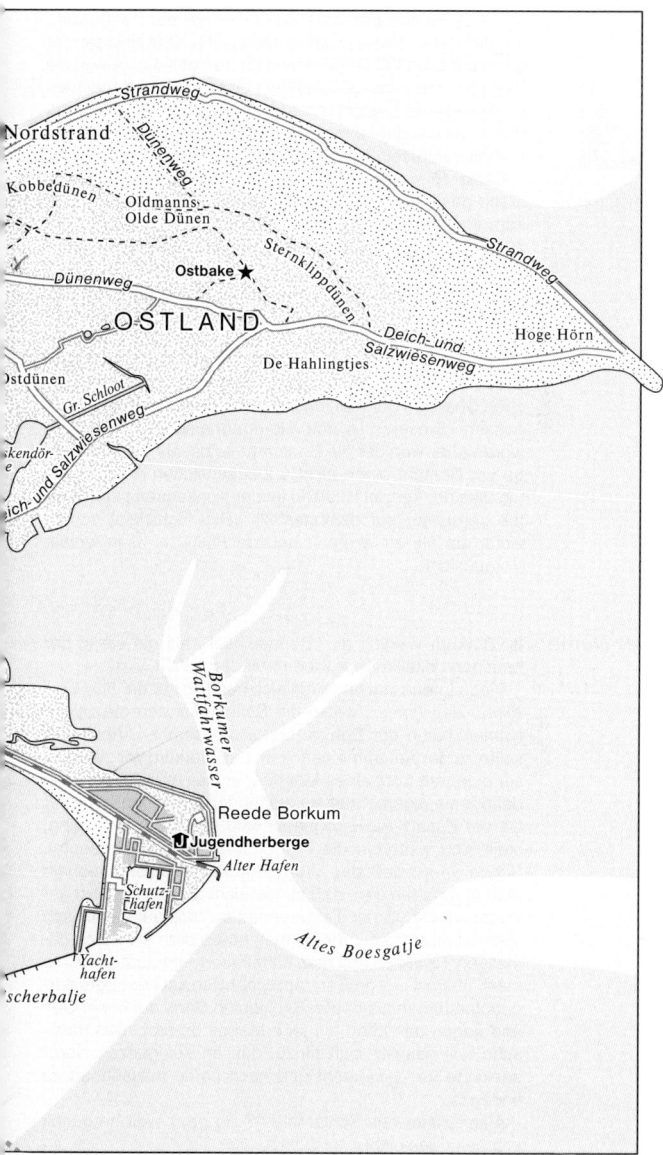

Leuchttonne

Die Einnahme Borkums war indes nur ein Pyrrhussieg für die Römer. Wenige Jahre später *(9 n. Chr.)* lockten die germanischen Wilden die Heerscharen des *Augustus* in die Sumpfmoore nahe des heutigen Osnabrück und machten drei komplette Legionen nieder. Von der **Varusschlacht,** dieser gewaltigen römischen Schlappe, zehrt deutsches Selbstbewußtsein bis auf den heutigen Tag.

Anno 15 wurde von Rom ein **Vergeltungsfeldzug** in Gang gesetzt, und zwar über See und abermals an Borkum vorbei, um die Ems als Einfallstor nach Germanien zu nutzen. Und – „anfangs rauschte das Meer vom Ruderschlag der tausend Schiffe, und man fuhr unter Segel..."

So beginnt die Chronik des *Tacitus*. Doch dann, es war Herbst, kam der unvermeidliche Sturm. „Dieser packte die Schiffe, warf sie auseinander in die offene Nordsee oder nach den Inseln hin..." Nichts blieb heil. Der verhinderte Eroberer *Germanicus II.* wurde zwar von römerfreundlichen Chauken gerettet, doch seine Karriere konnte er vergessen. Dieserart wurde Nordgermanien nie römisch, woran aber weniger die Borkumer selbst als die Wetterlage vor Borkum einen nicht unbeträchtlichen Anteil hatte. Ob dies der kargen Küste in letzter Konsequenz zum Vorteil gereichte, sei dahingestellt. „Das Schicksal schont viele, um sie zu strafen", seufzte *Plinius d. Ä.* in weiser Voraussicht.

Der Name   Ist Borkum wirklich die „Bohneninsel", als die sie in der heutigen Lokalliteratur wiederholt dargestellt wird?

Diese Interpretation beruft sich nämlich auf die *Burchana Fabria* des *Plinius*, wobei die Schriftgelehrten die zweite Namenshälfte der Bohne (lat. *faba*) zuordnen. Aber was sollte zu der Annahme verleiten, daß Borkum vor zweitausend Jahren trotz eines Mehrfachen seiner heutigen Ausdehnung ausgerechnet ein blühender Bohnengarten war? Da der Zusatz *Fabria* ohnehin bald wieder verloren ging, stellt sich weiterhin die Frage, was „Borkum" bedeutet. Schon *Strabo* ließ das Wort „Burchanis" fallen, weshalb man mutmaßen darf, daß es vielleicht auf seinem Mist gewachsen war. In der Tat bedeutet bo-rkos auf Griechisch „Schlamm, Morast", und da mag etwas dran sein. Den damaligen Touristen aus dem Mittelmeerraum dürfte sich die Insel, obwohl viel größer, topographisch kaum anders dargeboten haben als heute: Ein Haufen Sand auf hoher See und gegen das Land hin jede Menge bo-rkos. Das friesische *-um* gesellte sich hinzu, das, an der ganzen Nordseeküste für *-heim* steht und noch heute massenhaft zu finden ist.

Also: „Heim des Schlammes"? So ganz weit hergeholt erscheint das nicht.

Borkum

Bant

Damals, zur Römerzeit, war Burchana noch ein Eiland von stattlichen Ausmaßen und einiger historischer Wichtigkeit. Doch plötzlich war es aus damit. Fast ein Jahrtausend lang senkt sich Schweigen über die vermeintliche Bohneninsel.

Erst zur Zeit *Karls des Großen* taucht Borkum unter dem Namen **Bant** wieder aus der Versenkung auf. Aber es hat sich nicht nur in bezug auf den Namen völlig verändert... Schon *Plinius* berichtete von einer schweren Sturmflut um die Jahreswende auf anno 58. Jetzt, im *9. und 10. Jahrhundert,* brach Bant endgültig in *zwei Teile,* das westliche und das östliche. *1470* wird das östliche Bant als solches aktenkundig vermerkt, *1743* geht es als Sandbank endgültig unter. Das westliche Bant ist in den Chroniken nicht einmal erwähnt.

Gab es das alte Burchana überhaupt noch? Sicher ist, daß die Großinsel Bant im Laufe ihres Bestehens nach und nach zerstückelt wurde. Ein Brocken nach dem anderen brach ab in der *Johannisflut (1164)*, *Allerheiligenflut (1170)*, *Marcellusflut (1219)*, *Lucasflut (1287)*, *Clemensflut (1334)*, *zweiten Marcellusflut (1362,* sehr schwere Schäden), *Cosmas- und Damionsflut (1509).* Was nach diesen Orgien der Zerstörung im wesentlichen übrig blieb, ist das heutige Borkum: Immerhin noch die größte der sieben Ostfriesinnen.

Likedeeler und Geusen

Zu Beginn des 2. Jahrtausends rührte sich auch wieder etwas auf „Borkana". Die Insel war nunmehr christianisiert, und die weite Bucht in ihrem Südosten, der Hopp, galt als gute *Schutzreede* mit – damals noch – genügend tiefem Wasser, um selbst großen Schiffen das Ankern zu erlauben. Schon *Germanicus* soll hier pläneschmiedend gelegen haben und danach die *Wikinger*. *1227* versammelte sich im Hopp eine friesische Flotte zum *Kreuzzug* in das Heilige Land, und anno *1270* wetterte dort ein ähnliches Geschwader einen Monat lang widrige Winde ab.

Etwas über ein Jahrhundert später, Borkum war jetzt *(1398)* erstmalig urkundlich erwähnt, gaben sich die berüchtigten *Vitalienbrüder* vor der Insel immer häufiger ein Stelldichein. Diese rauhbauzigen Gesellen waren ursprünglich Fahrensleute in der Ostsee gewesen, die während des schwedisch-dänischen Krieges 1389-95 das belagerte Stockholm mit Lebensmitteln (= Viktualien) versorgt hatten. Bei Kriegsende war das schöne Geschäft vorbei, und man verlegte sich nun auf das nicht minder lukrative Seeräubern – vornehmlich in der Nordsee, wo die reich beladenen Schiffe der „Pfeffersäcke" in Hamburg und Bremen fette Beute versprachen. In Ostfriesland, wo man dem *Freibeutertum* immer schon große Sympathien entgegengebracht hatte, wurden die *Likedeeler* (=Gleich-

Wracktonne

67

Dalben

teiler), wie sie sich auf frühsozialistische Art nannten, warm willkommen geheißen. Der berühmte Räuberhauptmann *Claus Störtebeker* stellte sogar enge Bande mit der *Familie tom Brok* her, die in Ostfriesland zum damaligen Zeitpunkt weitgehend das Sagen hatte.

Doch diese sollten sich keines langen Bestandes erfreuen. Im **Frühjahr 1400** fielen die **Hanseaten** auf der Osterems über Störtebekers Flotte her und vernichteten sie. Die gefangengenommenen Piraten, darunter der Chef selbst, den man später vor Helgoland erhaschte, wurden in Emden und Hamburg einen Kopf kürzer gemacht. Ein Teil von Störtebekers Schätzen, so die Legende, soll in den Wolledünen Borkums vergraben liegen. Also: Spaten nicht vergessen, Borkumfahrer! (Die Wolledünen liegen am südwestlichen Ortsrand).

Einige Zeit später sorgten die **Geusen** für Abwechslung, vom Papsttum und der spanischen Krone abtrünnig gewordene Niederländer, die sich die Insel ebenfalls zum Stützpunkt erkoren hatten. Inzwischen hatte auch der Schiffsverkehr auf der Ems erheblich zugenommen; Emden war ein bedeutender Hafen. **1576** wurde der Turm der um 1540 erbauten Inselkirche auf 47 m aufgestockt, um als markantes **Seezeichen** zu dienen. Der „Alte Leuchtturm" steht heute noch in Borkums Stadtkern und gilt als Wahrzeichen der Insel.

Zusammenwuchs

Gegen **Mitte des 18. Jahrhunderts** war Borkum noch so gut wie zweigeteilt. Wo man sich heute im edlen Lichtkleide am FKK-Strand vergnügt, befand sich damals ein Durchlaß, fast zwei Kilometer breit und auf der anderen Seite im „Tüskendör" (= Zwischendurch) ins Watt mündend. Doch diese Wunde, später der „Glop" genannt, begann allmählich zu verheilen. Teils durch natürliche Geschehnisse, teils durch menschliches Zutun, wuchs die Insel zusammen; endlich gab es – Borkum.

Dieses „menschliche Zutun" war nicht unerheblich – oder sollte es zumindest sein. Bereits **1574** waren **Landschaftsschutzgesetze** erlassen und, weil sie scheinbar nicht griffen, **1628** mit zusätzlichen Zähnen versehen worden. Bei sehr empfindlichen Strafen wurden den Borkumern auferlegt, ihre Insel gefälligst beisammenzuhalten, weil, so ein Bericht aus dem Jahre **1650,** „dahero fast sehr zu besorgen, daß woferne dem wütenden Meere der rigell nitt baldt verleggt wirdt, dieß Eylandt (welches sonsten neben anderen dießer Graffschafft eine brustwehr ist) von den continue hefftig darauff antringenden wellen weitterß abgeschlagen, weggespühlett."

Doch an dem „gefährlichen und betrübten Zustand mitt dem Eylande Borckumb" änderte sich im Grunde wenig. Erst die **Preußen** brachten ab **1744** System in den Insel-

Borkum

schutz, sonst wäre Borkum letztes Endes vielleicht doch noch „weggespühlett" worden.

Walfang-Ära

Das lag unter anderem daran, daß die fähigsten Insulaner seit **Beginn des 17. Jahrhunderts** selten zu Hause waren. Von 1611 auf -12 hatte der Holländer *Willem Barents* nämlich das Nordmeer bis hinauf nach Spitzbergen erkundet und war mit der Nachricht zurückgekommen, daß es dort oben von Seegetier wimmele. Vor allem **Wale** waren schon wenige Jahre später das begehrteste Fangobjekt. **1643** wurden die ersten Walfangschiffe in Emden ausgerüstet; Borkumer Fischer bemannten sie oder heuerten auf holländischen und Hamburger Fahrzeugen an. Eine Zeitlang beteiligten sich dreiundzwanzig Borkumer „Kommandeure", wie man die Walfangkapitäne damals nannte, an der Ausrottungskampagne gegen den großen Meeressäuger. Mancher verdiente sich eine goldene Nase dabei. Noch heute künden auf Borkum **Zäune aus Walknochen,** museale Exponate und sogar eine nach dem erfolgreichsten Schlächter *Roelof Gerritsz Meyer* benannte Straße von jener glorreichen Zeit.

Doch dann war plötzlich Schluß. Schon in der **zweiten Hälfte des 18. Jahrhunderts** wurde der Wal seltener, die Fänge gingen zurück. Im Zuge des Krieges zwischen den Niederlanden und England nahmen die Briten **1780** zudem fast die gesamte Walfangflotte hopp. Aus der Traum! Zurück blieb ein bescheidener Wohlstand – und zahlreiche Witwen und Halbwaisen. Denn der Wal und die See hatten den Frevel nicht völlig unwidersprochen hingenommen. Viele Männer waren „geblieben".

1811 vertieften die **französischen Besatzer** das Elend nur noch. **1828** wurde Borkum eigentlich erst richtig **deutsch,** als es endgültig zur Abschaffung der niederländischen Sprache kam, die bis dahin fast ausschließlich auf der Insel gesprochen worden war. Und jetzt begann das Badezeitalter.

Walfang

Seebad

Borkum erhielt vergleichsweise spät **offiziellen Seebadstatus.** Ein Inselarzt namens *Ripking* hatte **1846** damit begonnen, kränkliche Knaben in sein Haus aufzunehmen und Badeeinrichtungen zu schaffen. Eines zog das andere nach, und alsbald wurde auf Borkum munter gebadet. Noch im gleichen Jahr zählte man bereits 300 Kurgäste, und das, obwohl nur alle vierzehn Tage ein Fährschiff (von Emden) die Insel anlief.

Denn Borkum war (damals) billig, und zudem konnte man sich herrlich leger geben. Die *Ostfriesische Zeitung* meldet **1850:** „In Borkum lebt man für wenig Geld gut und ungeniert. Hier fühlt man den Druck der sogenannten Etikette nicht. Hier kleidet sich ein jeder, wie es ihm beliebt. Hier haben Nachtmütze, Schlafrock und Pantoffeln mit Hut, Frack und Stiefeln gleichen Wert. Hier gilt, gottlob, ein nicht geschorener Bart dem glattrasierten Kinn völlig gleich..." Insbesondere Emdener Beamte liebten es, auf Borkum den zeitweiligen „Aussteiger" zu spielen.

Diese **Idylle** hielt lange Zeit an. Noch um die Jahrhundertwende heißt es: „Übertriebenen Luxus und weltstädtisches Treiben gibt es hier nicht. Ungezwungenheit im geselligen Verkehr, Unterhaltung und Vergnügen in Einfachheit und ohne Aufdringlichkeit, vor allem aber Ruhe und Erholung. Das sind die Vorzüge des Borkumer Badelebens."

Pricke

Borkum heute

Nach dem 2. Weltkrieg wuchs Borkum schnell zu einem wahren **Zentrum des Fremdenverkehrs** heran, mit über 165.000 Gästen pro Saison. Ihren Charme hat die Insel dennoch nicht verloren.

Die eine oder andere Baulichkeit entlang Borkums **Strandpromenade** wird den Betrachter mit wenig Begeisterung erfüllen. Trotzdem ist das Gesamtbild vom Strand her ein ansprechendes. Das vorherrschende Weiß, in dem die älteren Gebäude gehalten sind, die strengen hohen Fenster und verglasten Veranden – das paßt zu dem kargen Nordseeumfeld, besser als lautes Bunt und klobiger Backstein.

Vieles im Innern des Ortes vermittelt noch einen Hauch vergangener Zeiten. Im **Altdorf,** vornehmlich rund um den alten Turm, finden sich viele **Zäune aus Walrippen und -kiefern,** alle

Blick vom
Leuchtturm

Borkum

unter Denkmalschutz. Auch auf dem ***Friedhof***
ragen, etwas makaber, Walknochen aus der
Erde. Von den alten Grabsteinen aus jener Ära
sind indes nur noch zwei erhalten.

Ein Stadtbummel offenbart manches Haus aus
dem letzten Jahrhundert oder aus der Zeit des
großen Aufschwungs unmittelbar danach. Was
in jüngeren Jahren gebaut worden ist, fällt dagegen spürbar ab; manches, was sich „modern"
nennt, ist im Vergleich ausgesprochen häßlich.

Borkums „Action" brodelt in der ***Fußgängerzo-
ne*** seeseits des ***neuen Leuchtturms,*** insbesondere in der ***Strandstraße.*** Hier finden sich die
meisten Lokale, die eleganten Shops, die Ein-
kaufsbuden mit ihrem teuren Tand. Und hier
wickelt sich auch Borkums Nightlife ab, ganz
schön schrill für eine Ostfrieseninsel.

Außerhalb der „City" mit ihrem geschäftigen
Treiben ist auf Borkum jedoch jede Menge Platz
geblieben. Vor allem in der Nebensaison läßt
sich vielerorts insulare Einsamkeit finden. Borkum ist immerhin die größte der ostfriesischen
Inseln und diesem Rang einigen Auslauf schul-
dig. Der Tag mag – wird – auch kommen, an dem
Privatautos endgültig von der Insel verbannt
sein werden. Manchem wird das als Rückschritt
erscheinen, aber Borkum kann dadurch nur gewinnen.

Borkum nach
einem alten
Stich

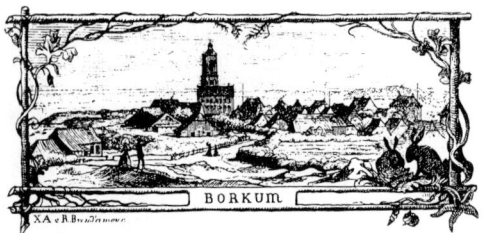

Sehenswertes

Dykhus   Borkums **Heimatmuseum,** das „Dykhus" am
Fuß des Alten Leuchtturms, sollte man anläßlich
eines Inselaufenthalts unbedingt besuchen.

Schon vor der Tür gibt es Interessantes zu
sehen: nämlich ein komplettes Wal-Skelett gewaltigen Ausmaßes, dann zwei **Walrippen,** die
den Eingang formen, dahinter ein **Brandungs-
boot,** eine **alte Badekarre** und ein **Kleinbahn-
coupé** von anno dunnemals. Drinnen liegen in
neun großzügig ausgestatteten Räumen Schätze
aus der Inselgeschichte der letzten 300 Jahre.

Im ersten Raum befindet sich die **Karnstee**
(Kirnstelle), wo Butter und Käse hergestellt wurden, im nächsten die Küche, reich geziert mit
holländischen Fliesen aus der Zeit zwischen
1680 und 1840. Das **Wohnzimmer,** Raum 3,
zeigt Einrichtungsgegenstände von ca. 1880. In
Raum 4 ist ein **Kapitänszimmer** mit „Nautiquitä-
ten" untergebracht, Raum 5 gibt einen Einblick in
die **Ära des Borkumer Walfangs,** in Raum 6
sieht man *„Butzen"* (Alkoven), in denen man
damals schlief. Die große Borkumhalle in Raum
7 ist ein Schaufenster für die frühe Entwicklung
der Insel zum **Seebad.** In Raum 8 sind Exponaten-
te aus dem **Schiffahrts- und Rettungswesen**
zusammengetragen, darunter das Boot *Otto Hass*,
das sich um zahlreiche Rettungen verdient gemacht hatte. In Raum 9 befindet sich letztlich die
naturkundliche Abteilung, die einen Querschnitt
durch die Flora und Fauna der Nordsee gibt.

●Tgl. 10-12 und 16-18 Uhr geöffnet (im Winter nur nach-mittags), So. nur morgens, Mo. geschl.; Tel. 4860 oder 2824; Eintritt 2 DM, Kinder 1 DM.

Borkum

Neuer Leucht-turm

Der Neue Leuchtturm im Zentrum bietet aus 60,3 m Höhe einen phantastischen Rundblick. Geöffnet 10-11.30 und 15-16.30 Uhr. Eintr. 2 DM.

Feuer-schiff Borkum-riff

Im **Schutzhafen** nahe des Fähranlegers liegt das Feuerschiff *Borkumriff*, das letzte bemannte Fahrzeug dieser Art, das 1956 in Dienst gestellt und am 15. Juli 1988 hier auf seinen endgültigen Ankerplatz verlegt wurde. 32 Jahre lang hatte sein tröstliches Licht über Borkumriff, einen der gefürchtetsten Schiffsfriedhöfe der Welt ge-wacht. Heute haben unbemannte Feuerschiffe, Großtonnen gleich, diese Funktion übernom-men, Radarstrahlen ersetzen manches fehlende Licht. An Bord der *Borkumriff* erhält man einen faszinierenden Einblick in das Wesen der alten „Leuchtschiffe". Gleichzeitig hat sich die ***regio-nale Nationalparkverwaltung*** hier höchst pas-send einquartiert und bietet Exkursionen, prakti-sche Übungen und Vorträge an.
●Führungen Di, Do und Sa um 13.15 und 14.45 Uhr; für umfangreichere Programme Terminabsprache; Tel. 2030.

Naturschutzgebiete

Die Form und topographischen Besonderheiten der Insel Borkum haben dazu geführt, daß das NSG annähernd in vier Teile zerfällt. Das aus der Sicht des Naturschutzes wohl wichtigste Ge-biet empfängt den Inselbesucher unmittelbar bei seiner Ankunft. Der Borkumer Hafen bildet näm-lich den Endpunkt einer langen, schmalen Land-zunge, auf der die Inselbahn in den Ort tuckert. Rechts und links liegt geschütztes Gelände – betreten verboten!

Greune Stee

Weiter im Westen erstreckt sich die Greune Stee („Grüne Stelle") mit **Feuchtwiesen, Sümp-**

73

fen und **moorigem Gelände,** teils von Seewasser überspült, teils außerhalb des Salzeinflusses gelegen, wie Schilfröhrichte und Birkenhaine verraten. Hier und in dem vorgelagerten **Wattgebiet Ronde Plate** sind zahlreiche **Sumpf- und Watvögel** zu Hause. (Insgesamt hat man in den letzten vierzig Jahren auf Borkum 261 Vogelarten gezählt! Diese Zahl schließt allerdings auch alle „Zugereisten" und „Irrläufer" ein.) Am Wasserrand herrscht das Schwarzweiß von Austernfischern vor, und Lachmöwen sind in der Luft bildbestimmend. Im Innern gehen Löffelenten, Bleß- und Teichhühner, Kampfläufer, Rohrweihen und anderes Federvieh ihren wie immer gearteten Geschäften nach. Vor allem in den warmen Monaten geht es hier sehr lebendig zu.

Nahe des Bahndamms am Nordrand des NSG ist von März bis Oktober ein **Info-Stand** in Betrieb, in dem man sich zusätzliche Auskünfte besorgen kann. Von hier führt auch ein **Wanderweg** durch das Gebiet und ein weiterer an der **Kugelbake** vorbei. Am Wasser kann man dann wieder zum Ort zurückkehren.

Waterdelle-Muschelfeld

Ein weiteres NSG ist das Waterdelle-Muschelfeld nordöstlich des Ortes, ein relativ kleines Areal mit einem fast völlig verlandeten **Flachwassersee.** Es ist fraglich, ob dieses Gebiet auch zukünftig dem Naturschutz erhalten bleiben wird, denn die unmittelbare Nähe des belebten Strandes macht sich störend bemerkbar, abgesehen davon, daß sich mehrere Reit- und Wanderpfade durch das Gelände ziehen. Hinzu kommt, daß das Areal infolge verstärkter Grundwasserentnahme zunehmend trockenfällt.

Tüskendör-Gebiet

Mehr versprechen sich die Naturschützer vom Tüskendör-Gebiet, das in der Inselmitte liegt und ans Watt grenzt. In der Tat ist der ausgedehnte gleichnamige **Baggersee** mit künstlich angelegten Inselchen und umliegenden Feuchtwiesen ein wichtiges **Brutgelände,** unter anderem für den Großen Brachvogel und die rare Bekassine. Andererseits bohren sich Anflugschneise und Rollfeld des recht betriebigen Borkumer Flugplatzes mitten durch dieses NSG, was der lokalen Ökologie nicht gerade zuträglich sein dürfte. Immerhin bleibt die Fauna aber von weiteren Störenfrieden verschont, denn nur ein einziger **Wanderweg** führt **am Südrand** (Deich) an ihm entlang.

**Osten
der Insel**

Annähernd völlig unter sich ist die Vogelwelt dagegen im Osten der Insel. Hier, nordöstlich der Sternklippdünen, dehnen sich weite vegetationsfreie **Sandflächen** – teilweise ist das Land in diesem Bereich noch im Aufbau. In den Dünentälern zeigt sich indes schon kräftiger Bewuchs, der nach der Wattseite hin zunimmt. Dort geht das Areal in **Strandwiesen** über, und in dieser Mischzone ist auch das meiste Gefieder zu Hause. Da der **Rundweg zum Hogen Hörn,** der Ostspitze Borkums, wegen häufiger Überflutungen ohnehin schlecht begehbar ist, sollte man trotz vorhandener Trasse die dortigen Piepmätze vielleicht am besten ganz allein lassen.

Ein nur der Vogelwelt vorbehaltenes Eiland, das **Lütje Hörn**, liegt 2,5 km östlich von Borkum im Randzelwatt. Betreten verboten!

Insel-Info

PLZ: 26757
Vorwahl: 04922

Auskunft

- **Informationen:** *Kurverwaltung,* Goethestr. 1 (Tel. 303310, Fax 4800).
- **Zimmervermittlung:** *Verkehrsbüro:* Georg-Schütte-Platz 5, (Tel. 933108; Fax 933104).
- **Reise- und Schiffsauskunft:** Borkumer Kleinbahn (Tel. 3090).
- **Reisebüro:** *Tautz,* Bahnhofspfad 5 (Tel. 559).
- **Flugauskunft:** Flugplatz (*OFD,* Tel. 686/1038).

Ärzte

Mehrere Praxen; vier Kliniken; drei Zahnärzte, ein Tierarzt.

Haupt- ***saison***	15.5.-30.9. (Zeit der höchsten Kurtaxe)

Kurtaxe   Siehe Anhang
●***Kurkasse:*** Im Gebäude der Kurverwaltung (s. o.); geöffnet Mo-Fr 9-12 und 14-16 Uhr, außerhalb der HS Fr nur morgens.

Strand   ●***Strandzelte*** und ***Liegestühle*** erhält man beim *Verein Borkumer Strandzeltvermieter* (Postfach 2264). Mindestens 6wöchige Vorbestellung ist ratsam.
●Die Preise für ein ***Strandzelt incl. Liegestuhl*** betragen für eine Woche 49 DM, für zwei Wochen 86 DM, für drei Wochen 125 DM, für vier Wochen 161 DM. Jeder weitere Liegestuhl kostet pro Woche 7 DM.

FKK   ●Ca. 5 km vom Ort entfernt in der Nähe des NSG Waterdelle (s. Inselkarte). Sanitäre Anlagen, Umkleidekabinen (Preise s. o.), Strandsauna, Kinderspielplatz und Kiosk. Per PKW oder Bus zu erreichen. (Parkplatz / Haltestelle „Oase").
●Die ***Preise*** für eine ***FKK-Kabine*** zum Umkleiden betragen für eine Woche 63 DM, für zwei Wochen 113 DM, für drei Wochen 162 DM, für vier Wochen 211 DM.

Kirchen   ●Die folgenden Kirchen sind auf Borkum vertreten: Ev.-ref. (Rektor-Meyer-Pfad), ev.-luth. (Goethestr.), kath. (Kirchstr.) und neuapostolische Kirche (Reedestr.). Die katholische Kirche hält tägliche Gottesdienste ab, die anderen an Wochenenden.

Hunde   ●Gleich an drei Stränden (Süd-, Nord- und FKK-Strand) darf der Hund sich tollen. Ansonsten ist er an der Leine zu führen. Etwa die Hälfte der Herbergen Borkums heißt (auf Anfrage) Hunde willkommen. Hundepension: Tel. 990084

Presse   ●Die *Borkumer Zeitung* erscheint täglich.
●Die *Badekarre* enthält das Veranstaltungsprogramm und kommt von April bis Oktober monatlich heraus. Das Heftchen ist gratis.

Kinder   Borkum ist ein ausgesprochen kinderfreundliches Eiland, erkennbar schon an zahlreichen Einrichtungen für die Kleinen.
●***Kinderspielplätze*** gibt es am Süd-, Nord- und FKK-Strand (dort Mai bis September).
●In der ***Kinderkiste*** werden 3-8jährige, deren Eltern im Besitz einer Kurkarte sind, von sachkundigem Personal betreut, und zwar in der HS Mo-Fr 8-12.30 und 14-17 Uhr und in der übrigen Zeit nach Bedarf und Voranmeldung.

Dieser Service ist kostenlos und soll vor allem Eltern zugute kommen, die Kuranwendungen beanspruchen und sich währenddessen nicht um ihre Wichtel kümmern können.

●Das **Kinderspielhaus** ist für Über-6-jährige da, und hier ist die beaufsichtigende Anwesenheit der Eltern erwünscht. Auch dieses Haus kostet nichts. Nur bei Bastelarbeiten fallen manchmal nominelle Materialkosten (3-5 DM) an. Das Kinderspielhaus ist in der HS von Mo bis Fr von 9.30-12 Uhr und 14-18 Uhr, in der übrigen Zeit nur nachmittags geöffnet. Beide Einrichtungen befinden sich im **Kurmittelhaus** und sind unter Tel. 303294/6 zu erreichen.

●Speziell für die Kleinen gibt es auf Borkum auch drei **Kinderpensionen** bzw. -kurheime, in denen die Zwerge sich unter ärztlicher Aufsicht und fachkundiger Leitung erholen können. Die Pension *Rumpelstilzchen* (Am Neuen Leuchtturm 1, Tel. 2206) nimmt Kinder von 4-12 Jahren auf. Nur bis 9 geht's im *Kurheim Concordia* (Hindenburgstr. 94, Tel. 519) und von 4-13 im *Dünenhaus* (Jakob-van-Dyken-Weg 15, Tel. 2233). Diese Etablissements sind allerdings ein wenig teurer als die Horte im Kurmittelhaus: Um 75 DM VP pro Tag. Im Winter sind die Heime geschlossen; genaue Termine anfragen.

Kinderpardies
Borkum

Fortbewegung

Inselbahn   Am Anleger wird der Borkumbesucher von einer gemütlichen Bimmelbahn abgeholt und ins Stadtzentrum befördert. Gleichermaßen geht die Fahrt den Fähren angepaßt retour. Die Strecke ist im Fährpreis enthalten.

Auto   Nach Borkum kann man das Auto mitnehmen. Doch viel Freude wird man an ihm nicht haben. „Benutzen Sie wegen der umfassenden *Verkehrsbeschränkungen* auf der Insel die Autogaragen und Abstellplätze in Emden und Eemshaven, direkt an der Schiffsanlegestelle. *Parkplätze* stehen auf der Insel Borkum nur begrenzt zur Verfügung." So heißt es, nicht gerade einladend für den inselreisenden Automobilisten, in den offiziellen Prospekten.

In der Tat ist ein großer Teil von „Borkum-Town" für Kraftfahrzeuge zeitweilig bis ständig gesperrt. Auf der Strandpromenade (einschließlich ihrer Verlängerungen B.-Kieviet und K.-Wolters-Pad), wo es einiges zu sehen gibt, darf man ganzjährig nicht einmal radfahren. Die Sperrzone Innenstadt ist vom 22.12.-9.1. und 26.3.-25.10. (geringe Variationen von Jahr zu Jahr) für Kfz ganztägig gesperrt. Amtlicherseits ist dies die *rote Zone.* Die sogenannte *blaue Zone* erfaßt den weiteren Umkreis des Ortes; hier herrscht ganzjährig von 21-7 Uhr Kfz-Verbot. Wenn in den beiden Zonen schon mal gefahren werden darf, dann nur mit 30 km/h. „Weitere Verkehrsbeschränkungen sind möglich." Das Rathaus erteilt Auskunft: Tel. 303222.

●Autofahrer, die eine Unterkunft in der roten Zone gebucht haben, erhalten im Info-Stand am Hafen eine *Durchfahrgenehmigung* zum Zielhaus. Wenn man nicht gerade schwerbehindert ist und einen entsprechenden Ausweis besitzt, kann man innerhalb der Sperrzeit sein Fahrzeug dort getrost einmotten.

●*Parkplätze:* Siehe Ortskarte.

Bus   Der befahrbare Teil der Insel Borkum wird von einer Buslinie bedient, die kaum Lücken läßt und den eigenen Wagen weiterhin entbehrlich macht. Mehrmals täglich fahren Busse von der Stadt zum Hafen, Flugplatz, FKK-Strand und Ostland (hier nur von April bis Oktober) und zurück.

●*Fahrpläne* im Verkehrsbüro und in den Bussen.

Taxi   Taxenstände am Bahnhof, am Flugplatz und am Anleger.

Borkum

Fahrrad   Das Rad ist das gängigste Verkehrsmittel auf Borkum.
Fahrräder verschiedener Art gibt's bei *Jan van Gerpen* (Am
langen Wasser und Strandstr. 43). Für die Standardtypen
bezahlt man 3 DM pro Stunde, 8 pro Tag und 30 pro
Woche. Go-Carts, eine Art Tretauto für 2-4 Personen, kosten ab 12 DM die Stunde. Fahrräder zu zivilen Preisen
hat auch der passend benannte Verleih *von Raden* am
Parkplatz an der Hindenburgstraße.

Pferd   Siehe Sport.

Unterkunft

Preise   Die Preise für Hotels variieren über das Jahr hinweg wenig.
Für alle anderen Einheiten gelten folgende (zum Ende hin
teurer werdenden) Kategorien: A = 8.1.-16.2. und 28.10.-
20.12., B = 17.2.-22.3. und 15.4.-31.5., C = 23.3.-14.4. und
28.9.-27.10., D = 9.9.-27.9. und 21.12.-6.1., E = 1.6.-8.9.

Hotels   Die immerhin 23 Hotels auf Borkum sind nicht allzu teuer.
●Die Preise beginnen recht zivil bei 49 DM *(Der Insulaner,*
Tel. 518) und pendeln sich bei 150 DM ÜF zu einem er-
träglichen Maximum ein *(Miramar,* Tel. 91230).
●Einige Bauten weisen noch den schönen alten insularen
Stil auf, so das *Haus Borkum* (Tel. 91840, ab 75 DM ÜF)
und das *Strandhotel Ostfriesenhof* (Tel. 7070, ab 55 DM ÜF.
Das neue *Poseidon* sieht dagegen aus wie eine Hochgara-
ge – müssen solche schlimmen Stilbrüche sein? Die alten
Hotelbauten aus der Jahrhundertwende, welche die Beach-
front bestimmen, werden heute zumeist von Edel-Kliniken
und anderen Zweckbauten belegt.

Pensio-   Borkum ist groß, und Pensionen und Privatunterkünfte
nen   gibt es massenhaft. Mit Frühstück bezahlt man ab 28 DM,
doch die Obergrenze liegt bei rund 40 DM. Wer sich selbst
in der Küche betätigt, kommt am besten weg: Mit 23 DM
ist zum Beispiel das *Haus Zahrt* (Deichstraße 18, Tel.
2918) die günstigste Unterkunft auf der Insel. Andere Häuser dieser Kategorie liegen bei einem durchschnittlichen
Maximum von 30 DM.

Apparte-   Die Praxis von Borkumer Appartement- und Ferien-
ments,   wohnungseignern, zwischen erstem und weiteren Bele-
Ferien-   gungstagen eine himmelhohe Preisdifferenz anzusetzen,
wohnun-   hat glücklicherweise ein Ende gefunden. Nur bei sehr we-
gen   nigen Einheiten ist im Kleingedruckten auch noch darauf
zu achten, daß Bettwäsche entweder selbst gestellt oder
extra bezahlt werden muß – mit dem Vermieter klarstellen!
Pro-Kopf-Preise beginnen bei etwa 30 DM; mitunter,

Nobel-
herberge

wenn man zu viert oder zu fünf anreist, läßt sich aber
noch etwas Billigeres finden. Voraussetzung ist in allen
Fällen eine mindestens 7tägige Belegung, bei dieser Art
von Herberge eine durchaus verständliche und akzeptable Auflage.
●Wer eine Aversion gegen Bettenburgen hat, sollte darauf achten, nicht in einem der mehrstöckigen Apparte-
mentblocks zu landen, die als Ferienwohnungen durch die
Kataloge geistern.

Jugend-
herberge
●Die neue JH Borkum (Reedestr. 231, Tel. 990070, Fax
990098) ist in die einstigen Kasernen der Bundesmarine
nahe des Fährhafens (10 Min. zu Fuß) eingezogen und
bietet 500 Betten und ganzjährig offene Türen. Außerdem:
Familienzimmer, Sporthalle, Fußballplatz, Tennis, Fahrradverleih, Discodrom und vieles mehr. Preiskategorie IV:
Siehe unter „Reise und Preise".

Camping
●*Insel-Camping Borkum* (Hindenburgstr. 114, Tel. 1088/
4224) ist einer der modernsten und am aufwendigsten
ausstaffierten Campingplätze der Bundesrepublik, ein
Riesengelände mit über 300 Parzellen, computergesteu-
erter Organisation, kartenkontrollierendem Torwächter, eigenem Restaurant und Einkaufszentrum, Fahrradverleih,
Grill- und Spielplatz, Kindergarten, gästeunterhaltender
Animation – ein Dorf für sich. Man kann im eigenen Cara-
van anreisen, auf der Zeltwiese zelten oder aber im Camp
einen Wohnwagen mieten.

●**Preise:** Personengebühr: 8,80 DM bis 14 Jahre, 12,50
DM darüber. Platzgebühren: 18 DM für ein Zelt- oder
einen Caravan-Stellplatz, 13 DM für eine Sanitärkabine
daneben. 6,50 DM kosten der Hund und das mitgebrachte

Auto, 1,50 DM der Stromanschluß. Mietwohnmobile: 78
DM zzg. Personengebühr. Plus Strom (1 DM pro kWh).
Plus Gas. Diese Preise (jeweils für eine Übernachtung)
gelten für die Hauptsaison. Während dieses Zeitraums
sind auch nur Buchungen in Blöcken von 1-4 Wochen
möglich. (Ausgenommen sind Zelter; Einzelübernachtungen
kosten dann allerdings 22,50 DM pro Person). Die Preise
(außer für Strom und Gas) reduzieren sich in der übrigen
Zeit um rd. 30 %. Als „Gebühr für eine verspätete Auf-
enthaltsverlängerung" – die Kampier-Bürokratie will
schließlich auch finanziert werden – stellt ICB die Kleinigkeit von 25 DM in Rechnung. Außerhalb der HS kann man
bei ICB recht günstig unterkommen, wenn man von einem
der zahlreichen pauschalen Sonderangebote Gebrauch
macht.

●Etwas bescheidener sieht's aus bei *Camping-Aggen* (Ostland 1, Tel. 2215). Dort findet man 35 Stellplätze für
Wohnwagen und eine Wiese für ca. 15 kleine Zelte. Viel
billiger ist's dort aber auch nicht. Ein Stellplatz kostet 18
DM, ein Zeltplatz 10, dazu jeweils 9 DM pro Person und
ggf. Strom zu 1 DM/kWh.

Gastronomie

Die kulinarische Szene Borkums ist schon fast großstädti-
schen Charakters – was die reine Zahl der Bewirtungsbe-
triebe angeht. Hauptsächlich steht jedoch Rustikales und
Regionales auf den Speisekarten. Und, versteht sich, überall das „Koppke Tee mit Kluntjes".

●Vorzüglich speisen kann man in den Restaurants aller
Borkumer Hotels. Dort bezahlt man aber auch etwas mehr
als bei einem Streifzug durch die allgemeine Inselre-
stauration.

●Die *Delfter Stuben* und *Fischerdorf* (gegenüber der Post)
bieten Seefische, Muscheln und Krabben täglich frisch
vom Fang; außerdem internationale und gutbürgerliche
Küche; bis 22 Uhr.

●Genau das gleiche Programm hat das *Kurhausrestaurant*,
täglich geöffnet 11-22 Uhr.

●Fisch und Gutbürgerliches gibt es auch in den *Germa-
nia-Stuben* (Deichstraße), überdies Grillgerichte.

●*Zum Walfänger* (Von-Frese-Straße) ist ein gemütliches
Familienrestaurant im Herzen des Ortes. Walfleisch gibt's
gottlob nicht. Offen täglich bis 23 Uhr.

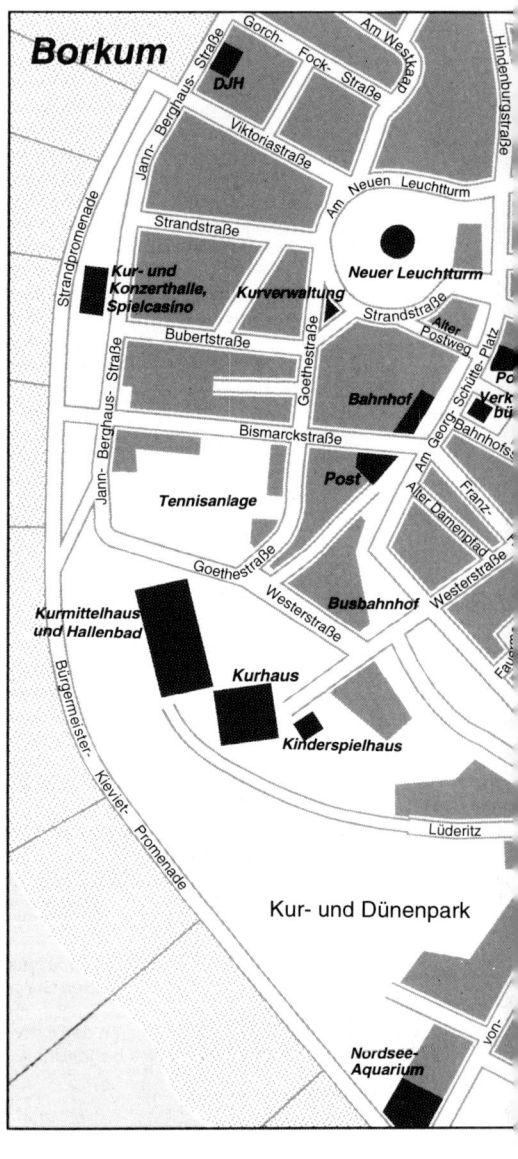

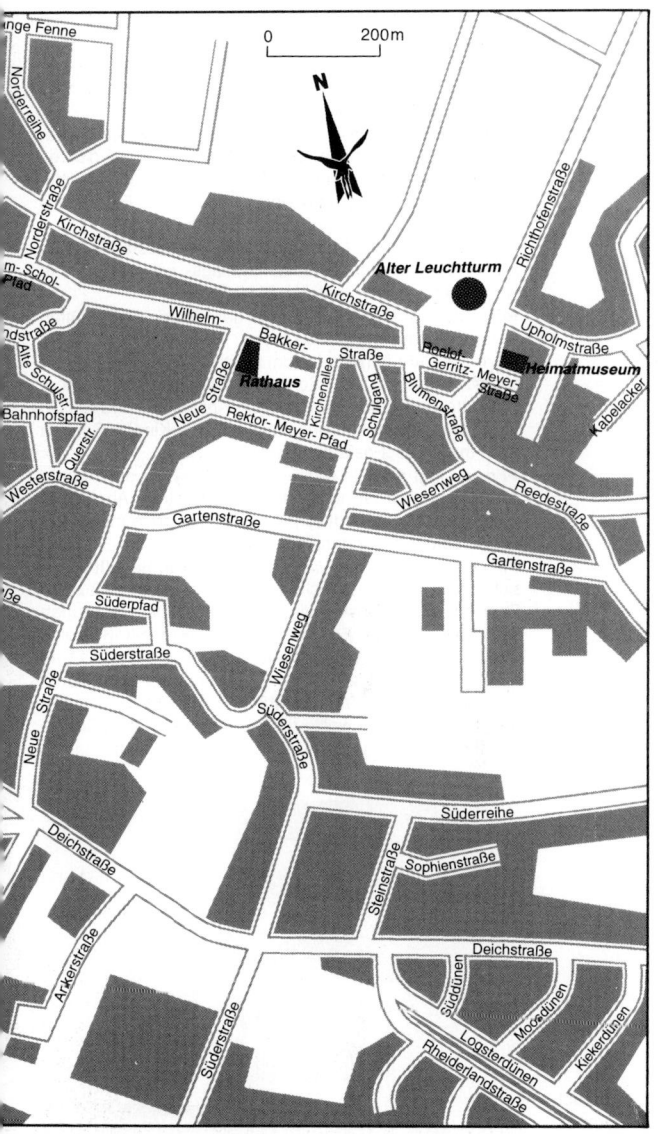

●„Meeresschätze am Spieß" reicht das *Rolinck-Eck* (Neue Straße) in „heimeliger Atmosphäre". Täglich bis 22 Uhr.

●Borkums „einziger Grieche" residiert im *Rhodos* (F.-Habich-Straße) und führt dort (täglich bis 24 Uhr) vor, was man am Mittelmeer alles aus Fisch machen kann.

●Etwas weiter befindet sich das *Pane e Vino*, welches aber nicht Borkums „einziger Italiener" ist. Denn da gibt es außerdem das *Pinocchio* (W.-Bakker-Straße, jeweils mittags offen, abends bis 24 Uhr). Beide bieten Feines aus der Cucina Italiana. Das *Pinocchio* auch Pizzen.

●In maritimer Atmosphäre speist man im Restaurant *Zum Yachthafen*, mit gut bestückter Mittags- und Abendkarte und täglich frischer Seafood. Bis 22 Uhr.

●Gleiches gilt fürs *Gorch Fock* in der Viktoriastraße. Offen mittags, abends bis 21.30 Uhr.

●Der *Upholm-Hof* (Alter Deich) fährt Gastronomie gleich in geballter Ladung auf: „Scheunenrestaurant", Biergarten, Grillhütte und Caféterrasse, dazu Animation, Live-Musik, Tanz, plus Ponyreiten und Spiele für die Kinder. Sag' da noch mal einer „Frisia non cantat"!

●Frisia singt auch in der *heimlichen Liebe* an der Promenade, denn hier ist der Borkumer Szenetreff. Ab 18 Uhr gutbürgerlicher Abendtisch mit zunächst noch moderater Musik, später bricht dann die Fete los.

●In *Opa sein klein Häuschen* in der Strandstraße trifft „man" sich ebenfalls. Am Wochenende schon zum bejazzten Frühschoppen, sonst täglich ab 18 Uhr. Oder aber man richtet sich in der *Felsenquelle* (W.-Bakker-Straße) eine gemütliche Zusammenkunft ein, um sich täglich ab 11 an edlem Gerstensaft zu laben. Oder man läßt sich (ab 17 Uhr) in der *Seekiste* (am Bahnhof) nieder. Oder... Das Angebot ist noch lang, wollte man alle Pinten, Cafés, Snackbars, Imbisse und Läden einbeziehen ...

Pavillon auf der Strandpromenade

Borkum

Sport

Hallenbad

Das Meerwasser-Wellen-Hallenbad im **Kurmittelhaus** (Tel. 303330) hat ein 50 x 25 m großes Becken mit 27° Wassertemperatur, Wellenhöhe bis 1 m. Außerdem gibt es eine Sauna.

● *Öffnungszeiten:* vom 11.3. bis 3.11. Mo-Do und Sa 8.30-12 und 14-19 Uhr; Fr 8.30-12.30 und 14-20 Uhr, So 9-12 Uhr. In der übrigen Zeit jeweils entsprechend 14-19, 14-20 und 9-12 Uhr. Das Bad macht gewöhnlich gegen die zweite Januarhälfte eine Betriebspause.

● *Eintritt* (mit Kurkarte): Erwachsene 8 DM, Kinder 9-15 J. 4 DM, darunter 3,50 DM. Außerdem gibt es 6er-Karten (43/22 DM) bzw. 12er-Karten (85/44 DM).

Gymnastik

Von Juni bis September kann man sich „unter Leitung von geschultem Fachpersonal" an Nord- und Südbad sowie am FKK-Strand zu organisierter Gymnastik anleiten lassen; auch Kinder sind willkommen. Der Service ist gratis.

Volkslauf

im Frühjahr und Sommer findet auch etwa einmal im Monat der große Borkumer Volkslauf statt, bei dem sich sogar eine Medaille gewinnen läßt. Info: *Heinz Helmus* (Tel. 1663) oder *TuS-Heim* (Tel. 540).

Angeln

Angler werden auf Borkum ihr Paradies finden. Aal, Butt (Scholle), Dorsch, Knurrhahn (Seeteufel), Makrele und Grundhai gehen an den Haken. Das Angeln in den **Küstengewässern** der Insel ist auflagenfrei. Gefischt werden kann annähernd überall, außer natürlich an den Badestränden und in den NSGs. Eine spezielle Gastkarte benötigt man (zusätzlich zum Sportfischerpaß), wenn man im „Hoppschlot" angeln möchte, denn es handelt sich um ein **Vereinsgewässer.** Info: Tel. 1887.

Fliegen

Ganzjährige Ausbildung zum **Privatpiloten:** *Flugschule Borkum,* Tel. 3838.

Reiten

Pferdeliebhaber kommen auf Borkum voll auf ihre Kosten. Der *Reitstall Doberenz* (Norddünen, Tel. 2478) bietet Anfängern und Fortgeschrittenen Unterricht in der Halle und im Freien, außerdem Geländetraining und Ausritte entlang des Strandes, durch die Dünen und Ostlandweiden. Je nach Programm muß man mit 25-35 DM/Std. auf dem Pferderücken rechnen. Außerdem: *Upholm,* Tel. 7150, *Jungermann,* Tel. 2259.

Tennis

Tennis ist *der* Sport auf Borkum. Die Tennisanlage (Tel. 529) befindet sich in der Bismarckstraße dicht am Meer und ist ganzjährig geöffnet. Sie verfügt über 2 Hallen- und

6 Außenplätze, auch für eine Cafeteria ist gesorgt. Von Mitte Mai bis Mitte September kostet eine Außenstunde 24 DM; in der Halle sind je nach Jahres- und Uhrzeit zwischen 14 und 35 DM anzulegen. Trainerstunde 29 DM extra. Niedrigere Raten in der NS. Im Sommer werden auch häufig Turniere abgehalten.

Unterhaltung

Veranstaltungen

Die Action findet im **Kurhaus** und in der **Kurhalle** am Meer statt: Mit Preisskat fängt's an und steigert sich zu Highlights wie Möricke-Lesungen und Mozart-Darbietungen. Borkum ist bemüht, kulturell aus dem langen Schatten herauszukommen, den die unfern gelegene Königin Norderney hinüberwirft.

Diavorträge über das Wattenmeer sind oft im Programm, Shantyabende mit Klamaukmache durch die *Borkumer Oldtimer*, Tanz und Spaß, und dann wieder solch konträre Themen wie „Naturkatastrophen an der Nordsee" und „Modeschmuckgestaltung aus Fertigteilen und Fimo". Für die Kleinen tritt „Watz das Krokodil" auf oder „Der Stinkmorchelfieselfratz" – so jedenfalls laut Auszug aus dem Veranstaltungskalender. Lustiges und Besinnliches ist immer dabei.

Einen Überblick über die Veranstaltungen gibt die monatlich erscheinende *Badekarre*.

Musik und Tanz

Kurmusik erklingt täglich außer Mo in der Kurhalle; bis 22.30 kann an Musikabenden dazu auch das Tanzbein geschwungen werden. Mitunter geht es dabei ganz schön heiß zu.

●Und wem das alles noch nicht reicht, geht sich halt in der **Disco** amüsieren. Borkum hat zwei davon.

Spielcasino

In der Kurhalle befindet sich ebenfalls das *Borkumer Spielcasino*, offen 11-23 (April bis Oktober) und 14-22 Uhr (in der restlichen Zeit). „Glücksspiele wie in Las Vegas", verheißt die Werbung: Mini-Roulette, einarmige Banditen, Jackpot-Anlagen, Black-Jack-Spiele, und nicht einmal Krawattenzwang herrscht in diesem distinguierten Milieu!

Touren

Schiffsausflüge

Da Borkum an äußersten westlichen Ende des Ostfriesischen Archipels gelegen ist, lassen sich naturgemäß keine Schiffsausflüge bis weit nach den östlichen Inseln durchführen.

●Die einzigen Inseln, die im Zuge von Exkursionen per Schiff angelaufen werden, sind **Juist** und **Norderney.** Die

Borkum

Touren dorthin dauern 1,5 bzw. 2,5 Std. (per Katamaran)
und kosten 30 bzw. 33 DM. Von Norderney aus kann man
sich u. U. in eine Helgolandfahrt einklinken.
●Ein Schiffsausflug nach **Groningen** (über Eemshaven)
dauert ca. 7 Std. und kostet 36 DM.

Bus-
touren

Die „große, informationsreiche **Insel-Busrundfahrt**" wird
täglich um 14 Uhr (ab Bahnhof) angesetzt. Kostenpunkt:
8,50 DM. Eine Bustour zur Besichtigung des **Seenotkreu-**
zers *Alfried Krupp* und des Museum-Feuerschiffes *Bor-*
kumriff im Schutzhafen kostet das gleiche. Beide Touren
dauern etwa 1,5 Std.

Watt-
wandern

Wattwanderungen, selbstverständlich unter „geprüfter
Führung", finden in Abhängigkeit vom Tidenstand statt.
(Ca. 2,5 Std., 9-12 DM.)

Auskunft

Organisator der obigen Programme ist die *Borkumer Klein-*
bahn (Bahnhof, Tel. 3090). Dort erhält man auch Auskunft
über etwaige andere Touren, die mitunter anberaumt werden.

Radtour

Jeden Sonntag um 10 kann man mit *Bucki Begemann* (Tel.
4798) an einer Fahrradtour über die Insel teilnehmen. Man
trifft sich beim Verleih *van Gerpen*. Dauer ca. 2,5 Std., Preis
10 DM mit Einschluß des Radls.

Orts-
führungen

Di und Fr unternimmt *Bucki Begemann* Ortsführungen.
Treffpunkt: Um 10 am Telefonhäuschen bei der Kurverwaltung. Preis 5 DM.

Kinder

Kinder von 4 bis 11 J. zahlen für alle genannten Touren
(außer Radtour) die Hälfte.

Flüge

Flüge zu anderen Inseln: s. Flugverbindungen.

Fährverbindungen

Fährverbindungen gibt es ab **Emden** (siehe Anhang) und
dem niederländischen **Eemshaven** (siehe im Anhang
unter Emden).
●Katamaran-Ausflüge finden in der Saison auch ab **Leer**
statt. (jeden Do 9.45 Uhr ab Anleger Rathausbrücke, Info:
Tel. 0491-5854). Fahrzeit 2 Std. Außerdem ab **Papen-**
burg (Fr 9, Sa 8 Uhr, ab Industriehafen Süd, Tel.
04961-82221). Fahrzeit 2,5 Std.

Flugverbindungen

mit Emden   Der „Standardflug" nach Borkum findet ab Emden statt.
Der Flugplan der *OLT* sieht täglich je sechs Flüge in beide
Richtungen vor.
●Die *Flugzeit* beträgt 15 Minuten.
●*Flugpreis:* 86 DM für eine Strecke. Eine sogenannte
Verbundkarte, mit der eine Route per Schiff gefahren
wird, kostet 111 DM.
●*Flugplatz in Emden:* Siehe unter Emden, Anreise.
●Der *Flugplatz auf Borkum* ist etwa 2 km vom Ort ent-
fernt und hat eine Busverbindung in die Stadt.

Weitere   Im Sommer bieten *OLT* und *ROA* mehrmals wöchentlich
Flüge   auch Direktflüge nach **Bremen** (230 DM) und **Düsseldorf**
(330 DM) an. Verbindungen gibt es auch dreimal wöchentlich nach **Helgoland** (140 DM, Tagesflug 200 DM) und
Norderney (85 DM, Tagesflug 130 DM, im Sommer täglich), nur im Sommer dreimal wöchentlich auch nach **Juist**
(85 DM).
●Alle *Preise* gelten für den einfachen Flug, Kinder bis
acht Jahren in Begleitung eines Erwachsenen zahlen die
Hälfte (außer bei Tagesflügen).

Auskunft   ●*Ostfriesische Lufttransport* (OLT), (Tel. 04921-
89920).
●*Roland Air Bremen* (ROA), (Tel. 0421-555590).

Mit dem eigenen Boot

Erst seit Ende der 80er Jahre hat Borkum einen separaten
Yacht- und Sportboothafen. Bis dahin mußten Segler
sich den großen und recht ungemütlichen Schutzhafen mit
der Bundesmarine teilen.
●Der neue Hafen, am **Ostende der Ronden Plate** gele-
gen, ist auch von stattlichen Dimensionen: 4000 m^2 groß
und 2,30 m tief, mit Platz für etwa 250 Fahrzeuge an
Schwimmstegen. Trotzdem kann es im Sommer schon
mal voll werden, denn Borkum ist auch ein bevorzugtes
Anlaufziel holländischer Boote.
●An Land befinden sich ein Restaurant, ein Kiosk mit
Schiffsausrüster sowie Duschen, WCs und Waschmaschi-
nen.
●*Auskünfte:* *Yachthafenverwaltung,*
(Tel. 7772) oder *Segelclub Burkana* (Tel. 7877).

Juist
-„die Unfruchtbare"

Geschichte

Der Name

Über die Bedeutung des Namens Juist – gesprochen Jühst – hat man einiges an Spekulationen angestellt. Sogar das lateinische *ius* (Recht) wurde dafür herangezogen. Mit großer Sicherheit dürfte aber das Küstenwort „güst" zugrundeliegen. Es bedeutet „trocken, unfruchtbar" und wird heute noch im Plattdeutschen verwendet, um eine Kuh zu beschreiben, die keine Milch gibt. Man könnte sogar noch etwas weiter spekulieren, um auf „wüst" und „Wüste" zu kommen – so einfach ist das.

Besied-
lung

Erstmalig urkundlich erwähnt ist Juist in einer Aufzählung der Besitztümer des ostfriesischen Landesherrn *Witzel tom Brok* im September **1398.** Es gibt mehrere Anzeichen dafür, daß die Insel zumindest in den folgenden zwei Jahrhunderten noch nicht die extrem langgezogene Form besaß, die sie heute hat. Sie dürfte vielmehr in etwa dem gegenwärtigen Langeoog geähnelt haben, und offenbar gab es auch wesentlich mehr Platz als heute. Denn zu **Beginn des 17. Jahrhunderts** befand sich dort das **größte Gestüt Ostfrieslands,** das auf dem gar nicht so güsten Heller bis zu hundert Pferde weiden ließ. Es waren die Nachkommen einer eigentümlichen, vielleicht als „Schiffbrüchige" von Kreuzfahrerkoggen angelandeten halbwilden Rasse, die erstmalig in einem Bericht über Juist **1530** erwähnt werden. Damals gab es hier richtiggehende Cowboys, die die Pferde einfingen und zähmten,

Südlicher
Ortseingang

89

wofür *Graf Enno III.* gelegentlich „eine Tonne Bier" sprin-
gen ließ. Noch um *1655* wurde auf Juist außer den Pfer-
den eine erstaunlich große Anzahl von Vieh gehalten,
womöglich, weil man Gras und Heu von der nahen *Insel
Bant* holen konnte, die um 1743 in der See versank. Dürf-
tig dokumentiert ist, wann Juist erstmals ständig besiedelt
wurde. Schon um *1430* mag ein *Holzkirchlein* auf der
Insel gestanden haben, doch ein Nachweis darüber tut
sich schwer. Von einem ersten *Inselvogt* ist *1516* die
Rede. *1590* wird auch bereits die Verbrennung von drei
Juister Hexen erwähnt, was auf etablierte Verhältnisse

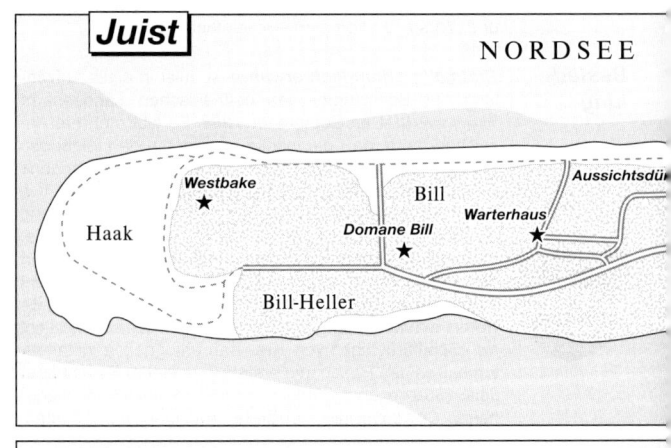

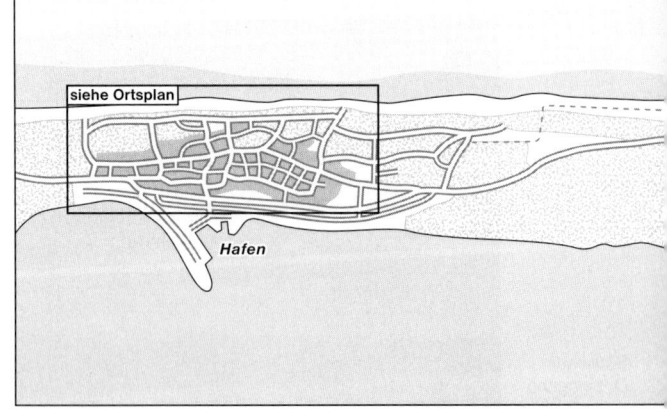

schließen läßt. Es galt ja, Schuldige zu finden für die Katastrophen, die das Eiland immer wieder heimsuchten.

Sturm-
fluten
Dazu gehörten an erster Stelle die Sturmfluten, die auf der Insel wiederholt gewaltige Schäden anrichteten. So entstand als Folge der **Petriflut von 1651** im westlichen Drittel der Insel ein tiefer Einschnitt, der Hammrich oder Hammer, der das schmale Hemd Juist fast in zwei Teile zerriß. Die Inselchronik beginnt eigentlich erst nach dieser verheerenden Flut – und immer wieder listet sie erneutes „Landunter" auf.

Juist

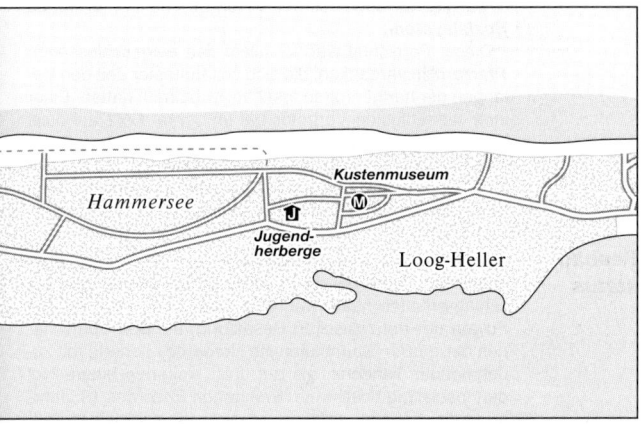

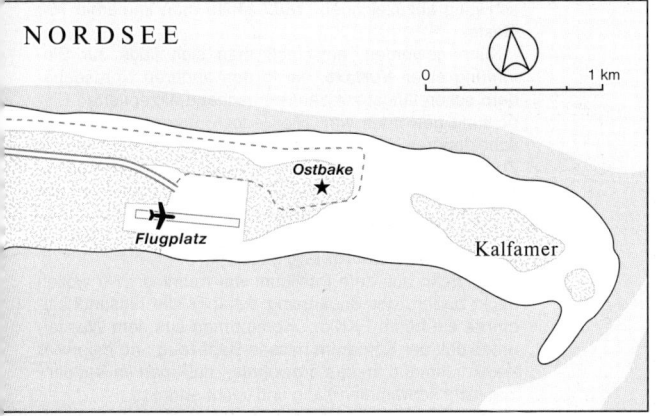

Die **Fastnachtsflut von 1715** zerstört unter anderem die (zweite) Inselkirche. Ganz dick kommt es mit der berüchtigten **Weihnachtsflut des Jahres 1717,** die wie eine Kette von Tsunamis über Juist hinwegfegte und Tod und Verwüstung hinterließ. 1742 geht es schon wieder so knapp ab, daß der Inselvogt klagt, „die miserable Sandbrinke Juist" werde wohl bei der nächsten hohen Flut endgültig untergehen.

**Fort-
schritte**

Doch wenige Jahre später hört man auch Gutes von der Insel. Von keinem Ort Ostfrieslands nämlich „fahren so viele und schwere Schiffe als von Juist, ausgenommen die Stadt Emden", verlautet aus dem Amt Norden, und anno **1793** gibt es sogar schon so etwas wie ein **örtliches Sozialsystem.**

Dieser Fortschritt war vor allem den aufgeschlossenen **Pfarrern** zu verdanken, die sich seit frühester Zeit den Belangen der hartgeprüften Insel angenommen hatten. Einer ihrer tatkräftigsten Vertreter traf im Jahre **1771** auf Juist ein. Und mit ihm, dem *Pastor Gerhard Otto Christoph Janus*, erhielten die Insulaner ein wahres Goldstück in ihren Besitz. Denn Hochwürden Janus hatte den Ehrgeiz, aus Juist das erste deutsche Seebad zu machen ...

**Seebad-
status**

Aber es sollte nicht so sein. Bei Norderney kann man nachlesen, weshalb diese Insel schon längst den Zuschlag erhalten hatte, während Juist immer noch an den Folgen der französischen Besatzung und den Spätschäden der großen Sturmfluten litt. Norderney florierte mit zunehmender Tendenz, als auf Juist weiterhin bittere Not den Inselalltag bestimmte. Erst gegen Ende des 19. Jahrhunderts begann sich so etwas wie ein kleiner Aufschwung abzuzeichnen. **1883** zählte man immerhin 700 Gäste.

Kühn geworden, entschloß man sich flugs zur Einführung einer **Kurtaxe,** die in den anderen Nordseebädern schon längst zur zähneknirschend akzeptierten Einrichtung geworden war. Hier jedoch, unter erheblich bescheideneren Bedingungen, löste die Maßnahme den Zorn der wenigen Badegäste aus. Überdies stellte sich die Verwaltung recht rabiat auf die Hinterbeine, um das Edikt zu enforcieren, was zusätzlichen bösen Willen schuf. Außerdem wurden auf Juist ganz besonders strenge Maßstäbe für die **Badeordnung** angelegt.

Das Echo aus dem Publikum war freudlos. „Wir wollen nackt baden, der Badeanzug schädigt die Gesundheit!" murrte ein früher FKKler. „Kommt man aus dem Wasser, unterkühlt der Körper im nassen Badezeug und man wird krank." Jemand anders argwöhnte, „daß man im Badeanzug nicht schwimmen kann und leicht ertrinkt."

Badeverordnung vom 17. Juli 1882

§1
Der Badeplatz der Herren ist von dem der Damen getrennt; beide Plätze sind durch Tafeln mit „Herrenstrand" bzw. „Damenstrand" bezeichnet. Der Raum zwischen beiden Tafeln darf zum Baden nicht genutzt werden.

§2
Während der Badezeit ist der Aufenthalt auf dem Strande und den überliegenden Dünen von 800 Metern westlich des westlichsten Zeltes bis 800 Meter östlich des östlichsten Zeltes verboten. Innerhalb dieses Raumes dürfen nur die Herren mit ihren Gehilfen bzw. die Damen mit ihren Gehilfinnen auf den ihnen nach §1 angewiesenen Plätzen sich befinden.

§3
Knaben, welche das 8. Lebensjahr zurückgelegt haben, dürfen an den Damenbadestrand nicht mitgenommen werden.

§4
Jeder Badende, welcher die aufgestellten Badezelte benutzt, hat sich durch eine von dem Badekassenführer gehobene Badekarte bei der Badedienerschaft zu legitimieren.

§5
Die Badenden haben den Anordnungen der Badedienerschaft unweigerlich Folge zu leisten, widrigenfalls ein Strafgeld in Höhe von 8 guten Groschen zu Gunsten der Armenkasse Juist erhoben werden kann. Zuwiderhandlungen können auch den Ausschluß vom Wiederbaden nach sich ziehen.

1904 ging es eher noch keuscher zu. Sogar die Farbe des Badeanzuges war jetzt vorgeschrieben. Ein Auszug:
„Die zu benutzenden Badekostüme sowohl für Erwachsene als auch für Kinder und etwaige Begleitpersonen müssen hinsichtlich Form und Farbe den im Geschäftszimmer der Badeverwaltung bereitliegenden Modellen entsprechen." Und: „Am Familienstrand müssen alle Badenden einen Badeanzug tragen, der den Rumpf vom Hals bis zum Knie umschließt und aus undurchsichtigem Stoff hergestellt ist."

Juist

Badevater Janus

So wie es einen *Turnvater Jahn* gibt – der 1819 wegen seiner „linksradikalen" frisch-frommen Umtriebe verhaftet wird und sechs Jahre einsitzen mußte – so gibt es auch einen Badevater Janus, der im *Juli 1783* das folgende sorgsam aufgesetzte Schriftstück an den Preußenkönig *Friedrich II.* richtet:

Allerdurchlauchtigster,
Großmächtiger König!
Allergnädigster König und Herr!

Die landesväterliche Sorgfalt, welche Ewr. Königl. Majestät für die Erhaltung der Gesundheit der Untertanen, und für Aufnahme des Landes selbst allergnädigst beweisen, beweget mich, hierdurch alleruntertänigst bekannt zu machen, was ich durch eigene Erfahrung als Beobachtung an anderen, von dem großen Nutzen einer Ueberfarth zu einer Insel, und dem Gebrauch eines Bades von See waßer, in der bequehmsten Jahreszeit, wahrgenommen habe.

Es ist bekannt, daß die See Luft immer mit den feinsten Theilchen angefüllet ist, welche den menschlichen Cörper so wohl durchs Einhauchen als auch von außen durchdringen, und durch die revolvirende Kraft das Unreine aus demselben wegschaffen können. Ist daher der Magen verdorben und mit überflüssigem Schleim angefület, und sind andere Hinderniße vorhanden, welche der Verdauung nachtheilig sind, so befördert die See Luft vermittelst der Überfahrt ein Erbrechen, oder resolvirt die stockenden Säfte, daß die circulation hergestellet, und ein guter Appetit erfolget. Hiervon bin ich so wohl durch Erfahrung an mir selbst als an anderen häufig belehrt worden.

Was ferner das Baden im See Waßer anbetrift, so lehrt die Erfahrung, daß es bey vielen Zufällen vortrefliche Dienste thut. In rheumativmasche Schmerzen ist das Baden in dem See Waßer und zwar an der Süd Seite auf der Insul auf dem Hef, bey der Ebbe, ein unvergleichliches Mittel, selbige zu stellen, und gäntzlich zu vertreiben. Selbst bey der eigentlichen Gicht erweiset ein solches Bad vorzügliche Hülfe, davon ein gewißer an gesehener Mann in Norden, welcher vor 3 Jahren mit dieser Maladie im Arm geplaget war, und sich auf Anrathen ddh. Dook hier badete, den erwünschten Erfolg gesehen hat. Die bloße Hin- und Herfahrt kann, wie die Erfahrung oft gelehret, einen Scorbutischen Patienten auf einmahl durch einen Ausschlag befreien.

Da nun auf diese weise in der Nähe, und mit weit geringern Unkosten zu erlangen, was man durch große Mühe und Ausgaben durch den Gebrauch des Aakner Bades und Pyrmonter Brunnens zu erreichen sucht: so hoffe ich, daß mein Vorschlag einer näheren Untersuchung wird gewürdiget, und allgemeine bekannt gemacht worden.

Die Insel Juist ist zum Aufenthalt solcher Patienten sehr bequem, nur müßten selbige wohl bedenken, daß die Monate Jun. Julius und August die eintzigen sind, da eine Reise hieher mit Nutzen vorgenommen werden kann, und vom 7.ten Jul. angerechnet, den Fehrmann allezeit nur sicher in Norden antreffen kann.

Ich ersterbe mit tiefster Ehrfurcht
Juist d. 7. Jul. 1783
Ewr. Königl. Majestät
alleruntertänigster Knecht
Gerhard Otto Christoph Janus

Wie wir heute wissen, war der gute Pastor Janus in manchen Punkten – die Seekrankheit bestimmt ausgenommen – schon „auf dem richtigen Dampfer". Doch ob der Alte Fritz den Brief überhaupt erhielt, ist nicht bekannt; zumindest wurde er nicht beantwortet. Vermutlich blieb er bereits im Vorfeld des Collegium Medicum der Königl.-Preußischen Regierung in Aurich hängen, wo man das besserwisserische Inselpfäfflein wohl wenig ernst nahm. Sonst wäre Juist vielleicht das erste „staatlich anerkannte" deutsche Nordseebad geworden.

Juist

Juist vor
150 Jahren

Trotz dieser kleinen Querelen begann das Badege-
schäft zu blühen. Im Rückblick kann man die Zeit um die
Jahrhundertwende wohl als die *„Jüster Gründerjahre"*
bezeichnen. Ein wahrer Bauboom setzte ein, architek-
tonisch nicht besonders glücklich, aber immerhin auf
stockwerkträchtige Auswüchse verzichtend – was noch
heute gültig ist. 1910 vergnügten sich bereits siebentau-
send Besucher an Juists weißen Stränden. Dann setzte
der *1. Weltkrieg* dem munteren Treiben einstweilen ein
Ende.

Juist heute

Schon in der zweiten Hälfte des vorigen Jahrhunderts hatte man damit begonnen, den gefährlichen *Hammereinschnitt*, der immer noch
nach See hin offen stand und einen höchst ris-
kanten Schwachpunkt im dünnen Rückgrat
der Insel bildete, mit einem Sanddamm zu

schließen. Endgültig versiegelt wurde der **Hammersee** erst nach 1930, und seither hat sich dort ein einzigartiges Biotop herangebildet. Aufgrund günstiger Bodenverhältnisse führt der See jetzt Süßwasser. Teichröhricht steht an seinen Ufern, stellenweise hat bereits Vermoorung eingesetzt, und seltene Pflanzen- und Tierarten haben sich in dem sumpfigen Gelände angesiedelt. Der 1,8 mal 0,6 km große See steht selbstverständlich unter strengem Naturschutz.

Aber der See mit seiner eindrucksvollen Ökodiversität ist nicht Juists einziger Hammer. Man darf das 17 km lange und durchschnittlich 500 m breite Eiland wohl mit gutem Recht als die **urwüchsigste der ostfriesischen Inseln** bezeichnen. Das hat unter anderem damit zu tun, daß Juist nur relativ wenige Eingriffe von Menschenhand braucht, um seine gegenwärtige Taille zu wahren. Denn obwohl die großen Sturmfluten immer wieder Substanz abbauten, zeigte sich Mutter Natur im Falle Juist einsichtig und legte auch wieder etwas zu.

Einst zog sich unmittelbar vor der Billdüne im Westen ein **tiefes Fahrwasser** entlang, das selbst die größten Seeschiffe der damaligen Zeit aufnehmen konnte. Doch das tiefe Wasser ließ auch die See ungehindert gegen die Insel antoben; der **25. Dezember 1717** war der Todestag des alten Billdorfes. Die zahllosen, in ständiger Verlagerung befindlichen **Sandbänke** im Nordwesten der Insel begannen indes danach, auf den **Strand** zuzuwandern und schließlich an und auf das Land zu kriechen. Und diese Vorgänge vollziehen sich noch heute. Juist ist – neben Langeoog – die einzige ostfriesische Insel, die auf Uferbefestigungen wie Buhnen und Strandmauern verzichten kann. Juists Sandstrand ist von einem Ende zum anderen jungfräulich.

Nun, relativ gesehen natürlich. Immerhin wurde schon fast die Millionengrenze an Übernachtungen erreicht, was bedeutet, daß sich be-

Juist

reits mancher Entdeckerfuß auf diesen – also doch nicht mehr ganz so unberührten – Strand gesetzt hat. Und wenn schon. Nie hat man auf Juist das Gefühl des Eingeengtwerdens. Auch von touristischem Rummel keine Spur – für Tagestouristen fahren die Fähren einfach zu selten. Juist gilt deshalb unter Kennern als das *Familienbad* der Nordsee. Versteht sich, daß hier keine Autos möffeln. Pferdefuhrwerke und Fahrräder sind Trumpf, einen Radlverleih gibt's an jeder zweiten Straßenecke.

Leuchtturm
am Hafen

Sehenswertes

Auf Juist braucht nichts unbedingt an den Haaren als „sehenswert" herbeigezogen werden; die schöne Inselnatur erfüllt alle solche Ansprüche.

Juister Küstenmuseum

Einen Besuch des Juister Küstenmuseums sollte man sich allerdings auf keinen Fall entgehen lassen.

Das ursprünglich aus einer Internatsschule hervorgegangene Haus bietet heute auf über 500 Quadratmetern **umfassende Einblicke** in Themen wie die Juister Inselgeschichte, die Geomorphologie (lies Entstehung) der südlichen Nordsee, friesische Warfenkultur, Deichbau und Küstenschutz, See- und Wattenfischerei, Strandraub und Piraterie, örtliche Fauna und Flora, Seenot und Rettungswesen sowie ökologische Probleme der Küstenregion (z. B. durch Öl- und Gasbohrtätigkeit). Außerdem werden in der angegliederten **Kunsthalle** in wechselnden Abständen Ausstellungen abgehalten.

●Das Küstenmuseum (Loogster Pad, Tel. 1488) ist vom 1.5. bis 30.9. Mo-Sa 9-12 und Mo-Fr 14.30-18 Uhr geöffnet. Eintritt: 3 DM, Kinder/Jugendliche 2 DM, Gruppen (Voranmeldung nötig) 1,50 DM pro Kopf.

Ausstellungen

Ausstellungen verschiedener Art werden ebenfalls sporadisch im **Haus des Kurgastes**, bei der **Kurverwaltung** sowie in einigen Restaurants und Geschäften anberaumt.

Kirche

Mehr als einen kurzen Blick wert ist auch das Altarbild „Petri Fischzug" in der evangelischen Kirche.

Tonnenhof

Ein Tip für Fotografen: Der Tonnenhof (gegenüber vom Anleger) ist ständig voller farbenfroher Motive.

Nationalparkhaus

Sehenswert ist auch das Nationalparkhaus (siehe Naturschutzgebiete).

Kurhaus

Das alte, fast ruinierte Kurhaus ist wieder hergerichtet worden und zu einer wahren architektonischen Augenweide gediehen.

Naturschutzgebiete

Das NSG Juist ist dreigeteilt. Es setzt sich zusammen aus dem gesamten westlichen Drittel der Insel mit Einschluß des Hammersees, weiterhin einem Vogelschutzgebiet zwischen dem Ort und dem Flugplatz sowie dem sogenannten Kalfamer im äußersten Osten.

Bill

Das westliche, Bill genannte Gebiet schließt unmittelbar an den Ortsteil Loog an und zieht sich gut 5 km bis zum Haak, der Westspitze der Insel, hin. Schöne **Dünen** in natürlicher Erhaltung grenzen zwischen **Haak** und Hammersee an den Strand. Weiter innen breitet sich im Dünenbereich zunehmend **insulare Vegetation** aus. Vornehmlich die **Dünenrose,** hübsch anzusehen, bildet hier über große Flächen eine geschlossene Decke. Hier und dort haben sich in den Tälern zwischen den Dünen **sumpfige Teiche** entwickelt, um die es grünt und blüht, zum Teil mit menschlicher Hilfe.

Das biotopische Juwel **Hammersee** fand bereits Erwähnung. In den Sommermonaten pfeift, singt, zirpt und quakt es hier von allen Seiten – ein wahrer Ohrenschmaus für Naturfreunde! Liebhaber lokaler Flora werden **Raritäten** wie das Moosglöckchen, den Sumpf- und Großen Händelwurz, das Sumpfherzblatt und den Kammfarn entdecken. Kröten und Frösche vor allem machen die **Uferfauna** aus.

Südlich der Billdünen erstrecken sich, bis zu 500 Meter weit, **Salzwiesen** bis an die Wattkante. Hier gedeiht die Strandnelke und -binse, stellenweise in dichten Fluren, und hier ist auch der zeitweilige **Lebensbereich seltenen Gefieders.** Austernfischer, Sandregenpfeifer, Ringelgans und Spießente sind in diesem Gebiet anzutreffen, und zur Brutzeit gesellen sich ganze Scharen von Lach- und Silbermöwen sowie auch Fluß- und Küstenseeschwalben dazu.

**Vogel-
schutz-
gebiet**

Das Schutzgebiet östlich des Ortes darf man nicht betreten, doch der Weg zum Flugplatz führt unmittelbar nördlich daran entlang. In diesem Bereich sind vor allem Möwen häufig.

Kalfamer

Der Kalfamer ist in etwa der östlichste Kilometer der Insel und gilt als besonders wertvolles *Vogelbrut- und -rastgebiet.* Es handelt sich um ein Areal niedriger, queckebestandener *Primärdünen,* von weiten *Sandflächen* umgeben – unverfälschte Natur! Hier brütet unter anderem die vom Aussterben bedrohte Zwergseeschwalbe, und weitere Vogelarten legen im Kalfamer zumindest einen längeren Zwischenaufenthalt ein.

Entsprechend eng sind die *Begehungsrichtlinien.* In der Zeit vom 1. April bis 31. Oktober ist das Betreten des NSG Kalfamer nur im Rahmen von *Führungen* unter Leitung von kundigen Vogelwarten zulässig. Während der Hauptsaison finden solche Führungen täglich statt. Einzelheiten werden im Nationalpark-Haus (s. u.), bei der Kurverwaltung und am Info-Stand Kalfamer bekanntgegeben. Der Sammelpunkt für Kalfamer-Expeditionen ist am Flugplatz.

Außerhalb des genannten Zeitraums darf das Gebiet jederzeit betreten werden, jedoch nur entlang eines (nicht gekennzeichneten) Pfades, der im Süden am Dünenrand vorbeiführt und im Osten und Norden in etwa dem Spülsaum folgt (siehe Detailkarte). Der Weg sollte nur bei Niedrigwasser begangen werden.

Memmert

Eine Seemeile südlich von Juists Westende liegt die *„Vogelinsel"* Memmert, 11,5 km² groß und zur Gänze NSG. Memmert hatte schon im 19. Jahrhundert Schutzstatus und hat sich deshalb prächtig gemausert. Das Eiland beherbergt eine stolze Zahl von Seevögeln, vor allem Silbermöwen. Betreten der Insel ist nicht erlaubt, doch Rundfahrten um Memmert sind möglich (siehe Touren).

**National-
parkhaus**

Im Nationalparkhaus Juist wird Grundwissen zum Thema Nordsee und Wattenmeer vermittelt. In *Aquarien* gibt es Seegetier zu betrachten, und im Mikroskop kann man bestaunen, was alles so im Watt wimmelt. *Diavorträge* und *Filmvorführungen* sind im Programm, außerdem

Juist

101

Touren und Fragestunden. Für Gruppen (z. B. Schulklassen) werden nach Absprache Sonderführungen und -vorträge angeboten. Der Service ist kostenlos; er soll den Naturgedanken stärken und das Nationalparkkonzept fördern.

● *Geöffnet* ist das Haus (Carl-Stegmann-Str. 5, 1595) vom 30.3. bis 31.10. Di-Fr 10-12 und 14-18 Uhr, Sa, So und feiertags 14-18 Uhr, Mo Ruhetag.

● *Regelmäßige Veranstaltungen:* Von April bis Oktober jeden Mi 10 Uhr Strandführung (Treffpunkt: *Café Strandkorb*, Strandpromenade); Fr 10 Uhr Führung durch das „Parkhaus". Weitere Veranstaltungen über aktuelle Aushänge.

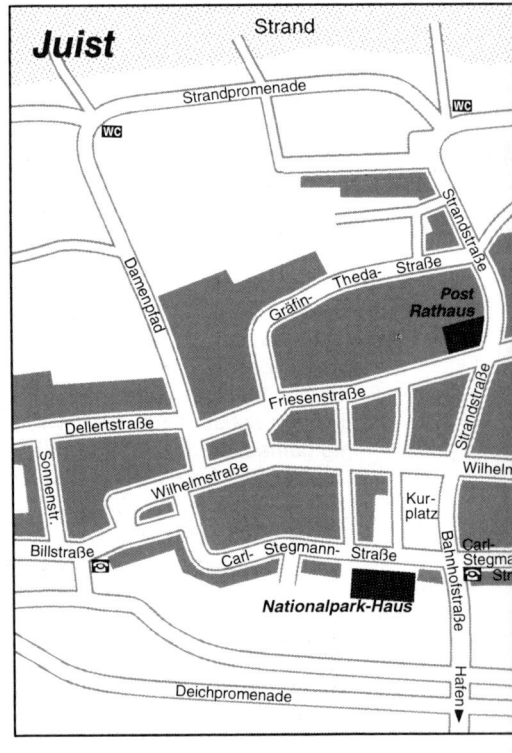

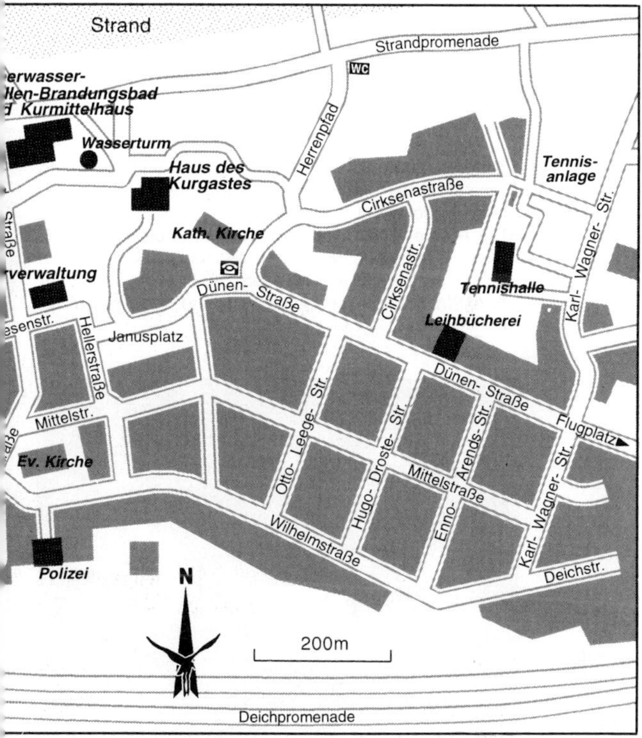

Strand

Strandpromenade

WC

erwasser-
llen-Brandungsbad
1 Kurmittelhaus

Wasserturm

Herrenpfad

Haus des
Kurgastes

Cirksenastraße

Tennis-
anlage

Kath. Kirche

Straße

Dünen- Straße

Cirksenastr.

Tennishalle

Karl-Wagner- Str.

verwaltung

Leihbücherei

esenstr.

Hellerstraße

Janusplatz

Dünen- Straße

Flugplatz

Otto-Leege- Str.

Hugo- Droste- Str.

Mittelstr.

Mittelstraße

Enno-Arends- Str.

Ev. Kirche

Wilhelmstraße

Karl-Wagner- Str.

Polizei

Deichstr.

N

200m

Deichpromenade

103

Insel-Info

PLZ: 26571
Vorwahl: 04935

Auskunft
●*Kurverwaltung* und *Zimmervermittlung:* Altes Warmbad, Friesenstr. 18 (Tel. 809222, Fax 809223). Privater Ansagedienst: Tel. 911211.
●*Reiseauskunft: Kurverwaltung* oder *Reisebüro Kiesendahl* (Strandstr. 2, Tel. 914080).
●*Schiffsauskunft: Frisia* (Tel. 91010).
●*Flugauskunft: OLT,* Tel. 642

Ärzte
●*Arzt:* Wilhelmstr. 47, Carl-Stegmann-Str. 23.
●*Zahnarzt:* Gräfin-Theda-Str. 14.

Hauptsaison
1.6. bis 15.9.

Kurtaxe
Siehe Anhang.
●Die *Kurbeitragskasse* ist im *Rathaus* (Strandstr. 5). Eine weitere befindet sich im *Haus des Gastes* (Ortsteil Loog). Beide sind zu normalen Arbeitszeiten geöffnet.

Strand
●*Strandkörbe und -zelte* können direkt am Badestrand gemietet werden. Keine Vorbestellung möglich. Strandzelte sind ausreichend vorhanden.
●Die *Preise* für ein *Strandzelt* betragen pro Tag 8 DM, für eine Woche 35 DM, für zwei Wochen 68 DM, für drei Wochen 99 DM, für vier Wochen 130 DM. Die Preise für einen *Strandkorb* betragen 15 DM pro Tag, 75 DM für

Ständiges
Fotomotiv:
Der
Tonnenhof

eine Woche und für vier Wochen schließlich 290 DM. Der **Strandstuhl** kostet 4 DM pro Tag, für eine Woche 12 DM, für vier Wochen 43 DM.

FKK ist auf Juist offiziell nicht vorgesehen.

Kirche Je eine *evangelische* (Wilhelmstr. 42) und **katholische** Kirche (Dünenstr. 16) sind auf Juist vertreten. Beide Kirchen sind in der Saison normalerweise tagsüber geöffnet und bieten eine Vielzahl von Veranstaltungen über das übliche Maß hinaus bis hin zu Konzerten, Vorträgen und Fortbildungskursen.

Ruhe- Öffentliche Ruhezeiten: 20.03. - 31.10. von 13 bis 15 und
zeiten von 21 bis 8 Uhr, in der restlichen Zeit von 22 bis 7 Uhr.

Hunde Hunde dürfen außerhalb der Badebereiche an den Strand, müssen jedoch auf der ganzen Insel an der *Leine* geführt werden. Hundehalter sollten sich das Merkblatt der Kurverwaltung beschaffen, in dem auf verschiedene „Entsorgungsmöglichkeiten" hingewiesen wird.

Presse Das kostenlose Info-Journal *De Strandlooper* wird von April bis Oktober unregelmäßig herausgegeben. Es gibt Auskunft über alle laufenden Programme und Veranstaltungen auf der Insel. Erhältlich bei der Kurverwaltung und den meisten Gastgebern.

Kinder Juist ist eine sehr kinderfreundliche Insel, ohne daß viel Trara darum gemacht wird.
●*Mehrere Spielplätze* sind auf der Insel zu finden. Im Ostdorf, im Loog, in den Dünen (beim Wasserwerk) und in den Strandbädern können sich Kinder an allerlei Gerüsten tummeln. Auch im *Unterhaltungsprogramm* (s. nachstehend) sind sie – zumindest von Mai bis September – mit inbegriffen. Außerdem befinden sich *„Spielräume für jung und alt"* im Haus des Kurgastes und im Haus des Gastes (im Loog).
●Der *Kindergarten Schwalbennest* (Loog, Hammerseestr. 31, Tel. 621) betreut Gästekinder ebenfalls – sofern Platz vorhanden. Zudem wird ein Gesundheitszeugnis verlangt. Der Kindergarten ist der ev.-luth. Kirche angegliedert und verweist bei Anheischung näherer Auskünfte schon mal auf den Inselpfarrer (Tel. 247).
●Das *Seeferienheim Dellerthaus* (Billstr. 35, Tel. 272/1701) wird vom Diakonischen Werk Dortmund betrieben und bietet von März bis Oktober in 140 Betten Platz für Kinder-, Jugend- und Schulgruppen (auch Behinderte). Kriterien sind zu erfragen unter Tel. 0231-8494333.

Juist

Fortbewegung

Fahrrad

●Wie erwähnt, regiert das Fahrrad auf Juist das Verkehrs-geschehen. Typisch in etwa für den Inselstandard ist der Verleih *Lüpke* (Wilhelmstr. 38): Ein normales Rad kostet pro Stunde 3 DM, pro Tag 8 DM, pro Woche 40-50 DM. Für ein Mountainbike zahlt man 4 DM pro Stunde, 20 DM pro Tag.

●Ein Rad kann man ebenfalls mieten bei *Germania* (Wilhelmstr. 17), *Schönrock* (Dellertstr. 9), *Heiken* (Siedlung 17), *Haus Meeresrauschen* (Mittelstr. 18), *Frische Brise* (Wilhelmstr.), *Haus Wittdün* (Damenpfad 3), *Kleemann* (Hammerseestr. 19), *Fisser* (Mittelstr.) und bei *Gerhard Schwips* (Loogster Pad 10)

Pferd

Alles was auf Juist das Thema „hoch zu Roß" angeht, wird von drei Firmen gemanagt: Dem *Reisebüro Kiesendahl* (Tel. 1096), dem *Fuhrmannshof Kannegieter* (Tel. 498) und dem *Fuhr- und Reitbetrieb Heyken* (Tel. 664).

●So kann man u. a. im Sattel den **Ostteil** der Insel erkun-den: Hin an der Nord-, zurück an der Südküste, etwa 1 Std., 40 DM pro Roß.

●**Ponyreiten für Kinder** kostet um 28 DM pro Stunde. Auch Minikutschen werden für Kinder angeboten.

●Diverses wird mit der **Kutsch'** geboten: Sogenannte Billfahrten zur Westspitze der Insel (mit Aufenthalt in der Domäne Bill) für 16 DM oder eine Ortsrundfahrt für 10 DM. Zum Hammersee kann man sich 1,5 Std. lang für 15 DM kutschieren lassen. Dies ist auch in etwa der Tarif für die meisten Kurzfahrten mit solch einem Fahrzeug.

Die Pferde-
kutsche
ist das
gängigste
Transport-
mittel

●Wer einen **Ponyplanwagen** gerne einmal selbst lenken möchte, muß dafür zwischen 40 und 70 DM pro Stunde anlegen. Teilnehmende Kinder zahlen bei Kutschfahrten jeweils die Hälfte.

Unterkunft

Sonder-service Zimmer-vermitt-lung

Die Kurverwaltung Juist bietet einen kleinen **Extraservice** für Inselbesucher, die nicht auf Anhieb im Zimmernachweis das Richtige finden. Mit Hilfe einer (dem Zimmernachweis beiliegenden) Vermittlungskarte können Interessenten ihre speziellen Wünsche und Preisvorstellungen deutlich machen. Die Kurverwaltung zirkuliert die Karte dann vor Ort unter den Vermietern, und wer sich angesprochen fühlt, wendet sich darauf direkt an den Kunden. Der Service ist kostenlos.

●Man kann sich auch zwecks Informationen über freie Zimmer und Ferienwohnungen direkt an die **Vermieter-vereinigung** wenden (Tel. 222/914000, tgl. 13-14 und 17-21 Uhr) oder an das Juister Verkehrsbüro (Tel. 914000, tgl. 18-20 Uhr)

Preise

Bei der Standortwahl ist die angepriesene „Strandnähe" kein relevantes und verteuerndes Kriterium. Juist ist ein solch enger Schlauch, daß der Strand – und zwar auf beiden Seiten – stets innerhalb nur weniger Minuten zu erreichen ist!

Hotels

Elf Hotels gibt es auf Juist.

●Nach äußerster Ruhe Suchende werden sich im *Silence-hotel Achterdiek* (Tel. 8040) bei gleichzeitig größtem Komfort gut aufgehoben fühlen. Werbespruch des Hotels: „Einfach ein wenig Geborgenheit verschenken, das ist unsere Philosophie." Sehr schön! Das ist aber auch das einzige, was verschenkt wird. Preise beginnen bei 185 DM HP und erreichen in letzter Instanz 320 DM.

●Das Hotel *Historisches Kurhaus* (Tel. 9160) ist zu neuem Glanz entstanden und schon äußerlich sehr sehenswert. Der Umbau hat Geld gekostet. ÜF deshalb 142-295 DM.

●Am Kurplatz steht das *Bracht* (Tel. 8080), ein wahrer Bracht-Bau mit Preisen ab 115 DM ÜF aufwärts, und in nächster Nähe das *Hotel Friesenhof* (Tel. 8060), in manchen Aspekten einladend altmodisch wirkend und von sehr ansehnlichen Dimensionen. Nur dieses Hotel bietet auch Zimmer ohne Dusche und WC an, und zwar für 83 DM ÜF.

●Vom *Hultsch* (Tel. 433) blickt man übers Wattenmeer und bezahlt ab 105 DM ÜF dafür. Das Hultsch ist als einziges Hotel ganzjährig offen; die anderen legen eine mehr oder weniger lange Winterpause ein.

●Das *Nordseehotel Freese* (Tel. 8010) ist mit 143 Betten der größte Betrieb am Platze und nimmt deshalb in der Wilhelmstraße auch gleich zwei Hausnummern ein (60/61). Dafür muß man auch mehr zahlen: Ab 130 DM ÜF.

●Das *Pabst* (Tel. 8050) bezeichnet sich in Eigenwerbung als „unschlagbar". Das stimmt zumindest insofern, als es mit einem Maximum von 290 DM (HP allerdings) auf den ostfriesischen Inseln einen einsamen Spitzenplatz belegt.

●Das *Pirola* (Tel. 1035) und das *Westend* (Tel. 208) sind mit je 85 bzw. 80 DM ÜF dabei, natürlich auch mit weniger eindrucksvollem Komfort.

●Das Hotel *Westfalenhof* (Tel. 91220) und das *Worch* (Tel. 9170) schließen mit 109 DM bzw. 111 DM ÜF die alphabetische Liste ab.

Hotel – Pensionen

Juists Hotel-Pensionen bewegen sich preislich zwischen 60 und etwa 100 DM ÜF. Spitze in architektonischem Sinn ist die *Villa Charlotte* (Tel. 216), eines der raren Häuser, die wirklich in den Ort passen. Was Wunder: Die Eigentümer heißen mit Familiennamen *Extra*. Ab 80 DM ÜF.

Pensionen

Mit Frühstück kosten Pensionen im Mittel um 50 DM. Pensionen mit Küchenbenutzung gibt es leider nur wenige (4), und lediglich die Hälfte ist ganzjährig offen. Dafür sind diese Häuser auch etwas billiger: Im Schnitt um 30 DM.

Ferienwohnungen

Die große Masse der Ferienwohnungen und Appartements bietet u. a. den Vorteil, daß viele dieser Herbergen das ganze Jahr lang geöffnet sind und außerdem in der NS anständige **Rabatte** anbieten – z. T. fast die Hälfte des HS-Preises. Umgerechnet beginnen die Raten bei 30 DM und erreichen selten mehr als 50 DM.

Ab 1997 steht auch das historische Kurhaus an der Strandpromenade als Appartementbau zur Verfügung.

Jugendherberge

Die Jugendherberge liegt am Loogster Pad 30 (Tel. 92910, Fax 8294) im Ortsteil Loog, 70 m vom Badestrand. Der Hammersee und das NSG Bill befinden sich unmittelbar daneben.

Mit 360 Betten, 7 Tagesräumen und 4 Familienzimmern ist die JH eine der größten Deutschlands. Es gibt zwei Kategorien: II im Althaus und IV im Haupthaus. Achtung: Nur offen von März bis November; genaue Termine auf Anfrage. Nur VP. Kurtaxpflichtig (JH liegt im „Kurgebiet"); Einzelheiten durch die Herbergsleitung. Preise: siehe „Reise und Preise"

Camping

Zum Campen und Zelten gibt es auf Juist keine Einrichtungen.

Gastronomie

Hotel-Re-staurants

Wie auf allen Inseln sind es auch auf Juist die führenden Hotels, die ihre Gäste mit einer vorzüglichen Cuisine verwöhnen – natürlich nicht so ganz billig.

●Im *Achterdiek* lädt *Die gute Stube* zu erlesenen Gaumenfreuden à la carte. Besonders lieb ist man zu Nichtrauchern, die ganz unter sich sein dürfen.

●*A la carte* heißt auch das Restaurant des Hotels *Bracht* mit nobler Küche, in der man nicht zuletzt ein Herz für Vegetarier hat. Angeschlossen ist die *Jagdhütte*, eine gemütliche Bierstube.

●Wohlbekannt für feine Menüs ist auch das zentral gelegene *Hotel Friesenhof*.

●Das *Hultsch* wirbt mit Fisch- und Wildspezialitäten sowie Zutaten aus eigenem Anbau – so ganz güst ist Juist also doch nicht.

●In der zum *Nordsee-Hotel* gehörigen *Hubertus-Klause* darf der Gast auf heißen Steinen selber grillen – nicht ganz Polynesien, aber das, was auf Juist dem Camping-Abenteuer am nächsten kommt. *Butzenstube* und *Meineckes Kate* ergänzen den Komplex. Auch die *Sturmklause* an der Strandpromenade ist ein Ableger des Hotels. Zu durchgehend warmer Küche wird hier ein herrlicher Blick aufs Meer geboten, und das, so die Eigenwerbung, „bei jedem Wetter". Von Nebel hat man offenbar hier noch nichts gehört.

●Der *Freesenkrog* im *Hotel Pabst* wartet ganzjährig unter anderem mit „frühlingsfrischem Gemüse" und „zappelfrischem Nordseefisch" auf. Ist vielleicht auch der Wein gerade erst gekeltert ... ?

●Im *Hotel Worch* letztlich kann man in dessen Restaurant *Graf Luckner* fürstlich speisen.

Weitere Restaurants

●Mehrere Restaurationsbetriebe scharen sich um den Kurplatz. Das *Atelier Café* ist ein lockerer Treff, täglich ab 10 geöffnet. Auf der Terrasse werden vor allem Eisspezialitäten serviert. In der *Pfeffermühle* gibt's Fast Food von Pizza bis Pommes. Distinguierter ist's im *Café Pirola*, wo man bei einem reichhaltigen Frühstücksbuffet mitmischen kann.

●Der *Kompass* im „Alten Bahnhof" ist Café, Restaurant und Bierlokal in einem und bietet unter anderem eine reichhaltige Speisenkarte mit täglich wechselndem „Stammessen".

●Die *Delfter Stuben* sind im Loog zu Hause und bieten dort bis täglich 22 Uhr eine gutbürgerliche Küche mitsamt einer reichhaltigen Fischkarte. Wer will, kann sich schon ab 10.59 Uhr in den Frühschoppen einklinken. Es gibt nordisches Frischgezapftes.

Juist

Hammersee

●Eine Anzahl von Restaurants hat sich entlang der Strandpromenade angesiedelt. In der *Strandhalle* erhält man vernünftige Sachen auf die Schnelle: Suppen, Eintöpfe, Snacks, Kartoffelgerichte, Nudeln, Backwaren, Eis, Shakes und Getränke täglich von 10 Uhr „bis weit nach Sonnenuntergang". Auf den *Seeterrassen* kann man auch mit sandigem Hintern hocken. Kleinere Betriebe sind die *Kajüte* und die *Kate*. Bei *Werner* wird das Tanzbein geschwungen.

●Zum Italiener geht man ins Restaurant *Al Castello* in der Strandstraße, eines der wenigen halbwegs originellen Gebäude auf Juist. Im zugehörigen *Eissalon Gino Ginelli* hat's Gelati, in der Kellerbar *Juist Inn* stramme Getränke.

●Italienisch ist's auch in der *Pizzeria Mamma Mia* in der Wilhelmstraße. *Schöne Aussichten* hat man gleich gegenüber, denn das dort befindliche Eßlokal nennt sich so.

●Am Hafen gibt's, nun, das *Hafen-Restaurant* mit Fleisch und Fisch und Café-Terrasse, gekrönt durch einen „Blick auf das Wattenmeer".

●Im *Kiebitz-Eck* (Störtebekerstr.) verbirgt sich laut Prospekt „einer der Besten im Westen". Ob das stimmt, sollte man selbst einmal herauszufinden versuchen. Allerdings an keinem Dienstag, denn dann ist der Laden dicht.

●Wer sein Budget ein bißchen auf Taille halten möchte, geht zu *Bäcker Remmers* („mit dem Stehcafé") in der Billstraße. Oder er deckt sich in der *Fischhandlung Noormann* (Carl-Stegmann-Str.) mit frisch Gebratenem ein – in der Saison tägl. von 16 bis 18 Uhr Fischstand am Rathaus.

Sport

Hallenbad Das Meerwasserhallenbrandungsbad im Kurmittelhaus auf der Düne (Tel. 809243) mit Ausblick auf Nordsee und Wattenmeer hat 27° Wasser- und 29° Raumtemperatur. Wärmer wird es in der angeschlossenen Sauna.
● *Öffnungszeiten:* In der HS Mo-Sa 10-13 und 15-18.45 Uhr, So 10-12.45 Uhr. In der sonstigen Zeit täglich 10-13 und 15-18.45 Uhr.
● *Eintritt* (Badezeit zwei Stunden): Erw. 7 DM, Kinder (5-18 J.) 3,50 DM, Geldwertkarte 60 DM (Leistungen für 78 DM), Sauna 16 DM.

Strand-sport Vom 17.5. bis zum 30.9. wird allmorgendlich am Juister Badestrand unter fachkundiger Leitung eine bunte *Fitneßrunde* abgehalten, die Gymnastik, Kinderspiele, „Sport und Spaß für Erwachsene", Yoga und verschiedene „Aktivprogramme" beinhaltet. Das Angebot ist kostenlos.

Angeln Angeln – ach, es ist verlorene Zeit. Weil überall entweder Badestrand oder Naturschutzgebiet ist, hat Angeln heute den Stellenwert Null auf Juist – auch wenn es anders in den Prospekten stehen mag. Angelausfahrten mit Kuttern werden wegen Juists eigenwilligen Tidenverhältnissen ebenfalls nicht unternommen.

Golf Auf Juist gibt es seit kurzer Zeit einen Golfplatz.

Fliegen Motorsegelfliegen: *Wuppermann*, Tel. 213

Reiten Siehe Fortbewegung.

Segeln Der *Segelclub Juist* (Tel. 377) mit weit über 300 einheimischen Mitgliedern erteilt u. a. unentgeltliche **Lehrgänge für Jugendliche** zum Erwerb des Segelscheins – mal anrufen. Auch der **Sportbootführerschein** wird angeboten, dieser allerdings gegen Gebühr. *Segelschule Juist:* Dünenstr. 10, Tel. 286.

Strand-segeln Wenn man auf Rädern segelt, so nennt sich das Strandsegeln. Eine entsprechende Vereinigung gibt es auf Juist, die während der Freigabe des Strandes vom 30.9. bis 1.5. dort mit -zig Sachen am Wasser entlangsaust. Wer bei den Seglern auf Rädern Anschluß finden möchte, wende sich an *Wilhelm Eilers* (Tel. 1249).

Tennis Tennis ist wie überall auf den Inseln auch auf Juist die bevorzugte Sportart. Inmitten von Dünen liegt die Anlage von *Raimund Laux* (Postfach 1228, Tel. 528) mit 5 kunstberasten Plätzen im Freien. Betrieb von Mai bis Oktober ohne

111

Voranmeldung – „first come, first served". Platzstunde 25 DM; bei Regen gibt's die Hälfte fairerweise zurück (auch bei der Trainerstunde für 60 DM). Die Halle (2 Plätze) ist außer im November ganzjährig offen. Hier kostet die Platzstunde 32 DM plus, bei Bedarf, 4 DM für Licht. Voranmeldung erforderlich. Im Mai werden 6tägige Seminare abgehalten. Preis: 850 DM. Im Juli jeden Jahres wird um den *Optiform-Cup* gespielt, immer ein großes und populäres Sportereignis.

Wind-surfing

Windsurfing findet während der Sommermonate auf der Wattenmeerseite (am Hafen) statt. Das *Nordseehotel Freese* (Tel. 8010) ist für die Organisation zuständig. Ein Board kostet dort 15 DM/Std. und ein Kursus von 3-5 Tagen (mit insgesamt 8 Std. Unterricht) 230 DM für Erwachsene und 206 DM für Jugendliche.

Unterhaltung

Veranstal-tungen

Die Kurverwaltung Juist stellt einiges auf die Beine, um ihre Gäste bei Laune zu halten. Das *Haus des Kurgastes* (im „Town") und das *Haus des Gastes* (im „Loog", Hammerseestr. 13) sind beide täglich von 9 bis 22 Uhr geöffnet und haben immer etwas zu bieten.

Die Juister Veranstaltungen werden im Info-Blatt *De Strandlooper* und im Aushang veröffentlicht. Dort erfährt man auch, welches der jeweiligen Programme eintrittspflichtig ist – beileibe nicht alle! Wo aber beginnen? Da gibt es z. B. die beliebten Theateraufführungen des Heimatvereins (meist „up platt"), Kunstausstellungen, Klavier- und Singabende, Film- und Diavorträge, Lesungen der Werke berühmter Autoren, Shanty-Singen, Ballett- und Musikgastspiele und vieles mehr.

●Außerdem werden auch *Sonderprogramme* wie beispielsweise die (kostenlosen) „Juister Bewegungs- und Entspannungswoche" veranstaltet. Auskünfte erteilt die Kurverwaltung.

Musik

Und dann Konzerte, Konzerte! Vom 1.6. bis 12. 9. schmettert ein *Orchester* jeden Tag (außer Mo) auf dem Kurplatz flotte Weisen, und bei manchen Anlässen (der traditionellen Maifeier am 30.4. und 1.5. zum Beispiel) gehen Musik und Tanz in den Straßen weiter.

Kinder

Für die Kleinen ist auch immer etwas dabei: Puppentheater, Ulkgeschichten und Kinderclowns halten das Jungvolk bei Laune.

Touren

Schiffs-ausflüge

Während großer Teile der Saison unternimmt das Bäder-schiff *Wappen von Juist* Ausflugsfahrten zu nahen und ferneren Zielen. Das Programm wird von der Firma *Kiesendahl* (s. Info) gemanagt und jeweils im Vormonat be-kanntgegeben.

Eine Übersicht:

	Dauer ca. Std.	Erwachsene DM	Kinder (4-11)
Seehundbänke	1,5	16	9
Norderney	5	22	11
Baltrum	4	24	12
Borkum	9	23	12
Rund um Memmert	2	13	9
Greetsiel	6,5	25	13
Helgoland	13,5	44	29

Rundflüge

Die Firma *Kiesendahl* arrangiert Rundflüge über der Insel in viersitzigen Cessnas. Mindestens 2 Personen, besser aber 3, müssen zur Teilnahme beisammen sein. Kosten für den ca. 10minütigen Rundflug: 40 DM pro Kopf (auch Kinder).

Wattwan-derungen

Ins Watt geht man mit Heino. Nein, nicht mit *dem*, sondern mit *Heino Behring* (Tel. 1443). Eine naturkundlich gefärbte Exkursion dauert etwa 2,5 Std., wobei ca. 3 km zurückge-legt werden. Kosten: 8 DM pro Nase.

Sehr populär und deshalb stark gebucht ist Heinos „Springflutwanderung", die in Abhängigkeit von der Mond-phase nur alle 14 Tage stattfindet. Die Tour führt bei tief-ster Ebbe ans Juister Fahrwasser, um zu beobachten, wie jeweils ein Flutschwall aus Ost und West in der Rinne auf-einandertreffen und sich dann rasend schnell (100 m/min.) über das Watt ergießen. Die kleine Demo potentieller Ge-fahren im Watt dauert etwa 2 Std. und kostet, einschließ-lich Nervenkitzel, 15 DM.

Natur-führungen

Vogelkundliche Exkursionen: Siehe NSG. Naturführun-gen zum **Hammersee** auch an jedem Mi (bei trockenem Wetter) mit Frau *Girrulat* (Tel. 257), Preis: 3 DM, Kinder 2 DM.

Stichwort: Shanty

Zum gemischten Programm der Juister Kurverwaltung gehören unter anderem Beiträge des örtlichen Shanty-chors. Auch auf anderen Inseln wird nirgendwo auf Darbietungen dieser Art von Gesang verzichtet. Doch was ist das eigentlich genau, ein Shanty?

Dem Wort liegt das französische *chanter* zugrunde, „singen" also. Shanties waren im Ursprung die **Arbeitslieder** der Segelschiffmatrosen. Sie wurden bei gemeinschaftlichem Anpacken gesungen, um der Sache Schwung zu geben, ähnlich wie man auch mit Marschgesängen besser von der Stelle kommt.

Da ist schon etwas dran. *Richard Henry Dana*, der 1840 den Seeklassiker „Two Years before the Mast" schrieb, war der festen Auffassung, daß es ein Ding der Unmöglichkeit sei, den Anker eines großen Seglers aus dem Grund zu hieven, wenn am Gangspill nicht ein Shanty dazu gesungen wurde. Dort vorn, an der Ankerwinsch, war auch das bevorzugte „Einsatzgebiet" dieser Songs. In der Regel gab ein **Vorsänger** den Ton an, und zwar in hohem Tenor oder sogar Falsett, und die **Janmaaten** fielen dann, während sie sich ins Zeug legten, mit rauhen Stimmen in den Refrain ein. Daß dabei auch das „Schifferklavier" (sprich die Ziehharmonika) gequetscht wurde, ist romantischer Unsinn. Solch ein teures Instrument, heute unverzichtbares Utensil bei „seemännischen" Darbietungen, konnte sich ein armer Mann vor dem Mast damals überhaupt nicht leisten. Aber eine Mundharmonika oder Geige, mitunter die selbstgebaute „Teufelsgeige", erklang dann schon mal auf der Back.

Ein guter Shantyman war auch gleichzeitig Komponist, der manchmal **Spottverse** über den „Alten" und die Steuerleute verfaßte oder über schlechtes Essen und andere Mißstände an Bord herzog. Der Skipper, wenn er klug war, kniff aber beide Augen dazu dicht, denn die Songs richteten keinen Schaden an, sondern hielten, im Gegenteil, die Mannschaft bei Laune. Nur ein oller Gniefel auf der Hamburger Bark *Magellan* bewies Humorlosigkeit und Unverständnis, indem er seinen Shantyman *Robert Hildebrandt* mit drei Monaten Heuerabzug strafte, weil dieser den klassischen Shanty „Rolling Home" ins Deutsche übersetzt und die Verhältnisse an Bord nach Ansicht des Alten zu arg satirisiert hatte.

Vielleicht war der Skipper der *Magellan* aber auch ein kunstsinniger Mensch und der Meinung gewesen, dieser wohl schönste aller klassischen Shanties könne in jeder Übersetzung nur verlieren. Hier die englische Originalversion von „Rolling Home":

Call all hands to man the capstan,
See the cable run down clear;
Heave away, and with a will, boys,
for old England we will steer.

And we'll sing in joyful chorus
In the watches of the night,
And we'll sight the shores of England
When the grey dawn brings the light.

Up aloft amid the rigging,
Blows the loud exalting gale;
Like a bird's wide out-stretched pinions,
Spreads on high each swelling sail.

And the wild waves cleft behind us,
Seem to murmur as they flow:
There are loving hearts that wait you
In the land to which you go.

Many thousand miles behind us,
Many thousand miles before,
Ancient oceans have to waft us
To the well-remembered shore.

Cheer up Jack, bright smiles await you
From the fairest of the fair,
And her loving eyes will greet you
With kind welcomes everywhere.

Now farewell, Australia's daughters,
We shall leave your fruitful shore,
We shall soon cross deep blue waters,
To see our homes and friends once more.

We shall sing backsongs and shanties,
Say good-bye to all friends here,
We shall soon trip our anchor,
And for old England we will steer.

Rolling home, rolling home,
Rolling home across the sea,
Rolling home to dear old England,
Rolling home, dear land, to thee.

(Dieser Refrain folgt jeder Doppelstrophe).

Fährverbindungen

Abfahrtshafen für Juist ist **Norddeich** (siehe dort). Wegen des stark gezeitenabhängigen Fahrplans der Fähren sind *Tagesausflüge* oftmals nicht möglich.

Flugverbindungen

mit
Norddeich

●Ein ganzjähriger **Linienflugdienst** besteht von **Norddeich** aus. Je nach Saison werden fünf bis neun Flüge täglich angeboten.
●Die **Flugzeit** beträgt wenige Minuten.
●Der **Flugpreis** beträgt 63 DM
●Der **Flugplatz Norddeich** befindet sich ca. 4 km östlich des Ortes, auf **Juist** im Ostteil der Insel etwa 3,5 km vom Ort entfernt. Von dort geht es per Kutschwagen oder zu Fuß weiter.

Weitere
Flüge

●Von *OLT* und *ROA* werden in der Saison mehrmals wöchentlich weitere Flüge angeboten: nach **Borkum** (85 DM), **Norderney** (65 DM), **Bremen** (230 DM), **Düsseldorf** (330 DM). Mit **Helgoland** bestehen dreimal wöchentlich Verbindungen (Tagesflug 200 DM; zzgl. 15 DM Gebühren auf Helgoland).

Auskunft

●*Frisia Luftverkehr Norddeich* (Tel. 04931-9332-0).
●*Ostfriesische Lufttransport* (OLT), (Tel. 04921-89920).
●*Roland Air Bremen* (ROA), (Tel. 0421-555590).

Mit dem eigenen Boot

Der Juister Hafen ist ziemlich groß, das Bootsbecken jedoch eher bescheiden und nur für **kleinere Yachten** benutzbar, die bei 0,3 m minimalem Wasserstand trockenfallen dürfen. Da der Bootshafen ohnehin meistens besetzt ist, empfiehlt es sich, an der **westlichen Kade** festzumachen, wo man im Sommer gewöhnlich im dichten Päckchen liegt. Der Hafenmeister kommt zum Kassieren.
●Das **Clubhaus** liegt ein Stückchen nördlich vom Bootshafen. Dort befinden sich auch WCs und Duschen.
●Achtung: Keine Ansteuerung **bei Nacht**! Das Wattfahrwasser ist nicht befeuert.
●**Auskünfte:** *Segelclub Juist*, Tel. 377.

Norderney
– die „Königin der Nordsee"

Geschichte

Ursprünge

Die Insel Norderney unterscheidet sich von ihren ostfriesischen Nachbarinnen vor allem durch einen relativ *neuzeitlichen Ursprung.* Als die Namen der anderen Inseln bereits wichtige Dokumente zierten, existierte Norderney nämlich überhaupt noch nicht.

Im *13. Jahrhundert* lag zwischen Juist und Baltrum die *Insel Buise.* Es dürfte während der Marcellus-Flut von *1362* gewesen sein, daß Buise in zwei Teile gebrochen wurde, deren östlicher den Namen *Osterende* erhielt. Buise selbst verlor hiernach ständig an Substanz und ging in der Petri-Flut von *1651* endgültig unter, während Osterende wuchs und zur „Norder neye Oog" (Nordens neue Insel) wurde. Gegen *Mitte des 16. Jahrhunderts* war es eine eigenständige Insel, und um diesen Zeitpunkt herum ist auch von einer ersten festen Besiedlung die Rede.

Seebad

„Sechzehn Lüde" wohnen anno *1550* auf Norderney. Genau ein Jahrhundert später werden „80 bis 100 Insulaner" gezählt, doch es herrscht bereits ein reger Verkehr mit dem Festland, vornehmlich zu Fuß über das Watt. Es geht auch schon sehr dienstlich zu, was auf Größeres schließen läßt ...

Und in der Tat. *Ende des 18. Jahrhunderts* besuchte das Göttinger Universalgenie *Georg Chr. Lichtenberg* (1742-99) die englischen *Seebäder* Margate und Deal, wo das tollkühne Wagnis eines Bades im Meer schon lange keines mehr war. Bei seiner Heimkehr verfaßte er einen Aufsatz mit dem Titel: „Warum hat Deutschland noch kein großes öffentliches Seebad?"

Da Lichtenberg nun wirklich kein kleines Licht war, wurden seine Ausführungen ernstgenommen und sogar zur Staatssache erklärt. Die bedeutendsten Ärzte der Zeit erklärten die See zu einem Allheilmittel und Gesundbrunnen für fast jegliches Gebrechen.

Solchen glänzenden Aussichten konnten sich die damaligen Regenten nicht verschließen. Am schnellsten reagierte das Herzogtum Mecklenburg-Schwerin, dessen offizieller Medicus 1794 in Doberan bei Rostock das erste deutsche Seebad eröffnete. Wahrscheinlich hatte er seinem Fürsten hinreichend klar gemacht, daß sich damit vor allem Geld verdienen ließ.

Ob dieses Argument auch bei der *„Unternehmung einer wohlthätigen Seebadeanstalt auf Norderney"* im *Mai 1797* maßgebend war, überliefert die Geschichte

Norderney

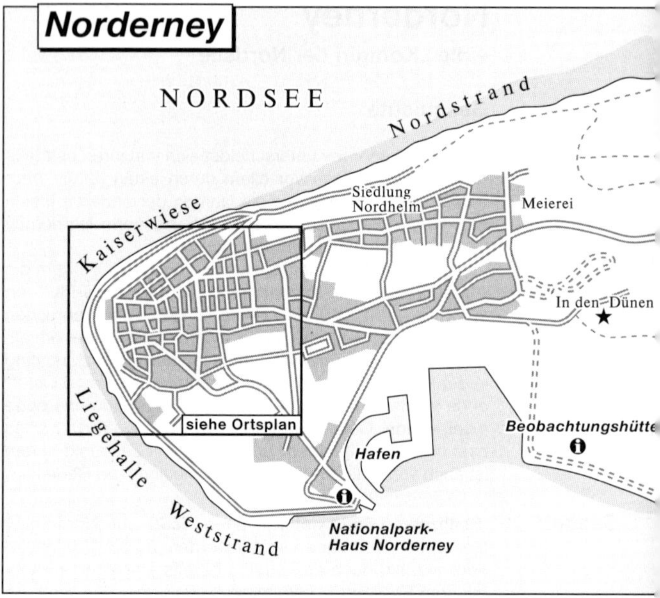

Norderney

NORDSEE

Nordstrand

Kaiserwiese

Siedlung
Nordhelm

Meierei

In den Dünen ★

siehe Ortsplan

Beobachtungshütte ❶

Liegehalle

Weststrand

Hafen

❶

Nationalpark-
Haus Norderney

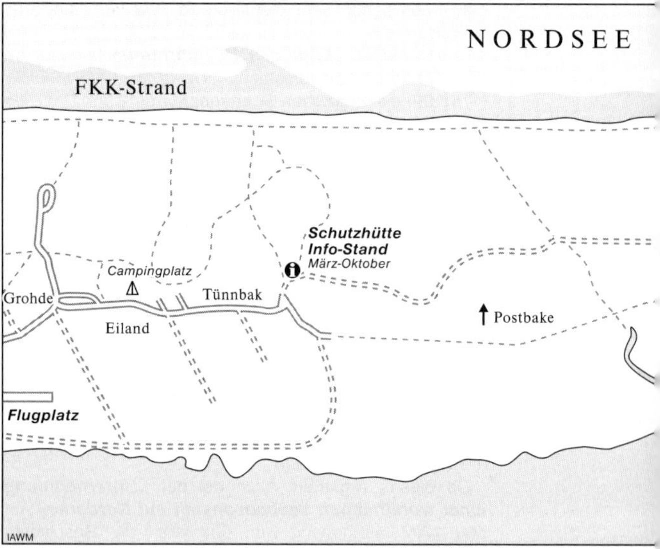

NORDSEE

FKK-Strand

Schutzhütte
Info-Stand
März-Oktober

❶

Campingplatz ⛺

Grohde

Tünnbak

↑ Postbake

Eiland

Flugplatz

IAWM

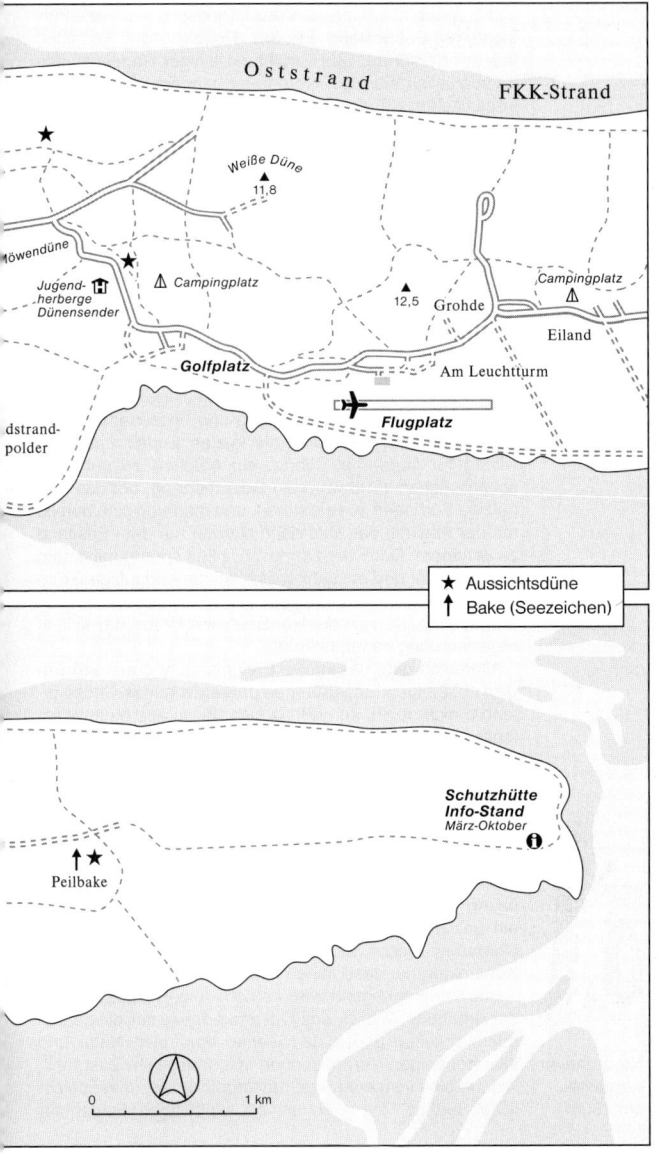

O s t s t r a n d

FKK-Strand

★

Weiße Düne
▲ 11,8

Möwendüne

★

Jugend-
herberge 🏠 △ *Campingplatz*
Dünensender

▲ 12,5 Grohde

Campingplatz
△

Eiland

Golfplatz

Am Leuchtturm

dstrand-
polder

✈ *Flugplatz*

Norderney

| ★ | Aussichtsdüne |
| ↑ | Bake (Seezeichen) |

Schutzhütte
Info-Stand
März-Oktober ℹ

↑★
Peilbake

0 _____ 1 km

nicht. Jedenfalls hatte sich der Landesphysikus des Fürstentums Ostfriesland für das Projekt stark gemacht, indem er anführte: „Zur Errichtung einiger Badeanstalten ist vorzüglich die Insel Norderney bequem, theils wegen ihres flachen Strandes, theils wegen ihres festen Zusammenhanges mit dem festen Lande zur Ebbe."

Zwar traf dieses Kriterium mehr oder minder auch auf alle anderen ostfriesischen Inseln zu. Aber Norderney hatte halt, was man heute „den besseren Draht" nennen würde, und das nach ganz oben. Nur wenige Monate später, im **Oktober 1797,** genehmigte *König Friedrich Wilhelm II.* das Projekt und machte sogar eine Beihilfe von fünftausend Talern dafür locker.

Die Stunde Null

Für die Norderneyer beginnt die Entstehung des Universums mit diesem Jahr – wenn es auch ganz zu Anfang noch Rückschläge gab. Der Inselvogt *Johann Feldhausen,* der die Monopole auf Versorgung und Ausschank besaß, hatte seine „Projektstudie", die letzten Endes zum Ausschlag für Norderney führte, ein bißchen zu sehr geschönt. Schon 1798 war kein Geld mehr da, um das ehrgeizige Vorhaben zu realisieren, und man trug sich bereits mit der Absicht, das Bad nach Norden auf dem Festland zu verlagern. Doch der Landesphysikus sprang mit einem Zuschuß ein, und ein Jahr später fiel der endgültige Gründungsentscheid. Im Jahre 1800 wurde die Seebadeanstalt eröffnet, die „Königin der Nordsee", wie Norderney sich in Eigenwerbung nennt, gekrönt.

Allerdings ging das große Ereignis nicht ohne **Störungen** ab. Einigen Eingeborenen paßte die ganze Chose offenbar nicht recht, so daß sie sich „theils aus Muthwillen, theils aus Bosheit an den Gebäuden der Seebade-Anstalt vergriffen, Steine auf die Dächer geworfen, Schlösser ruinirt und alles mit Kreide bemalt haben."

Das „Staatsseebad" wurde schnell „du rigueur" – heute würde man „absolut in" sagen – für die damalige Schickeria. Baltischer Adel reiste an, sozusagen als Vorkoster. *Blücher* erholte sich **1804** auf Norderney von allerlei Strapazen. Dann kam der **napoleonische Krieg** und damit ein gewaltiger Abschwung für die Insel. Erst **1819** war Norderney wieder Staatsbad. Sofort gab es auch eine Art Kurdirektor, der das Eiland mit diesem Endlossatz pries:

„Als Vergnügungsort wird es demjenigen zusagen, den der erhabene Anblick des Oceans erfreut, der einige Bequemlichkeiten gegen den Genuß der freien Natur und aller derjenigen Vergnügungen auszutauschen Lust fühlt, welche eine insulare Lage, das erquickende, unvergleichliche Seebad, mit allen seinen wohltätigen Folgen für

Norderneyer
Kurgäste
um 1800

Geist und Körper, die Exkursionen nach den umliegenden Inseln, der Fischfang, die Betrachtung und Untersuchung des Strandes mit seiner Conchylien-Welt und die Beobachtung unverdorbener Naturmenschen darbieten."

Nicht nur konnte man also schon damals das buchen, was sich heute auf Drittweltreisen „fakultativer Stammesbesuch" nennt, um Eingeborene wie Zoogetier zu bestaunen. Schon bald darauf, *1822* beginnend und bis heute anhaltend, ließ sich auf Norderney dem *Glücksspiel* frönen, was für viele einen zusätzlichen Anreiz darstellte. Bald war alles, was im deutschsprachigen Raum Rang und Namen hatte, in den Norderneyer Gästebüchern vertreten. Sogar aus dem fernen Rußland, aus Frankreich, Schweden und England kamen Spiel- und Badelustige.

Hoher Besuch

1844 besuchte *Bismarck* Norderney, ein Liebhaber von Sand und See, ein Bonvivant und Schwerenöter, wie wir ihn aus den trockenen Geschichtsbüchern gar nicht kennen. Auf Norderney scheint er sich erste Anregungen geholt zu haben, wenn es ihn später auch wiederholt nach Biarritz an der französischen Biskayaküste zog, um seine an der Nordsee erworbenen Erfahrungen dort in die Praxis umzusetzen. „Hier liege ich" schrieb er nach Hause, „vor aller Welt verborgen; ich blicke auf die schäumende See hinaus – und davor auf eines der hinreißendsten Weibsbilder!" Und während sich der Beachbum wohlig in den Sand streckte, soll er angeblich gemurmelt haben: „Wenn einer aus Berlin ruft, bin ich nur noch Sand und Sonne." Der Ruf kam wenig später und bestellte den Kurgast zum Lenker des preußischen Staatswagens. Bismarck ging höchst ungern, aber er ging.

Als *König Georg V. von Hannover* *1851* seine Sommerresidenz nach Norderney verlegte, kannte der Jubel keine Grenzen. Plötzlich war man wer. Eindrucksvolle Bauten, darunter das 1840 errichtete neue Kurhaus, gaben dem Ort jetzt ein zunehmend urbanes Gepräge. Und dennoch machte sich die Natur auch weiterhin bemerkbar.

Rapide Entwicklung

Schon die großen Sturmfluten des 18. Jahrhunderts hatten schwere Schäden angerichtet. *1825* war es zu massiven *Dünonabbrüchen* gekommen, und jetzt, *1855*, gab es nochmals empfindliche Substanzverluste. Eine groß angelegte *Küstenbefestigung* wurde darauf in Angriff genommen und *1858* samt steinerner Promenade um den Nordwestkopf der Insel herum fertiggestellt. Und nun ging es Schlag auf Schlag:

Norderney

1856 – Anbindung (per Raddampfer) an die beiden neuen Bahnterminals in Leer und Emden
1858 – Erste Kommunikation mit dem Festland per Seekabel
1862 – Seenotrettungsstation; Inselmühle
1868 – „Norderneyer Badezeitung", erstes Inseljournal der Nordsee
1872 – Dampferverbindung mit Norddeich, ein Bodenspekulationsboom setzt ein
1882 – Entstehung der heutigen Seefronten an der Kaiser- und Viktoriastraße
1887 – Fernsprechdienst
1889 – Gaswerk, Elektrifizierung
1892 – Fortführung der Eisenbahnlinie bis Norddeich
1893 – Beginn des tidenunabhängigen Schiffsverkehrs
1898 – Bau des Kaiser-Wilhelm-Denkmals aus Steinen deutscher Städte

Norderney heute

Die Entwicklungsgeschichte Norderneys setzt sich von der Jahrhundertwende an stetig mit neuem An- und Aufbau fort. Heute ist Norderney mit Abstand die „städtischste" der ostfriesischen Inselgemeinden. Etwa achttausend Bürger leben ständig im Ort, und es herrscht erheblicher Straßenverkehr, zu dem gleich noch einiges mehr zu sagen sein wird.

Hätte man es verstanden, die nostalgieschwangere Fin-de-siècle-Atmosphäre zu erhalten, wäre Norderney heute wohl in der Lage, vom fetten World Heritage Fund der Unesco zu zehren. Diese goldene Gelegenheit hat man lei-

Bade-
kutschen der
Seebade-
anstalt
um 1815

der verpaßt, indem man das Uferpanorama mit unschönen, „modern"-kantigen Zweckbauten arg verschandelte. Auch im Ort selbst kann man vieles als baulich wenig gelungen bezeichnen. Trotzdem hat die Grande Dame der Nordsee mehr von ihrem insularen Charme bewahrt, als man angesichts der rasanten Gründungs- und Folgegeschichte anzunehmen versucht sein mag. Die schlichte *Promenade,* die den gesamten Westteil der Stadt gegen die See umrundet, entbehrt nicht einer gewissen zeitlosen Eleganz, und das alte *Kurhaus* von 1881, in dem sich heute die Spielbank befindet, sieht immer noch so aus, als ob Kaisers jeden Moment kommen könnten.

Denn nicht nur hat sich Norderney von Anfang an das Ziel gesetzt, Kurzentrum der niedersächsischen Nordsee zu werden, sondern auch *kultureller Mittelpunkt.* Nicht als „Vergnügungsdampfer" soll die Insel ihren Besuchern nach den Vorstellungen der heutigen Administration gelten, sondern als Stätte der Besinnung, der Tradition und der Erholung.

Daß die Tradition gerade dort wenig Gültigkeit hat, wo in Festreden am meisten über sie schwadroniert wird, ist ein weltweit zu beobachtendes Phänomen. Vieles natürlich Gewachsene fiel auf Norderney auch dem Autokult zum Opfer, von dem man jetzt wieder abrückt. Außerdem wollen sich zahlreiche Inselgäste nicht mit den hehren Zielen der Kurdirektion identifizieren, sondern möchten lediglich in maritimer Umgebung ihre *Gaudi* haben ... Wer im Spielkasino sein Geld verjuxt, tut das, bitte schön, ja auch zu seinem Vergnügen; die Stunde der Besinnung folgt allenfalls, wenn die Kasse leer ist. Ein weiterer, häufiger Besuchertypus reist mit dem Zweck auf Norderney an, dort mal so richtig die Sau rauszulassen. Der sogenannte Clubtourist – Mitglied in Sport-, Kegel-, Kleingarten-, was immer -vereinen – hat Norderney in den letzten Jahren „entdeckt". Die lustigen Sangesbrüder

Norderney

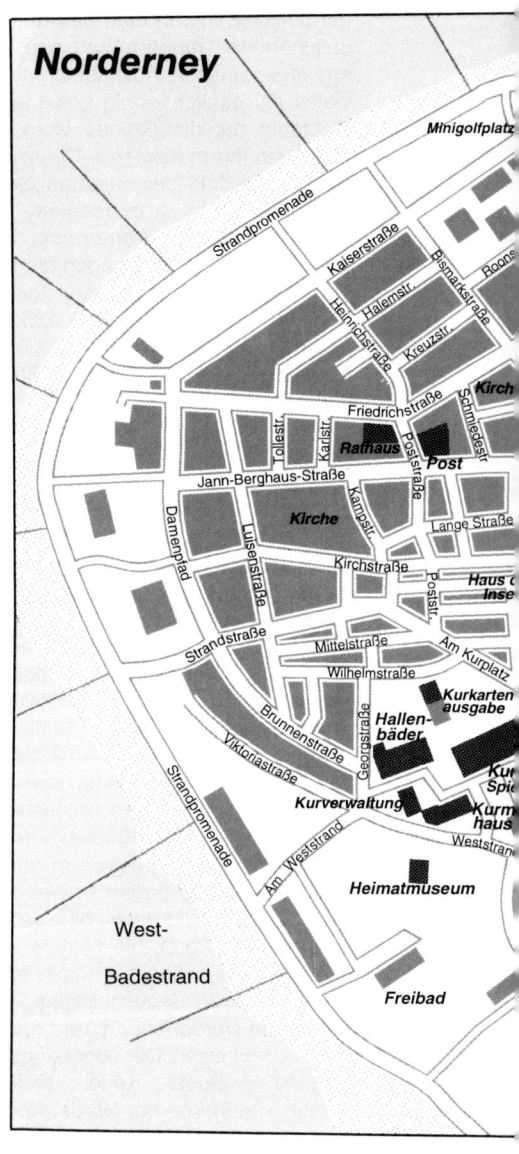

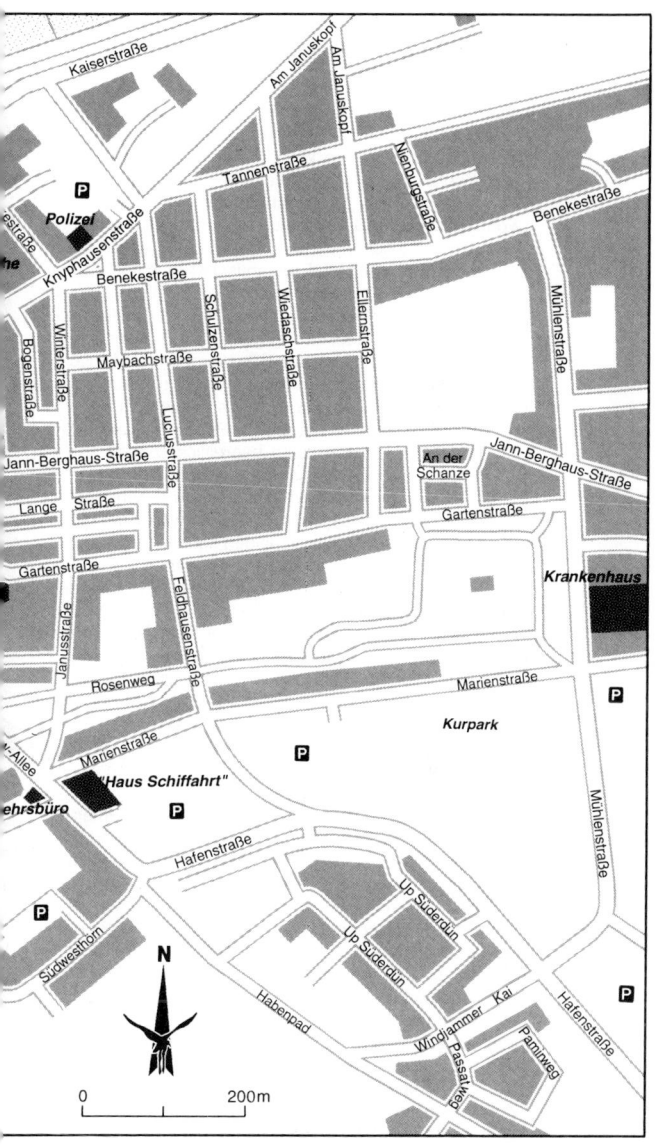

Heinrich Heine über die Insulaner

Die Insulaner waren, siehe die vorstehenden „Exzesse", eigenwillige Typen. Heinrich Heine beschrieb sie als „meistens blutarm und vom Fischfang lebend, der erst im Oktober, bei stürmischem Wetter, seinen Anfang nimmt ... Das Seefahren hat für diese Menschen einen großen Reiz; und dennoch, glaube ich, daheim ist ihnen allen am wohlsten zumute. Sind sie auch auf ihren Schiffen sogar nach jenen südlichen Ländern gekommen, wo die Sonne blühender und der Mond romantischer leuchtet, so können doch alle Blumen dort nicht den Leck ihres Herzens stopfen, und mitten in der duftigen Heimat des Frühlings sehnen sie sich wieder zurück nach ihrer Sandinsel, nach ihren kleinen Hütten, nach dem flackernden Herde, wo die Ihrigen, wohlverwahrt in wollenen Jacken, herumkauern und einen Tee trinken, der sich von gekochtem Seewasser nur durch den Namen unterscheidet, und eine Sprache schwatzen, wovon kaum begreiflich scheint, wie es ihnen selber möglich ist, sie zu verstehen."

Schon zu diesem frühen Zeitpunkt gelangen Heinrich Heine einige Einblicke in die insulare Psyche, um die ihn mancher Analytiker heute beneiden könnte.

„Was diese Menschen so fest und genügsam zusammenhält", schrieb er, „ist nicht so sehr das innig mystische Gefühl der Liebe als vielmehr die Gewohnheit, das naturgemäße Ineinander-Hinüberleben, die gemeinschaftliche Unmittelbarkeit. Gleiche Geisteshöhe, oder, besser gesagt, Geistesniedrigkeit, daher gleiche Bedürfnisse und gleiches Streben; gleiche Erfahrungen und Gesinnungen, daher leichtes Verständnis untereinander; und sie sitzen verträglich am Feuer in den kleinen Hütten, rücken zusammen, wenn es kalt wird, an den Augen sehen sie sich ab, was sie denken, die Worte lesen sie sich von den Lippen, ehe sie gesprochen worden, alle gemeinsamen Lebensbeziehungen sind ihnen im Gedächtnisse, und durch einen einzigen Laut, eine einzige Miene, eine einzige stumme Bewegung erregen sie untereinander soviel Lachen oder Weinen oder Andacht, wie wir bei unseresgleichen erst durch lange Expeditionen, Expektorationen und Deklamationen hervorbringen können. Denn wir leben im Grunde geistig einsam; durch eine besondere Erziehungsmethode oder zufällig gewählte besondere Lektüre hat jeder von uns eine verschiedene Charakterrichtung empfangen; jeder von uns, geistig verlarvt, denkt, fühlt und strebt anders als die anderen, und des Mißverständnisses wird soviel, und selbst in weiten Häusern wird das Zusammenleben so schwer, und wir sind überall beengt, überall fremd und überall in der Fremde ...""

(und -schwestern) denken nicht daran, sich zur Ruhestunde um 22 Uhr ins Bett packen zu lassen, sondern legen dann erst richtig los auf gut deutsche Art: „Warum ist es am Rhein so schön!!!"

Rabatz, Radau, Randale – auch das kann Norderney sein.

Sehenswertes

Altes Fischer-haus

Norderneys *Altes Fischerhaus* sollte – muß – man eigentlich gesehen haben, wenn man die Insel besucht. Das Haus (im „Argonner Wäldchen") ist ein kleines **Heimatmuseum** im Stil alter Zeiten.

Zu sehen ist die ganze **Entwicklung Norderneys** vom Katendorf bis zum hochherrschaftlichen Nordseebad, stilvoll und kunstsinnig dargestellt. Glanzstück unter den zahlreichen interessanten Exponaten ist ein **Bernstein-brocken** von annähernd Ziegelsteingröße und 420 g Gewicht, der 1992 von einem „Strandjer" am Ufer vor der Kaiserwiese gefunden wurde. Keineswegs kommt Bernstein, wie viel geglaubt wird, nur in der Ostsee vor, wenn auch ein „Kawensmann" wie der obige eine ausgesprochene Rarität ist. Als besonders bernsteinträchtig auf Norderney gilt der Nordwestkopf, weil dort regelmäßig substantielle Sandaufspülungen vorgenommen werden. Der dicke Brocken stammt aus ca. 20 m Tiefe von der vorgelagerten Robbenplate und ist viele Millionen Jahre alt.

●**Öffnungszeiten:** 1.4.-30.9. werktags 15-17 und sonn-/feiertags 10-12 Uhr; vom 1.10. bis 30. 11. Di, Do und Sa 15-17 Uhr und vom 1. bis 31.12. Fr 15-17 Uhr. **Eintritt** 3 DM, Kinder die Hälfte.

Norderney

Norderneys „Skyline"

127

Rettungs-boot-museum
Einen Besuch wert ist auch das kleine Norder-neyer Rettungsbootmuseum am Weststrand.

Wind-mühle
Die alte Inselmühle, 1862 erbaut, trägt den Spitznamen *Selden Rüst* – selten Ruhe. Weit über hundert Jahre hat sie in der Tat geklappert und manchen Orkan abgewettert – Windmühlen sind da ganz besonders empfindlich. Anno 1951 war es allerdings Feuer, das der Ruhelosen fast ein Ende bereitete. Aber die Versicherung half – da-mals noch – schnell nach, so daß die Norder-neyer Bäckereien bald wieder Roggenmehl er-hielten. (Der Grund, weshalb es heute kaum noch schöne Reethäuser auf den Inseln gibt, sind die hohen Feuerversicherungsprämien.)
●Die Mühle, längst außer Betrieb, beherbergt diesertage ein Restaurant.

Kaiser-Wilhelm-Denkmal
Kein Vorbeikommen ist in Norderneys Stadtmitte am Kaiser-Wilhelm-Denkmal. 1898 war es ihm zu Ehren errichtet worden, und alle deutschen Städte, die etwas auf sich hielten (insgesamt sechzig), schickten Steine mit eingemeißelten Ortsnamen nach Norderney, um zum Sockel des wilhelminischen Obelisken beizutragen – 100 Tonnen kamen zusammen.

Als im 1. Weltkrieg Metalle knapp wurden, wanderte der olle Wilhelm schmählich in den Schmelzofen. Auf den Sockel wurde später eine geradezu penetrant kitschige weiße Möwe ge-setzt, die dort heute zu bewundern ist. Doch wer weiß: Überall erleben Kaiserdenkmäler eine Re-naissance. Warum nicht bald auch auf Norder-ney – aber nur mit Bart, aber nur mit Bart!

Franzosen-schanze
Die im Jahre 1810 während der französischen Inselbesetzung als militärische **Befestigungs-anlage** errichtete und heute in Ruinen liegende „Franzosenschanze" dient in den Sommermona-ten als **Waldkirche.** Sonntagmorgens werden dort im Freien Frühgottesdienste abgehalten.

Leucht-
turm
Der alte Norderneyer Leuchtturm, 253 Stufen hoch, wird alljährlich von gut 40.000 Besuchern erklommen, die den prächtigen Rundblick von oben genießen wollen (siehe auch Exkurs).

Naturschutzgebiete

Es gehört Optimismus dazu, auf einer umtriebigen Insel wie Norderney ein NSG einzurichten. Und doch ist das Experiment erfolgreich verlaufen. Das NSG Norderney nimmt fast die Hälfte der Insel ein und beherbergt tierisches und pflanzliches Wildleben in eindrucksvoller Dimension. In mancher Beziehung kann man Norderney in bezug auf den Aufwand sogar vorbildlich nennen.

Südstrand-
polder
Das NSG Südstrandpolder erstreckt sich unmittelbar östlich des Hafens. Zu Kriegszeiten war dieses Gelände eingedeicht und aufgespült worden; ein *Militärflugplatz* sollte hier entstehen. Dazu kam es nicht mehr, und die Fläche blieb zwei Jahrzehnte lang brach liegen. In dieser Zeit siedelte sich dort viel neue Fauna und Flora an und zwar in solchem Ausmaß, daß man das Gelände schon 1961 unter *Naturschutz* stellte und 1986 prompt dem Nationalpark einverleibte.

Ein Jahr später entschloß man sich, dem Südstrandpolder große Mengen von Sand für die Verstärkung des Hafendeiches zu entnehmen. Zwar handelte es sich dabei um einen allumfassenden Eingriff in das Gefüge des NSG. Die Fläche war jedoch bereits so stark verlandet und mit Busch bewachsen, daß sie kein ideales Revier mehr für Wasservögel darstellte. Durch die *Sandentnahme* entstanden *neue Teiche* und *Flachwasserzonen;* das Gelände wurde – von der Warte des Naturschutzes aus höchst begrüßenswert – wieder zum Feuchtgebiet. Heute ist der Südstrandpolder ein wahres *Vogelparadies,* in dem es von wildem Gefieder wimmelt. Betreten ist ganzjährig verboten, doch kann man sich einen guten Einblick von der Beobachtungs-

Norderney

hütte im Südwesten des Geländes verschaffen. Auch führt ein Weg (auf dem Deich) um das gesamte Gebiet herum.

Ostheller Der Großteil des NSG nimmt annähernd die ganze **Osthälfte** der Insel ein. Ans Watt grenzen hier ausgedehnte **Salzwiesen,** in denen seltene Vogelarten wie der Rotschenkel und die Bekassine zu Hause sind. Nördlich dieses Geländes erstreckt sich eine weite **Dünenlandschaft,** von menschlichen Eingriffen fast zur Gänze verschont und deshalb in prächtigem Urzustand erhalten. Aufgrund eigenwilliger topographischer Verhältnisse haben Windverwirbelungen zwischen den Dünen **tiefe Täler** geschaffen, die zum Teil bis auf Grundwasserniveau hinabreichen. In diesen Feuchttälern sind **Miniaturmoore** und -salzsümpfe entstanden, kleine Biotope voll pflanzlichen Lebens. Torfmoose, Sonnentau, Königsfarn und Bärlapp gedeihen hier, und an den Rändern von Röhrichtteichen finden Birke, Weide und Holunder ideale Wachstumsbedingungen. Dieses Gelände ist **Brutgebiet** für viele Vogelarten, darunter die Silber- und Sturmmöwe, Brandgans, der Große Brachvogel und die Hohltaube. Besonders schön sind die Dünen zur Blütezeit der Glockenheide im Frühherbst.

Kleiner
„Buhnen-
kraucher"

130

Das östliche NSG wird vom mehreren **Fuß-pfaden** durchzogen, die teilweise mit Reitwegen kombiniert sind. Bei der Tünnbak in der Inselmitte und unterhalb der Rattendüne an der Osthuk befindet sich jeweils eine **Schutzhütte,** in der von März bis Oktober ein Info-Stand der Nationalparkverwaltung betrieben wird.

Direkt daneben liegt ein fast versandetes Wrack. Es handelt sich um das eines großen Muschelsaugers, der Anfang der siebziger Jahre hier versucht hatte, einen aufgelaufenen Logger freizuschleppen. Wie es im Leben so geht: Der Helfer erlitt eine Totalhavarie, der andere kam wieder frei.

National-parkhaus   Ausführliche Informationen zum Thema NSG Norderney (einschl. etwaiger Änderungen des Wegenetzes) erhält man auch im Nationalparkhaus am Hafen, das täglich außer Mo von 10 bis 18 Uhr geöffnet ist. Eine **Dauerausstellung** gibt Einblicke in die Lebensräume des Küsten- und Wattenmeeres, und im halbstündigen Rhythmus läuft eine automatische **Diaschau**. Führungen durch das Haus sind nach Absprache möglich.

Insel-Info

PLZ: 26548
Vorwahl: 04932

Auskunft   ●**Informationszentrum** für Prospekte u. Material über die Insel ist das *Staatsbad Norderney*, Postfach 1355 (Tel. 8910).
●**Servicetelefon:** 891122, Fax 891135
●Zuständig für Zimmervermittlung ist die **Norderneyer Verkehrsbürogesellschaft,** Postfach 1622 (Tel. 91850). Über diese Anschrift und die zusätzliche Faxnumer 82494 lassen sich auch Angaben zu Pauschalangeboten und allgemeine Auskünfte einholen. Vor Ort befindet sich das **Verkehrsbüro** in der Bülowallee direkt am Ortseingang gegenüber dem *Haus Schiffahrt*.
●**Schiffsauskunft:** *Frisia* (Tel. 91313).
●**Bahnauskunft:** *DB* (Tel. 611).
●**Flugauskunft:** *Frisia* (Tel. 541 oder 91313).
●**Reisebüro:** *TUI*, unter den Kolonnaden am Kurplatz (Tel. 891155).

Ärzte und Kranken- häuser
●Krankheit, scheint's, wird auf Norderney ganz groß ge- schrieben! Zehn **Ärzte** nehmen sich der verschiedensten Leiden an. Spezialisten harren im *Städtischen Krankenhaus Norderney* (Mühlenstr. 1, Tel. 8970) vorzüglich gerüstet auf schwere Fälle. Vier weitere Hospitäler, darunter ein ge- sondertes **Kinderkrankenhaus** *(Seehospiz „Kaiserin Frie- drich", Tel. 8991)*, stehen Leidenden offen. Vorrangig wer- den überall Hautkrankheiten und Allergien, die großen Geißeln unserer Zeit, behandelt. Drei weitere Ärzte sind für **Dentales** zuständig, vier **Psychotherapeuten** bieten Balsam für geschundene Seelen, drei **Apotheken** liefern dem Gesundheitswesen zu.

Haupt- saison
15.5.-30.9.

Kurtaxe
Die Kurtaxe wird mittels der sogenannten **Norderney- Card** aus Plastik eingezogen, die es anstelle des früheren Fährtickets ausgehändigt gibt und die dann die Funktion der Kurkarte hat. Mit der bezahlt man seine Taxe an meh- reren Servicestellen im Stadtgebiet. Bei Abreise wird auf der Fähre auf korrekte Befolgung geprüft, widrigenfalls muß nachgelöhnt werden (siehe Anhang).

Strand
●**Strandkorbvermietung:** Nordstrand Tel. 891119; Weststrand Tel. 891125; An der Kaiserwiese Tel. 891174; Liegehalle an der Marienhöhe; FKK-Strand Tel. 474; Ost- strand „Weiße Düne" Tel. 475.
●Die **Preise** pro **Liegekorb** betragen je nach Bauart 13-15 DM pro Tag und 73,50-87,50 DM pro Woche, darüber hin- aus 9,50-11,50 DM pro Tag und weniger. Diese Preise gelten für die HS (16.5.-15.9.); in der NS liegen sie niedri- ger. Ein Sitzkorb liegt bei täglich 9 DM in der HS und 7 DM in der NS, billiger bei längerer Inanspruchnahme.
●Ein **Vorbestellservice** für Strandkörbe erspart lange Wartezeiten vor Ort (Tel. 891122, Fax 891112).

FKK
Der Nacktstrand liegt im nördlichen Mittelteil der Insel (oberhalb des Leuchtturms). Sanitäre Anlagen, Umkleide- kabinen, Strandkörbe, Sauna, Kiosk – alles da. Zu errei- chen per Bus oder PKW/Taxi.

Ruhe- zeiten
Von 13 bis 15 Uhr und von 22 bis 8 Uhr. Wie vorstehend vermerkt, steht ihre tatsächliche Einhaltung auf einem ganz anderen Blatt. Exzesse sind aber eher die Ausnah- me von der Regel.

Hunde
Hunde sind ebenfalls ein gewisses Reizthema auf Norder- ney. In der Mehrzahl der Herbergen sind sie nicht willkom- men. Das hygienische Ambiente eines Heilbades verbie-

tet Hunden außerdem die Strände. Nur auf einer speziellen Rasenfläche neben der Schutzhalle am Weststrand dürfen sie sich tummeln und auf einer Strandstrecke neben dem Ostbad „Weiße Düne" und dem FKK-Strand. Dort, und nur dort, gibt es auch einen Strandkorb für Hundefreunde.

Selbige werden im schönsten Amtsdeutsch ersucht, „die von der Kurverwaltung in Strandnähe errichteten Hundetoiletten zu benutzen; außerhalb der Hundetoiletten ist für die Beseitigung des Kotes der Tierhalter als auch der Tierführer verantwortlich!"

Da der Hund nicht auf Befehl sein Ei legt, hat der Aufruf beim Publikum offenbar weniger als totalen Widerhall gefunden. Deshalb sah sich die Gemeinde Norderney im Jahre 1992 genötigt, für 75 000 Mark einen „City-Cleaner" zu erwerben, auf dem jetzt ein freudloser Operateur vermittels einer „Sauglanze" pro Tag mindestens 800 Haufen aufzunehmen und zu entsorgen vermag.

●Vielleicht sollte man Harro wirklich woanders unterbringen, um den Mann zu entlasten. Eine Möglichkeit: beim *Schäferhundverein Norderney* (Tel. 81495 oder 2610). Kostet natürlich 'ne Kleinigkeit.

Kirchen   Norderneys ***evangelische Kirche*** steht in der Kirchstraße im Zentrum, ein Stückchen weiter kommen die ***Zeugen Jehovas*** zusammen. Die **katholische Kirche** befindet sich in der Friedrichstraße, die ***neuapostolische*** am Südwesthörn.

Presse   Die *Norderneyer Badezeitung* kommt täglich heraus, der *Badekurier Norderney* monatlich. Beide geben u.a. ausführliche Auskünfte über die jeweils laufenden offiziellen Veranstaltungsprogramme.

Kinder   Kinder sind auf Norderney selbstverständlich gern willkommen. Doch eine ausgesprochene „Kinderinsel" ist Norderney nicht.

●Es gibt lediglich zwei **Kinderspielplätze** (am Weststrand und „Am Kap", Willi-Lührs-Str.) – nicht gerade viel für die große Gemeinde.

●Eine Durchsicht der Herbergen ergibt ebenfalls nur eine Handvoll von **Kinderspielräumen.**

●Der Norderneyer **Kindergarten** nimmt keine Gästekinder auf.

●Spezifisch für Norderney sind indessen medizinische **Mutter-Kind-Kuren** in vereinzelten Heimen und Hospizen, vornehmlich im Winter. Wer hieran interessiert ist, wende sich an seinen Hausarzt oder an die Versicherungsanstalt.

●Ein spezielles ***Kinderspielhaus*** ist in Planung (2000).

Norderney

Fortbewegung

Auto

Nach Norderney kann man das Automobil mitnehmen. Doch wie auch auf Borkum kommt ihm auch hier nur eine sehr *beschränkte* Funktion zu. Der maximale Radius, in dem das Fahrzeug auf Norderney einsetzbar ist, beträgt drei Kilometer – vierzig Minuten zu Fuß. Von der Osterzeit bis zum 30.9. jeden Jahres verringert sich dieser Radius noch. Dann sind nämlich die *Zonen 1 und 2* im Ortsgebiet (siehe Stadtkarte) für Kfz aller Art *gesperrt*. Wenn die gebuchte Unterkunft in einer dieser Zonen liegt, erhält der Automobilist auf der Fähre einen *Passierschein*, der ihn berechtigt, seinen Wagen innerhalb einer Stunde nach Ankunft durch das Sperrgebiet zum Zielhaus zu fahren. Bei Abreise wird nach umgekehrtem Schema verfahren. In der Zwischenzeit steht die Karre völlig unbrauchbar da. *Behinderte* erhalten u. U. von der Stadtverwaltung – Rathaus, Zimmer 101 – eine Ausnahmegenehmigung.

Die *Zone 3* ist während der genannten Saison von 20 bis 6 Uhr für alle zweirädrigen Motorfahrzeuge gesperrt, außerdem in Teilbereichen von 20 bis 8 Uhr für Kfz aller Art.

●Außerhalb der Sperrmonate gilt in den drei Zonen nur ein *generelles Halteverbot*.

●Man kann den Wagen auch auf den *gebührenpflichtigen Parkplätzen* A oder B (s. Karte) abstellen oder auf dem kostenlosen *Großparkplatz* C – was immer dadurch gewonnen ist.

Omnibus

Motorisierte Erreichbarkeit der meisten Anlaufpunkte auf der Insel wird durch *zwei Busunternehmen* gewährleistet, die ihre Fahrzeuge zwischen Hafen, Weißer Düne und Flugplatz tagsüber im *Halbstundentakt* pendeln lassen.

Taxi

Ein wenig teurer ist es mit dem Taxi, das auf der Insel ebenfalls mehrfach vertreten ist. Ein *Taxistand* befindet sich am Rosengarten.

Fahrrad

Wie überall auf den Inseln sind die Füße und das Fahrrad auch auf Norderney die beste Art der Fortbewegung. Fußgänger und Radler haben ohnehin überall Vorfahrt.

●*Heinz Grönsfeld* (Lange Str. 15) bietet stocksolide Hollandräder und Trecking-Bikes für 3 DM pro Stunde, 5 DM pro halbem Tag (ca. 4,5 Std.) und 8 DM für den ganzen Tag an. „Was soll ich mit Mountain-Bikes?" brummte er, als ich mit ihm sprach. „Mountains gibt's hier doch gar nicht."

●Der gleichen Ansicht ist man auch in *Charly's Freizeitcenter* (Im Gewerbegelände 1). Hollandräder kosten dort 10 DM pro Tag und 45 pro Woche. Die schon bei Borkum

erwähnten Go-Carts sind hier als Einer für 5 DM die Stunde zu haben, 6 DM für den Zweier (10 DM für 2 Std.) und
7 DM für den Vierer (12 DM für 2 Std.).

●Zweiräder gibt es auch *am Hafen* (Hafenstr. 1) und gleich
viermal in der Jann-Berghaus-Straße: Bei *Dicki Papenfuss*
(Nr. 67), bei *Jenssen* (Nr. 72), im Verleih *Molli* (Ecke Luci-
usstraße) und bei *Heeren* (Nr. 62).

Pferd

Wer vom Stahlroß lieber auf eines aus Fleisch und Blut
übersatteln möchte, setzt sich am besten mit dem *Reitstall
Junkmann* in Verbindung (Meierei, Lippestraße, Tel.
92410). Dort kosten Ausritte für Fortgeschrittene um 40
DM für 2 Stunden bzw. 30 DM für eine (Anfänger mit
Assistenz). Man kann sogar das „Reiterabzeichen" erwerben.

●Auch ohne diese Auszeichnung kann man reiten bei
Tegtmeyer (Lippestr. 19, Tel. 91800) und im *Cap Horn* (Gewerbegelände 35, Tel. 1440).

Unterkunft

Mehr noch als auf Borkum überwältigt auf Norderney die
schiere Fülle von Beherbergungsbetrieben. Hotels (mit
Einschluß von garni und Hotel-Pensionen) nehmen im
Gastgeberverzeichnis allein vier Seiten ein!

Preise

Wer, dem mondänen Image entsprechend, erwartungs-
gemäß auch mondäne Preise anzusetzen versuchs sein
mag, darf sich angenehm enttäuschen lassen: Der Zins ist
auf Norderney durchaus nicht himmelhoch.

●Offenbar ist die gesamte Preisstruktur Norderneys sehr
gründlich durchkalkuliert und stramm EDV-organisiert. So
kühl geschäftlich das erscheinen mag: Dem Kunden gereicht es letztlich zum Vorteil.

Norderney

Hier gibts
Briefmarken

●In der Nebensaison werden teilweise kräftige **Preis-nachlässe** gegeben. Bei den Hotels im Durchschnitt ca. 25 %, bei Ferienwohnungen sogar bis 40-50 % Rabatt.

●Für Pensionen, Zimmer und Ferienwohnungen gibt es auch den Service der **Vermittlungskarte**: Kostenlos können Interessenten ihre Wünsche und Preisvorstellungen vermerken, interessierte Vermieter wenden sich dann direkt an ihre zukünftigen Gäste.

Pauschal-angebote

●Norderney bietet auch **Pauschalprogramme** an, die zum Teil die **Bahnfahrkarte** im gesamten Bundesgebiet preislich beinhalten.

●Bei sorgfältiger Durchrechnung mag sich das eine oder andere dieser Angebote – vor allem bei weit entferntem Wohnort – als Schnäppchen herausstellen, zumal die Pakete auch noch jede Menge Nebenleistungen enthalten (u. a. Kurkarte, Sauna, Leihrad).

Hotels

●Mit 45 DM ist die *Hotel-Pension Liewald* (Tel. 927992) am günstigsten.

●Norderneys „erste Adresse", das *Kurhotel Norderney* (Am Kurgarten, Tel. 883000) nimmt sich mit 150 DM ÜF noch einigermaßen akzeptabel aus.

●Auch das *Inselhotel Vier Jahreszeiten* (Herrenpfad, Tel. 8940) berechnet vergleichsweise moderate 135 DM ÜF.

Pensio-nen und Zimmer

Pensionen und Gästehäuser machen z. T. recht akzeptable Angebote. So hat das *Haus Buchhop* (Oderstr. 23, Tel. 3190) mit 24 DM ÜF im DZ den günstigsten Preis in dieser Kategorie. Die meisten Privatzimmer sind etwas teurer (ab 30 DM ÜF).

Ferien-wohnun-gen

●Ferienwohnungen gibt es schon recht preiswert – so vor allem mehrere EZ mit 1-2 Betten für 40-50 DM. Auch in Mehrraumklausen kommt man häufig auf Pro-Kopf-Preise von etwa 30 DM – Endreinigung eingeschlossen.

●Außerhalb der HS gibt es dann noch einmal **Ermäßi-gungen** von bis zu 40-50 %.

Jugend-herbergen

●Es gibt auf Norderney zwei Jugendherbergen. Beide haben die Kategorie II, sind der Kurtaxe unterworfen und nur von März bis November geöffnet (genaue Termine auf Anfrage). In beiden auch nur VP. Preise siehe „Reise und Preise".

●Die JH *Dünensender* (Am Dünensender 3, Tel. 2574, Fax 83266) liegt im Ostteil der Inselmitte und ist, wie ihr Name besagt, von Dünen umgeben. Von der JH zum Stadtkern ist es etwa 1 Std. zu Fuß, zum Strand 20 Minuten. Das Haus verfügt über 144 Betten und 4 Tagesräume.

●Die JH *Südstraße* (Südstr. 1, Tel. 2451, Fax 83600) liegt am östlichen Stadtrand in nächster Nähe von Hafen und Watt. 121 Betten, 3 Tagesräume, 3 Familienzimmer. Besonderheit: Die Kurruhezeiten von 13-15 und 22-8 Uhr sind einzuhalten!

Camping

●Der *JH Dünensender* ist ein riesiger **Zeltplatz** angegliedert, der 3 500 Personen aufnimmt. Modern – unlängst hat man schlappe 1,5 Millionen Mark in zeitgemäße sanitäre Anlagen investiert! Betrieb vom 1.5. bis 15.9.; Zelter müssen einen JH-Ausweis besitzen, aber nicht zwingend „jugendlich" sein. Es wird auf Sand gezeltet – spezielle lange Heringe „für die Wüste" mitbringen! Kosten: 31,30 DM pro Person/Tag (VP) plus Kurtaxe.

●Mit dem **Wohnwagen** anrollen kann man bei *Camping Eiland* (Fam. Harms, Tel. 2184). Der Campingplatz liegt etwas nordöstlich vom Leuchtturm; eine befestigte Straße führt vom Hafen dorthin. Zum Strand (FKK gleich nebenan) sind's ein paar Gehminuten.

„Standgeld" pro Tag: Wohnwagen 9 DM, Zelt ab 6 DM. „Kopfgeld": 9 DM/Tag, Kinder bis 14 Jahre 6 DM. Strom: 1 DM/kWh.

●Kampieren kann man außerdem bei *Camping Booken* (Tel. 448) und bei *Um Ost* (Tel. 618).

Gastronomie

Hungrige haben auf Norderney die Qual der Wahl zwischen einer ansehnlichen Zahl von Beköstigungsbetrieben.

Hotel - Restaurants

Wenn das Budget leistungsfähig genug ist, kann man einen Tag perfekt kulinarisch aufbauen, indem man sich am reichhaltigen Frühstücksbuffet eines x-beliebigen Hotels delektiert, im kinderfreundlichen *Seehund* des *Vier Jahreszeiten* einen Lunch und im *Luisengarten* des Hotels *Nordstern* (Luisenstraße) ein Dinner einnimmt, bevor man in der Disco *Broadway* des Inselhotels *König* (Bülowallee) zu den eigentlichen Tagesthemen übergeht.

Meeresfrüchte

Wem der Sinn nach Meeresfrüchten steht, findet in annähernd jedem Norderneyer Restaurant das richtige. *Le Pirate* (Friedrichstraße) scheint die ganze Fauna der Nordsee auf dem Menü zu haben, von Austern bis Zunge (See-). Das *Hafenrestaurant* (natürlich am Hafen) steht mit diversen Fischspezialitäten nicht nach. *Das kleine Restaurant* des Strandhotels Georgshöhe hat ebenfalls reichlich Fisch auf der Abendkarte, dazu Blick aufs Meer und den Sonnenuntergang, diesen vernünftigerweise mit dem Zusatz „ohne Gewähr".

Norderney

**Mittags-
menüs**

Auf der Suche nach preiswerten und wechselnden Mittagsmenüs kann man in diversen Häusern einkehren: Im *Kur-Café* (am Kurplatz, Mo Ruhetag), im *Café Cornelius* (Nordstrand), im *Restaurant Lenz* (Benekestraße, Mo geschlossen), im *Lüttje Café* (Gewerbegebiet, Mo Ruhetag), *Am Leuchtturm* (Mo/Di Ruhetag), bei *Pidder Lüng* (J.-Berghaus-Straße, Di Ruhetag) oder *Am Flugplatz* (Mi Ruhetag).

**Sonstige
Restau-
rants**

●Im Restaurant *La Mirage* (gegenüber der Post) werden erlesene einheimische und internationale Gerichte serviert, und das von 10 bis 23 Uhr, ohne Ruhetag.

●Feine Küche italienischen Einschlags erwartet den Gast im *Veltins-Stübchen* (J.-Berghaus-Straße) täglich außer Mi bis 22.30 Uhr.

●Das Restaurant *Zur Mühle* (Marienstraße) reicht ostfriesische Spezialitäten. Beliebt, besser reservieren: Tel. 2006. Mi Ruhetag.

●Auf Ausflügen fährt man gerne in die *Meierei* am östlichen Stadtrand, um sich dort verwöhnen zu lassen, vornehmlich mit frischem Fisch. Gruppen sollten sich anmelden: Tel. 81824.

●Am Strand warten die *Milch-Bar* mit Eintöpfen und Milchgerichten und die *Giftbude* (Do geschlossen) mit diversen Leckereien auf.

●Außerdem zahlreiche Kneipen, Pinten, Eisbars, Imbisse und dergleichen. Im Winter machen viele Gaststätten Betriebsferien.

Sport

**Hallen-
und
Freibäder**

●Das **Meerwasserwellenbad** *Die Welle* am Kurplatz (Tel. 891141) ist eine überdachte und beheizte Riesenanlage mit Brandungsbecken (28°), Suhle mit Massagedüsen (32°), Kinderplanschbecken, 60m-Rutschbahn, Spiel- und Strandzone, Sonnenwiese, Kletterberg, Wassersprudel, Unterwasser-Sitzgrotte, Aussichtsplattform, Wintergarten, Cafeteria, Sportmöglichkeiten und Kinderspielraum.

●*Öffnungszeiten*: Mo-Do 9-19.30, Fr 9-21, Sa-So 9-18 Uhr. Im Januar geschlossen.

●*Eintritt:* Einzeltageskarte für Erw. 18 DM, Kinder und Jugendliche 3-18 J. 13 DM. Daneben gibt es 5er- (80/55 DM) und 10er-Karten (150/90 DM), Familienkarten (Di, Fr und So, 42 DM) und Abendschwimmen (Mo-Do, 11 DM).

●Außerdem findet man ein **Meerwasser-Wellenfreischwimmbad** am Weststrand (Tel. 891158) mit beheiztem Meerwasser (22°) und Tauchbecken. Eine Sauna ist angeschlossen.

●*Öffnungszeiten*: Mai-Sept. täglich 12-17 und 28.6.-28.8. 10.30-17.30 Uhr. So geschlossen.

●*Eintritt*: Erw. 5 DM, Kinder 6-16 Jahre 2 DM.

●*Saunabaden* am offenen Meer kann man am FKK-Strand (Tel. 474) täglich vom 25.3. bis 19.10. ca. 11-16 Uhr. 3-Stunden-Karte 15 DM.

Gym-nastik   Strandgymnastik, Sport und Spiele zum Nulltarif gibt's am Westbad vom 18.5. bis 26.9. jeden Werktag von 09.45-12.30 Uhr. Bei Regenwetter wird in der Badehalle am Weststrand geturnt. Ein ähnliches Programm läuft vom 21.6. bis 21.8. am Nordbad, und zwar werktags 10-12.45 und 14-16.30 Uhr.

Angeln   Angeln kann man auf Norderney ohne besondere Auflagen. Den „Bundespersonalausweis" soll man dabei mit-führen – wozu immer das gut sein mag.

●Auf *Fangfahrt* geht man mit dem Fischkutter „Seepferd-chen" (*Visser*, Tel. 83503); ca. 1,5 Std. im Wattenmeer kosten 12 DM. Kinder, denen dieser Trip bestimmt Spaß machen wird, zahlen die Hälfte.

●*Hochseeangeln* ist nur etwas für Erwachsene; ca. 4 Std. auf See für 30 DM. Angelgeschirr an Bord. Für diese Törns sind Gruppenarrangements notwendig.

Fliegen   Flugschule: *Luftsportgruppe Norderney* (Tel. 2455)

Reiten   Siehe Fortbewegung.

Segeln   ●In der *Segelschule Norderney* (Am Hafen, Tel. 766) be-steht die Möglichkeit, sich zum zünftigen Janmaaten aus-bilden zu lassen. „Zünftig" – das ist das Wort. Teilnehmer logieren auf einem 100 Jahre alten Wohnschiff, das unter dem Namen *Deutsch-Sowjetische Freundschaft* vor der Wende in der Ostsee herumkurvte und jetzt teuer reno-viert ist. ÜF 40 DM, VP 60 DM (Jungvolk 45). Eigene Bett-wäsche mitbringen, sonst kostet's extra (15 DM).

●Ein *„Schnuppertörn"* ins Watt unter Segel (3 Std.) kostet 50 DM pro Person, eine *Tagestörn* zu den Nachbarinseln (6-8 Std.) 100 DM. Segelkurse für Kinder von 8 bis 13 (6x3 Stunden) kosten 210 DM; Erwachsene zahlen 270 DM. Auch diverse Segelscheine können erworben werden.

Tennis   Tennis ist, versteht sich, ganz große Sache auf Norder-ney. Im *Tenniscenter Georgshöhe* (Kaiserstr. 24, Tel. 898405), das dem gleichnamigen Hotel angeschlossen ist, fliegt der weiße Ball das ganze Jahr über auf insge-samt sieben Plätzen, zwei in der Halle und fünf im Freien. Drinnen kostet die Stunde 32 DM (26 für Hotelgäste); draußen 22 bzw. 18 DM mit Ausfallgutschrift im Falle von

Norderney

Schlechtwetter. Instruktion kostet drinnen noch einmal 55 DM zusätzlich (60 min.) und 45 DM draußen (50 Min.). Man kann aber auch 390 DM für einen 12stündigen Kursus anlegen. Billigere Kinder- und Jugendprogramme werden ebenfalls angeboten.

●Weniger „exklusiv", aber preiswerter, kann man (von 7 bis 13 Uhr) am *Sportplatz an der Mühle (*Tel. 2558) spielen.

Golf
Golf ist die nächste ganz große Sportart auf der Insel. Erstmalig gegolft wurde auf Norderney – damals noch im zünftigen Knickerbocker-Look – bereits 1922. Heute ist die allgegenwärtige Ami-Schirmkappe nicht mehr aus dem gepflegten Areal wegzudenken, das sich in der Nähe des alten Leuchtturms (7 km östlich des Ortes) zwischen den Dünen erstreckt. Mit zum Gesamtkomplex gehört das moderne *Golf-Hotel* (Tel. 8960).

●Der Norderneyer **Golfplatz** hat neun Löcher (Par 72) und einen Gesamtparcours von ca. 3 km. Buchen kann man direkt über das *Golf-Büro* (Tel. 680). Tageskarte (Greenfee) 45 DM, Jugendliche bis 18 die Hälfte. Trainerstunde zusätzlich 45 DM.

●Rund ums Jahr wird um einen Monatspreis gegolft; dazwischen gibt es immer wieder größere Treffen und Wettspiele. Achtung: „Als 'Haufen' eines grabenden Tieres im Sinne der Regel 25/1 gilt auch der vom grabenden Tier (hier vornehmlich Kaninchen) eindeutig ausgeworfene Sand." (Aus den Regeln; so streng ist das).

**Wind-
surfen**
●Windsurfen kann man (auch lernen) in der *Surfschule Norderney* (Tel. 82228), und zwar von Mai bis September. Diverse Kurse, ab etwa 300 DM, können belegt werden.
●*Happy Surfer* (Tel. 648) hat gleich zwei Standbeine, am Hafen und an der Weißen Düne. Ab 15 DM darf man zur Probe mal auf's Brettl steigen. Offen ab Osterferien.
●Norderney hat sich in den letzten Jahren – in Konkurrenz zu Sylt – zum Austragungsort internationaler **Wettbewerbe** emporschwingen können. Ereignisse dieser Art werden in der allgemeinen Sportpresse jeweils lange im voraus angekündigt.

Unterhaltung

**Veranstal-
tungen**
Ihrer Zielsetzung als Kulturzentrum der südlichen Nordsee gemäß bietet die Insel Norderney ein ganzjähriges, weitgehend variierendes **Programm** für ihre Kurgäste. Ein Großteil des Kultur- und Unterhaltungsgeschehens spielt sich im Haus der Insel und im Kurtheater ab.
●Von leichter Kost wie **Skatturnieren** bis zu schwerkalibrigen **Symphoniekonzerten** mit berühmten Orchestern

und Solisten ist für jeden Anspruch etwas dabei. Operetten, Musicals, Tanz- und **Theateraufführungen** fehlen ebenfalls nicht, auch oft mit Starbesetzung. Dann wieder wird es mit Darbietungen des Norderneyer Frauenchors und Männergesangvereins, der Feuerwehrkapelle und der Bläsergruppe des Reitclubs eher volkstümlich.

● **Folklore**, überwiegend von der heiteren Seite, wird überhaupt großgeschrieben in der Norderneyer Kulturszene. Entsprechende Darbietungen sind in jedem Jahresprogramm reichlich enthalten.

● Noch häufiger sind **Film- und Diavorführungen** angesetzt, bei denen u. a. *Manfred Temme*, sozusagen Norderneys „Hausornithologe", regelmäßig mit Beiträgen über die insulare Vogelwelt brilliert. Außerdem werden in kürzeren Abständen **Ausstellungen**, von Bildern und Briefmarken bis hin zum Thema Seenotrettungswesen, abgehalten. Als nächster Programmpunkt folgt vielleicht ein Klavier- oder Leseabend. Oder man kann sich über Ernährungsfragen aus medizinischer Sicht kundig machen. Oder an einem Fest teilnehmen. Oder ..., der Möglichkeiten sind viele.

● Die meisten dieser oft recht aufwendigen Veranstaltungen kosten Eintritt. **Kartenvorverkauf** im Konzert- und Theaterbüro im *Haus der Insel* nur vor-, im Sommer zusätzlich nachmittags. Programmhinweise über Tel. 874200.

Kur-konzerte
Kurkonzerte, mitunter mit Wunschprogramm, finden täglich außer Mo um 10.30 (So 11.15), 16 und 20 Uhr auf dem Kurplatz oder im Kurgarten statt, bei Regen im Konzertsaal des Kurhauses oder im Haus der Insel. Hierfür werden regelmäßig Top-Performer wie das *Warschauer Symphonieorchester* unter Vertrag genommen.

● **Orgelkonzerte** werden von Anfang Juni bis Mitte September jeden Fr um 20.15 Uhr in der ev. luth. Kirche angesetzt. Bekannte Solisten aus dem In- und Ausland.

Kinder
Ein- bis zweimal um die Wochenmitte herum werden auch die Kleinen im Haus der Insel mit **Kinderdarbietungen** unterhalten.

Spielbank
Die etwas Größeren (ab 18) haben die Möglichkeit, sich in der Spielbank (Kurhaus, Tel. 745) zu vergnügen. Casinobetrieb ist von 14 bis 22 Uhr (1.1.-31.3.) und von 11 bis 1 Uhr (1.4.-10.10.).

● 85 „**einarmige Banditen**" laden dann mit „unbegrenzten Gewinnchancen" zum großen Glück. Noch mehr kann man gewinnen – allerdings leider auch verlieren -, wenn man sich mit einem Mindesteinsatz von 5 DM beim **Roulette** versucht. In der Saison kreist das Glücksrad an drei 24er Tischen. Das Spielcasino nimmt dankenswerterweise ein „low profile" ein.

Norderney

Discos   ●Wenn der Abend sich rundet, geht man in die *Disco Broadway*, in den *Beach-Club* (Strandstraße) oder in die *Maritim Dancing Bar* (gegenüber der Post). Die Discos schließen um 4 Uhr.

Veranstal-tungshin-weise   Eine Übersicht über die jeweiligen monatlichen Veranstaltungen läßt sich im *Badekurier*, in der Inselzeitung und in zahlreichen Aushängen verschaffen.

Touren

Schiffs-ausflüge   Von März bis Oktober unternimmt die Reederei *Cassen Eils* zu variierenden Terminen Ausflugsfahrten zu verschiedenen Zielen im Umfeld Norderneys.

	Dauer ca. Std.	Erw. DM	Kinder 4-11
Seehundbänke	1,5	12	6
Borkum	11	35	17
Juist	5,5	25	13
Baltrum	4	25	13
Langeoog	7	35	17
Spiekeroog	7,5	35	17
Helgoland	14	39	25
Familienkarte Helgoland ("für Eltern m. Kindern")			105

Auf Langeoog ist die Gebühr für die Inselbahn inbegriffen.
●Die Norderneyer **Agentur** für diese Fahrten ist *G. Wedermann* (Marienstr. 10, Tel. 569 oder 2802).

Rundflüge   Einen Inselrundflug kann man bei der *Frisia* (Tel. 541) buchen. Mindestens 2 Personen sollten mitmachen. Dann kostet's 40 DM pro Kopf.

Insel-rundfahrt   Eine Inselrundfahrt mit dem **Bus** (*Fischer*, Tel. 927910; Tjaden, 514) kostet 14 DM (Kinder 6 DM), ebenso eine Kutschfahrt mit dem **Pferde-Omnibus** (Tel. 2336). Hängt noch ein **Planwagen** hinter dem Roß, wird es etwas teurer: 100 DM/Std., bis zu 7 Personen können mitfahren (Tel. 1443).

Stadt-führung   Eine Stadtführung bietet *Lothar* (Tel. 2159) für 5 DM pro Nase an; die Kleinen dürfen für 3 DM mitstaunen.

Wattwan- **dern**	●Für 5 DM (3,50 DM für Kinder) geht's mit *Lothar* (Tel. 2159) auch für ca. 2,5 Stunden ins Watt. ●Wer einen richtigen Kapitän mit weißer Labskausmütze vorzieht, ruft Tel. 2278 an und zahlt dann 6 bzw. 3 DM, zuzüglich einer Busanfahrt für 4 DM (Erw.) bzw. 3 DM für Kinder bis 12 Jahre.
Natur- **kundlicher** **Rundgang**	Gratis, kaum zu glauben, gibt's aber auch etwas! Und zwar einen naturkundlichen Rundgang mit einem zivildienenden *Vogelwärter.* Dazu trifft man sich von Mai bis September jeden Mi beim *Info-Stand am Ostheller.* Die Tour dauert etwa 2,5 Stunden.

Fährverbindungen

Norderneys Zubringerhafen auf dem Festland ist **Nord-deich** (siehe dort).

Flugverbindungen

mit *Norddeich*	Von Norddeich aus gibt es täglich Flüge der FLN nach Norderney. ●Die *Flugzeit* beträgt wenige Minuten. ●Der *Flugpreis* beträgt pro Strecke 63 DM. ●Der *Flugplatz* auf Norderney befindet sich ca. 3 km vom Ort entfernt (Busverbindung); in Norddeich liegt er ca. 4 km östlich des Ortes.
Weitere **Verbin-** **dungen**	ROA und OLT bieten, z.T. saisonal, weitere Flüge an. Mit **Borkum** gibt es drei- bzw. viermal wöchentlich Flugverbindungen (85 DM), mit **Emden** (100 DM) und **Helgoland** (140 DM + 15 DM Gebühr auf Helgoland). Mit **Bremen** (230 DM) und **Juist** (85 DM) gibt es in der Saison dreimal wöchentlich eine Verbindung, mit **Düsseldorf** (330 DM) viermal wöchentlich. FLN (Tel. 04464/94810) fliegt im Sommer täglich nach Baltrum (60 DM), Langeoog (55 DM) und Wangerooge (90 DM), nach Harle (90 DM) und Wilhelmshaven (160 DM). VHM (Tel. 0208/99234-0) fliegt Norderney von Essen/Mülheim und Erfurt/Leipzig/Dresden an.
Auskunft	Siehe Juist, Flugverbindungen.

Mit dem eigenen Boot

„Norderney – es kann einem schon sehr gefallen. Drei Tage vielleicht. Dann wird man erleichtert die Leinen lösen und hinausgleiten aus dem Hafen ..." Mit diesen Worten

Norderney

beschreibt der segelnde Schriftsteller *Jan Werner* seine Eindrücke dort und vergißt auch nicht hinzuzufügen, „daß man sich auf die Terrasse des Centralcafés setzen und bei Kaffee und Sahnekuchen das Flanieren beobachten kann, das einem *ausnahmsweise* (Hervorhebung d. Verf.) kostenlos geboten wird." Jan Werner hat offenbar schon einiges von der Welt gesehen.

●Norderneys Yachthafen erhält indessen gute Noten – was Funktionalität anbelangt. Das *Hafenbecken* ist groß, tief, es gibt jede Menge Organisation und Beton. An Schwimmstegen am Ende des Hafens liegt das Boot perfekt geschützt und kann sich auch bei tiefster Ebbe noch einer Handbreit Wasser unter dem Kiel erfreuen. Der *Hafenmeister* möchte dann aber auch möglichst bald von der Neuankunft hören, um zur Kasse zu bitten.

●Im *Clubhaus* (Tel. 83545) gibt's im Keller Duschen und WCs, weiter oben ein Restaurant. Alles ist makellos durchorganisiert. Morgens bringt sogar ein Bäcker frische Brötchen zum Hafen.

●Aber man erhält tatsächlich etwas sehr Nützliches zum Null- oder besser Ortstarif auf Norderney, nämlich einen aktuellen *Seewetterbericht* unter Tel. 0491-1164.

Verläßlicher Wegweiser

Der Norderneyer Leuchtturm

Im Jahre 1872 wurde mit dem Bau des Leuchtturms von Norderney begonnen. Auf Borkum, Helgoland und Wangerooge gab es bereits Leuchtfeuer; nun galt es, die empfindliche Lücke zu schließen, die in der Mitte der ostfriesischen Inseln klaffte. Das Deutsche Reich, gerade ein Jahr alt, begann zu erblühen, und die Sicherheit der Seeschiffahrt wurde zu einem hochwichtigen Anliegen.

Am 1. Oktober 1874 nahm der neue Wegweiser, 53,6 m hoch, seinen Betrieb auf. Doch er sollte sich nicht als Freund und Helfer der Seefahrer erweisen, zumindest nicht in den ersten Jahren.

Sei es, daß preußischer Bürokratismus die Sache herauszögerte, sei es, daß deutsches Beamtentum schon damals mit seinem bekannten Geheimhaltungsfimmel infiziert war, sei es, daß so kurz nach dem deutsch-französischen Krieg immer noch fremdenfeindliches Denken die hiesige Psyche beherrschte – jedenfalls wurde die internationale Schiffahrt nicht auf das Vorhandensein dieses neuen Seezeichens aufmerksam gemacht. Daß das Fehlen eines Richtungsweisers dem Seemann einen besseren Dienst erweisen mag als die Existenz eines unbekannten und irreführenden, zeigte sich am 19. September 1878.

Der große britische Segler *Argyra* war mit einer Ladung Häute von Buenos Aires nach Hamburg unterwegs. Kapitän *Luckham* hatte in England seine Frau und Tochter an Bord genommen. Dies sollte seine letzte Fahrt sein; er wollte das Schiff dann seinen (ebenfalls an Bord befindlichen) beiden Söhnen übergeben und sich nach einem Leben auf See zur Ruhe setzen.

Das Leuchtfeuer, das in der stürmischen Nacht auftauchte, hielt man für das von Helgoland. Die *Argyra* steuerte auf Südostkurs daran vorbei – und saß wenig später am Strand auf Juist auf. Beim Versuch, die beiden Frauen zu retten, kam Kapitän *Luckhams* gesamte Familie ums Leben. Das Schiff wurde zum Totalverlust.

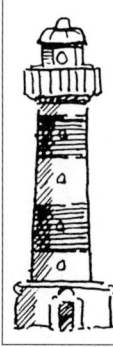

Der gramgebeugte Alte begrub seine Familie und seinen Traum vom Landhäuschen. Er fuhr weiter zur See – ein Opfer des Leuchtturms von Norderney ...

●Wer heute den Leuchtturm besteigen will, muß ebenfalls ein Opfer bringen; 2 DM (in der Gruppe), mit *NorderneyCard* (einmalige) Gratisbesteigung. Aber immerhin ist der Turm jetzt in den Seekarten verzeichnet.

Norderney

Baltrum
– die „Dornröscheninsel"

Geschichte

Der Name Der Ursprung des Namens Baltrum ist im Dunkel der Zeit verborgen. Wie bei Borkum bereits vermerkt, dürfte die Endung -um „-heim" bedeuten. Ob vielleicht „Baldurs Heim" dahintersteckt, ist ungewiß. Auch der Name „Balteringe", der in alten Schriften auftaucht, ließe den Schluß „Baldurs Reich" zu, der aber genauso fragwürdig ist.

Dorn-röschen-schlaf Die mit 6,5 km² *zweitkleinste Insel* der sieben Ostfriesinnen findet im *14. Jahrhundert* erstmalige *urkundliche Erwähnung*. Spätestens zu diesem Zeitpunkt war das Eiland auch bereits besiedelt. Zudem war es ein gut Teil *größer als heute,* ungefähr von den Dimensionen des gegenwärtigen Juist. Doch in der Folgezeit ist von Baltrum kaum einmal etwas zu hören. Die maulfaulen Insulaner beschäftigten sich vorwiegend mit der Fischerei, suchten ihre Strände nach Treibgut ab und bemühten sich schon vor zweihundert Jahren verstärkt, ihre Dünen am Davonfliegen und ihre Küste am Hinwegdriften zu hindern.

Dennoch wurde die Insel immer kleiner. Die berüchtigte *Weihnachtsflut von 1717* ging offenbar relativ glimpflich ab, denn sie findet keine besondere Erwähnung in der Inselchronik. Dafür gab es *1825* gewaltig *Landunter.* Am Timmermannsgatt brach die See durch die Dünen, und Baltrum war anschließend kaum viel mehr als eine bessere Sandbank. Der Inselbevölkerung standen *magere Jahre* ins Haus. Über einen längeren Zeitraum hinweg

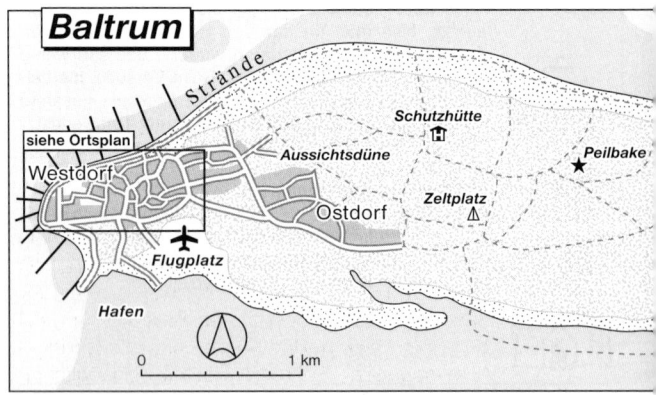

mußte die preußische Regierung mit Unterstützungen die größte Not lindern.

Doch die Baltrumer rappelten sich, ihrer Natur entsprechend, bald wieder auf. Die Insel, obwohl gewaltig geschrumpft, war noch da, und zu fischen gab es ebenfalls immer etwas. Gegen *Ende des 19. Jahrhunderts* begann man in größerem Umfang, im Westen der Insel *Uferbefestigungen* anzulegen, und seither haben sich die Konturen Baltrums nur geringfügig verändert. Auch stellten sich, wie auf den anderen Inseln, aber in wesentlich bescheidenerem Umfang, die ersten *Badegäste* ein.

Baltrum heute

Weil man auf Baltrum nicht mit Hurra auf diesen Zug sprang, sondern ihn sozusagen abfahren ließ, nennt man die Insel heute das *„Dornröschen der Nordsee".* Doch Herr *Gorbatschow* läge hier schief mit seinem „Wer zu spät kommt, den bestraft das Leben." Baltrum hat der lange Dornröschenschlaf durchaus gut getan, und wenn es sich heute in den Prospekten „Schatzinsel" nennt, so ist da auch etwas Wahres dran. Zwar sind auf Baltrum keine Schätze vergraben – außer in den Brieftaschen der Besucher –, aber die Insel ist immerhin ein kleines Juwel in der Kette der Nordsee-Eilande.

Man hat auf Baltrum nämlich nicht die „verlorenen Jahre" mit Hauruck aufzuholen versucht, sondern etwa dort eingesetzt, wo „die anderen" einstmals begannen: zu einem Zeitpunkt, als der Tourismus noch sanft war. Auf Baltrum läuft vieles erfreulich der Zeit hinterher, man denkt gar nicht daran, sich partout „modern" zu geben.

Nichts Motorisiertes, klar, nicht einmal Elektrokarren. Weit über das Eiland hinaus bekannt ist die Geschichte vom Inselpolizisten, der seinen Dienst hoch zu Roß verrichtet. Überhaupt spielt das *Pferd* eine wichtige Rolle auf Baltrum – das ganze Transportgeschäft wird per Fuhrwerk abgewickelt. Ansonsten bewegt man sich gemessen *per pedes* voran, was die geringen Abmessungen Baltrums locker ermöglichen.

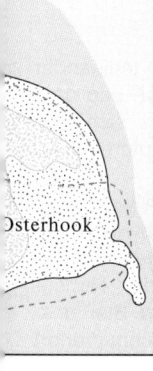

Osterhook

Baltrum

147

Auch das *Fahrrad* bittet man, zu Hause zu lassen. Zwar dürfen die rund fünfhundert Eingeborenen es maßvoll benutzen. Von den Besuchern wird jedoch zusätzliches Maß erwartet. Es gibt auch keinen Fahrradverleih auf der Insel.

Angesichts der begrenzten Dimensionen hat sich auf Baltrum eine ganz *spezifische Architektur* entwickelt, die bemüht ist, jeden Kubikmeter umbauten Raumes optimal zu nutzen. Fenster in Dachstuhlnähe lassen darauf schließen, daß auch dort oben noch beherbergt wird. Warum nicht: „Unterm Dach, juchhe" ist es oft am gemütlichsten.

Das ist auch das Prädikat, das auf Baltrum am ehesten zutrifft: das urdeutsche Wort *„gemütlich".* Daran ändern selbst die staatlich anerkannten, für die Insel etwas zu klobig wirkenden *Kurbauten* wenig: Ein Stückchen weiter erhebt sich hübsch das (katholische) *Inselkirchlein St. Nikolaus* und gleicht mit Reetdach und nobler Linienführung alles wieder aus.

Und daran schließt sich die weite *Dünenlandschaft* – doch nein, das sagen lediglich die Werbebroschüren. Nichts auf Baltrum ist „weit". Drei Kilometer hinter dem Ostdorf, an der Rinne nach Langeoog, ist die ganze Herrlichkeit schon wieder zu Ende.

Nette Menschen gibt's übrigens auf Baltrum. Nirgendwo war eine Kurverwaltung kooperativer als auf diesem Mini-Eiland.

**Baltrum,
der Ort**

Baltrum-„Town" besteht aus zwei ineinander übergehenden Ortsteilen, dem *West-* und dem *Ostdorf.* Beide zusammen lassen sich von einem Ende zum anderen in einer guten halben Stunde zu Fuß durchmessen.

Der geringen Dimensionen wegen weist Baltrum eine von anderen Inselorten abweichende Besonderheit auf. Es gibt, von wenigen Ausnahmen abgesehen (Strandpromenade, Höhenweg), *keine Straßenbezeichnungen.* Statt dessen sind die Häuser querbeet durchnummeriert

Badestrand

Baltrum

– ohne jegliches System. So kommt es dann,
daß die Post mit der Hausnummer 43 von den
Häusern 11 und 89 flankiert wird, und daß der
Nr. 2 die Häuser 134 und 294 gegenüberliegen.
Da läßt sich eigentlich nur per Ortsplan durchfin-
den – aber wie gesagt: Baltrum ist so klein, daß
man schon nach kurzer Zeit überhaupt keine
Orientierungshilfe mehr braucht.

Sehenswertes

An „Sightseeing" bietet Baltrum denkbar wenig.
Da wäre die berühmte *Inselglocke,* die von
einem holländischen Schiff stammt, das vor langer Zeit vor der Insel zu Bruch ging. Die Glocke
hat Eingang in Baltrums Wappen gefunden und
hängt heute als Inselwahrzeichen an einem
Gerüst im Ortskern.

Und das wär's auch schon. An Sehenswertem
offeriert Baltrum vor allem halt *Inselnatur.* Wer
sich dafür zu begeistern vermag, kann auch gut
und gerne auf menschengemachte Attraktionen
verzichten.

Naturschutzgebiete

Wie alles auf Baltrum, ist auch das NSG ziemlich klein; es umfaßt ein knappes Drittel der Insel. Trotzdem hat das Areal, das dicht an Baltrums Ostdorf grenzt, eine nicht minder wichtige Funktion als andere NSGs im Nationalpark Wattenmeer. Im Gegenteil: Gerade die ruhige Lage des Eilands, auf dem nicht einmal geradelt wird, ist der Entfaltung insbesondere tierischen Lebens ausgesprochen förderlich.

Deshalb können sich auf Baltrums *Salzwiesen* auf der Wattseite der Rotschenkel und die Küsten- und Flußseeschwalbe ihren *Brutgeschäften* hingeben, und deshalb auch weist die Lachmöwe einen Bestand von mehreren tausend Brutpaaren auf. Zählt man alle Tierarten mit Einschluß der Insekten in Baltrums „Heller" zusammen, rundet sich letztlich die eindrucksvolle Zahl 2000 – enorm für so ein Inselchen!

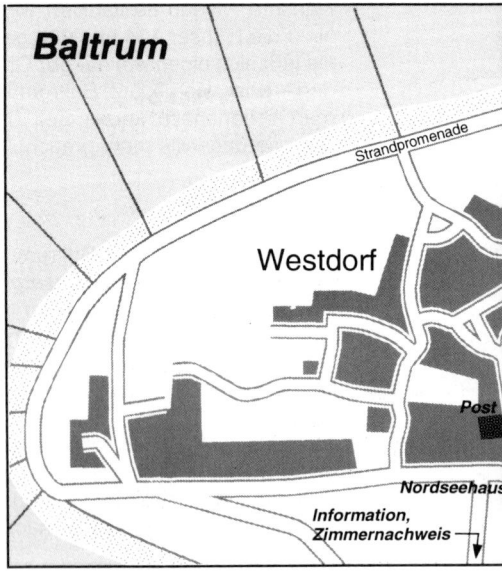

Ein weiterer Grund für diese **außergewöhn- liche Artenvielfalt** ist, daß Baltrum vom Fest- land her über eine Pipeline mit Frischwasser ver- sorgt wird. Die **natürlichen Süßwasservorkom- men** der Insel werden dieserart nicht angezapft und kommen der **Vegetation** zugute. Folglich gedeihen auf Baltrum Arten wie Stranddistel, -flieder und -winde, der Sumpfwurz und das Sumpfherzblatt, die Dünenrose, die Grasnelke, das Tausendgüldenkraut, das Wollgras und der Wintergrün besser als anderswo. Für einige die- ser immer seltener werdenden Wildpflanzen mag Baltrum eines Tages vielleicht sogar die letzte Zuflucht sein.

In den **Dünentälern** breiten sich Holunder und Weidenröschen aus und tragen zum grünen Bild der Insel bei. All diese schöne Natur läßt sich auf  Baltrum mit bemerkenswert wenigen Restriktio- nen genießen. Mehrere ganzjährig benutzbare **Reit- und Wanderpfade** durchziehen das NSG

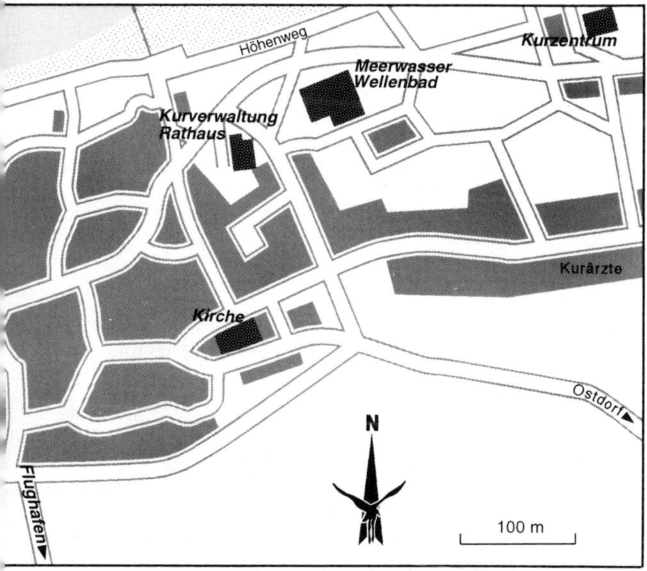

Baltrum

Höhenweg

Kurzentrum

Meerwasser Wellenbad

Kurverwaltung Rathaus

Kurärzte

Kirche

Ostdorf

Flughafen

N

100 m

– wofür es natürlich einen guten Grund gibt. Würde das NSG dichtmachen, gäbe es auf Baltrum nicht mehr viel zu erreichen und zu erwandern. So ist die einzige Beschränkung naturgemacht: Die südlich des Gebietes vorbeiführende **Wattroute** darf nur innerhalb einer Stunde vor und nach Niedrigwasser benutzt werden – sonst gibt's eh nasse Hosen.

Nordsee-haus
Im Nordseehaus (Nr. 177, s. Ortsplan) lassen sich zusätzliche **Auskünfte** zu den Themen NSG Baltrum und Wattenmeer einholen. Dort werden auch Diavorträge gehalten und **Videofilme** gezeigt. Für **Exkursionen** ist Herr Unger (Tel. 469) zuständig.

Insel-Info

PLZ: 26579
Vorwahl: 04939

Auskunft
● Info-Büro: Am Hafen (Tel. 19433).
● Die **Kurverwaltung** befindet sich im Rathaus (Tel. 800, Fax 8027). Hier wird auch die **Zimmervermittlung** gehandhabt. (Tel. 914003, Fax 914005)
● **Service-Info** (Quartiere): Tel. 04931/922971
● **Reiseauskünfte** (Schiff): *Baltrum-Linie* Mo-Sa 10-11 Uhr (Tel. 91300) oder Info-Büro.
● **Reisebüro:** *Reise-Agentur Baltrum* (Tel. 515).
● **Flugplatz:** Tel. 538.

Arzt
Haus Nr. 204. Kein Zahnarzt.

Saison
HS ist vom 1.6. bis 15.9. und NS vom 15.3. bis 31.5. bzw. vom 16.9. bis 31.10. Wintersaison: 22.12. bis 6.1.

Kurtaxe
Siehe Anhang.
● Die **Kurkasse** befindet sich im Rathaus.

Strand-körbe
● **Strandkörbe** kosten 15 DM pro Tag, 13 DM für 2-4 und 12 DM ab 5 Tage. Für **Strandzelte** gilt 9/8/7 DM für die gleichen Einheiten. Bei Vorbestellungen in der Hauptsaison gibt es einen Rabatt von 10 %, in der Vor- und Nachsaison 25 %.

FKK   FKK gibt es auf Baltrum nicht.

Kirchen   Je eine *evangelische* und *katholische Kirche* (St. Niko-
              laus) sind auf Baltrum vertreten.

Reisebüro *Reisebüro Baltrum RAB* (Tel. 918014)

Ruhezeit Ruhezeit ist rund um die Uhr. Jegliche Störungen sind ver-
              boten.

Hunde   Hunde dürfen mit auf die Insel, müssen in der HS jedoch
              angeleint werden. Es gibt sogar einen abgeteilten *"Hunde-
              strand"*. Die Gastgeber scheinen Fiffi allerdings weniger zu
              schätzen. Hunde sind in derart wenigen Klausen zugelas-
              sen, daß diese fast die Ausnahme von der Regel darstellen!

Presse   Baltrums Info-Broschüre *Die Inselglocke* erscheint 5 x im Jahr
              und gibt Auskunft über aktuelle Unterhaltungsprogramme.

Kinder   ●Kinder haben allein *vier Spielplätze* und einen *"Spiel-
              teich"* zur Verfügung, viel für den kleinen Ort. Die Kurverwal-
              tung ist bemüht, gerade den Kleinen viel zu bieten und setzt
              dafür ständig *Programme* an (Malen, Basteln, Laternenum-
              züge, Burgenbauwettbewerbe, Clownvorstellungen usw.)
              ●Ein mit der Kurverwaltung verbundener *Spielkreis*
              nimmt sich zudem in der Hauptsaison, soweit Platz vor-
              handen, der Kinder an (Di, Mi und Fr 15-17 Uhr im kleinen
              Saal unter der Turnhalle, Kostenbeitrag 5 DM, Mo und Do
              kostenlos). Die Kinder müssen über 3 Jahre alt sein.
              ●Di 15-16 Uhr werden im *Wellenbad* auch die Wellen ab-
              geschaltet, um die Kleinen nicht zu verschrecken, und
              eine *Spiel- und Spaßstunde* findet statt.
              ●Dieses Programm ist *Änderungen* unterworfen. Einzel-
              heiten werden im Kurhaus ausgehängt oder sollten vor
              der Anreise bei der Kurverwaltung erfragt werden.

Baltrum

Wer baut die
schönste
Sandburg?

● *Mutter-Kind-Kuren* im Müttergenesungsheim des *Deutschen Roten Kreuzes*, Haus Nr. 171, Tel. 296. Anmeldungen beim jeweiligen DRK-Kreisverband oder an das Kurheim direkt.

Fort-
bewegung
Auf Baltrum geht man *zu Fuß*. Die einzige Alternative dazu ist das *Pferd* oder die vom Hafermotor betriebene *Kutsche*. Ponys zum Führen (für Kinder besonders reizvoll) kosten 13 DM, Reitpferde 19, jeweils für eine Dreiviertelstunde. Für eine Kutschtaxifahrt zum Hafen oder Inselexkursion muß man 40 DM anlegen (jeweils max. 5 Personen).
● Kontakt: *Seiffart* (Tel. 347) und *Vogt* (Tel. 316).

Unterkunft

Winter
Ein inselspezifisches Merkmal Baltrums ist, daß das Eiland im Winter immer wieder in seinen Dornröschenschlaf versinkt. Ein großer Teil der Etablissements ist nur von März bis Oktober geöffnet oder präzisiert anderweitig „von Beginn der Oster- bis Ende der Herbstferien". Wer Baltrum außerhalb dieser Saison einen Besuch abstatten möchte, tut gut daran, sich anhand des Zimmernachweises genau darüber zu informieren, welche Unterkünfte dann noch verfügbar sind. Einen ganz entschiedenen Vorteil bietet Baltrum allerdings in der kalten Jahreszeit: Es ist dort dann herrlich einsam, noch insularer als auf den anderen ostfriesischen Eilanden.

Preise
Alle hier angegebenen Preise beziehen sich auf die HS und einen Mindestaufenthalt von 5 Tagen. Zu beachten ist, daß die saisonellen Kategorien von der offiziellen Einteilung abweichen. Abschläge für die NS sind bei Hotels gering und bei Fewos mit bis zu 50 % am höchsten.

Hotels
● Das *Wietjes* (Nr. 58, Tel. 91810) liegt als einziges Hotel (fast) direkt an der Strandpromenade mit dem Strand nur einen Hupf vor der Tür. Das ist auf Baltrum zwar nur ein geringer Platzvorteil, weil man es kaum irgendwo länger als zehn Minuten zum Strand hat. Doch wer sich vom Brandungsrauschen gern in den Schlaf wiegen läßt, ist im *Wietjes* gut aufgehoben. Preise ab 90 DM ÜF, Nov.- Feb. geschlossen.
● Dem eben Gesagten entsprechend, rühmt sich auch das mitten im Ort gelegene *Hotel Seehof* (Nr. 86, Tel. 249) einer unmittelbaren Strandnähe und hat durchaus recht damit – in 250 m Entfernung erheben sich die ersten Burgen. Wegen des gewaltigen Anmarschweges werden aber auch gute Preise eingeräumt: Ab 50 DM ÜF.

Strandidylle

Baltrum

●Der *Strandhof* (Nr. 123, Tel. 890) liegt selbstverständlich genausowenig direkt am Strand, sondern ebenfalls ca. 250 m davon entfernt – aber was macht das schon aus? Ab 80 DM ÜF.

●Gegenüber befindet sich die *Strandburg* (Nr. 139, Tel. 262) in „idealer Lage zum Hauptbadestrand". Deswegen ist der Preis auch fast der gleiche: Ab 75 DM ÜF.

●Das *Hotel zur Post* (Nr. 43, Tel. 216/416) ist bis auf weiteres das einzige, das über die genannte Saison hinaus geöffnet ist. Versteht sich, daß der Strand auch von hier nur ein paar Gehminuten entfernt ist. Ab 60 DM ÜF.

●Nicht unmittelbar am Strand liegt das *Dünenschlößchen* (Nr. 48, Tel. 91230), sondern im Ostdorf und mithin dem Wattenmeer zugewandt, das ja auch seine Reize hat. Ab 75 DM ÜF.

●Ebenfalls in Richtung Wattenmeer blickt das *Fresena* (Nr. 55, Tel. 231) mit Preisen ab 85 DM ÜF.

●Einige Hotels bieten auch günstige Preise für die **Vollpension.**

**Pensio-
nen**

In Baltrums Pensionen, es gibt deren 45, kommt man zwar preislich etwas günstiger davon als in den Hotels, doch auch hier ist nicht mehr als eine Handvoll ganzjährig geöffnet. Die Preise beginnen hier schon bei 27 DM (*Haus Hannelore,* Tel. 202), und das sogar mit Frühstück – ein recht komfortables Niveau! Zimmer mit eigener Küchenbenutzung lassen sich bereits etwa ab 20 DM finden (*Haus Albers,* Tel. 423), aber leider gibt es nur zehn Häuser dieser Kategorie.

Zimmer

Diese Kategorie ist in den Pensionen aufgegangen und existiert nicht mehr separat.

155

**Ferien-
wohnun-
gen**

●Ferienwohnungen, -häuser und Appartements machen den Löwenanteil unter Baltrums Unterkünften aus. Die meisten dieser Herbergen sind das ganze Jahr geöffnet. Die Preise beginnen bei etwa 25 DM pro Bett bis zu einem Maximum um 80.

Zelten

Der Zeltplatz des *Niedersächsischen Turnerbundes* (NTB) befindet sich ca. 2 km außerhalb des Ortes am Rande des NSG. Auch Nichtmitglieder können hier zelten, jedoch nur mit schriftlicher Bestätigung der *Zimmervermittlung Baltrum* oder durch *Carlo Freesemann*, Pestalozzistr. 5, 26131 Oldenburg.

●Der Zeltplatz ist vom 1.5. bis 30.9. geöffnet und bietet Platz für 60 Personen. Es gibt WCs und Duschen, aber kein Küchenhaus und keinen Aufenthaltsraum. Gebühren: Erwachsene 7, Kinder bis 14 J. 4 DM pro Tag.

Gastronomie

Das Restaurationsangebot auf Baltrum entspricht den insularen Dimensionen: Es ist relativ bescheiden. Was natürlich nicht heißt, daß man dort etwa nicht gut äße. Nur: Die bei „Unterkunft" genannten Einschränkungen gelten auch für einen Teil der gastromischen Betriebe. Im Winter ist die Tafel also nicht ganz so reichhaltig gedeckt.

●Wie üblich, bieten die **Hotels** eine exzellente Küche, so das *Wietjes* mit Wild- und Fischspezialitäten. Dem *Dünenschlösschen* (Haus 48) ist ein Café-Restaurant angegliedert, das mit seiner guten Kuchenplatte lockt.

●*Zum Kaap* (24) offeriert feines Fischiges und ein reichhaltiges gutbürgerliches Menü. Eine Etage tiefer, im *Kaap-Keller*, hat's jede Menge Pizza.

●Gleich daneben, im *Dezulian-Café*, gibt's vorzügliches selbstgemachtes Eis ohne Konservierungsstoffe.

●Das *Sturmeck* (Haus 7) ist eine gemütliche Bier- und Weinstube mit Snacks und „Musik zum Tanzen und Tasten".

●In der *Ostfriesischen Teestube* (Haus 149) kann man bei einem „Koppke" relaxen und sich voll Kuchen stopfen.

●*Zum Seehund* (Haus 178) hat leckere Tellergerichte im Programm und ist für eine „Schlemmerstube" nicht einmal teuer.

●Bei *Charly* (Haus 73) wird mit einer täglich wechselnden Mittagskarte aufgewartet sowie einer großen Auswahl von Fisch- und Fleischgerichten. Einen gehaltvollen Imbiß gibt's auch in den *Häusern 70* und *160*.

●Wer sich selbst verpflegen möchte, wende sich an die *Inselbäckerei Gaiser* (Haus 63, bei der ev. Kirche) oder decke sich in *Feldmanns Fischecke* (Haus 183) mit frischen Meeresfrüchten ein.

Sport

Hallenbad Das **Meerwasser-Wellenbad** (Haus 240, Tel. 800) hat ein Becken von 37 x max. 25 m, Wassertemperatur 27 °C und eine Sauna. Außerdem gibt es ein **Schwimmbad** im Kurzentrum (Haus 205, Tel. 800) mit einem Becken von 8 x 12 m, Wassertemperatur 30°C. Es dient aber vornehmlich Kurzwecken.

●**Öffnungszeiten:** Das Wellenbad ist von Beginn der Oster- bis Ende der Herbstferien sowie vom 26.12 bis zum Ende der Weihnachtsferien geöffnet. In der Zwischenzeit ist – bis auf notwendige Instandsetzungstermine – die Schwimmhalle im Kurzentrum geöffnet. **Tägliche Betriebszeiten:** Wellenbad: Mo 15-21 Uhr, Di-So 9-12 und 15-18.30 Uhr; Schwimmbad: Mo-Fr 15-17 Uhr.

●**Eintritt** (beide Bäder): Erw. 8 DM, Jugendl. ab 10 Jahre 4 DM, Kinder ab 2 Jahre 3 DM. Die 6er-Karte kostet 36/21/15 DM, die 12er-Karte 69/39/29 DM. Die Familienkarte (einmaliger Besuch nur im Wellenbad) kostet mit einem Kind oder Jugendlichen 15 DM, mit zweien 16 und mit drei Kindern 18 DM. Ein Saunabesuch (incl. Wellenbad) kostet 16 DM.

Gymnastik Im Sommer kann man jeden Morgen um 10 Uhr am Badestrand unter sachkundiger Anleitung Gymnastik treiben. Bei schlechtem Wetter verlagert sich das Geschehen in die Sporthalle gegenüber dem Strandcafé.

Angeln Angeln darf man ohne Schein oder Gebühr am Hafen oder an den Buhnen, jedoch nicht im Watt, weil dies ja NSG ist. Angelfahrten werden nicht gemacht.

Jagd Sollte es auf dem kleinen Eiland etwas zu jagen geben? Scheinbar ja. In Haus Nr. 58 (Tel. 237) gibt es genauere Informationen zum Thema.

Reiten Siehe Fortbewegung.

Tennis Vor allem Tennis wird im kleinen Baltrum großgeschrieben. Auf drei Plätzen mit Kunstrasenbelag (alle im Freien) können Tennisfreaks für 20 DM (NS) bzw. 23 DM (HS) pro Stunde Dampf ablassen. Unterricht kostet 37 DM/Std. plus Platzmiete. Wer keinen eigenen Schläger hat, zahlt dafür noch einmal 5 DM pro Stunde drauf. Kontakt: *Edith Bock*, Haus 136, Tel. 288/699.

●Gegen Ende Juli (wechselnde Termine) finden alljährlich die Baltrumer **Gästeturniere** statt, an denen jeder teilnehmen kann, der mindestens zehn Übernachtungen (im Stück) auf der Insel nachweisen kann.

Baltrum

**Boccia,
Minigolf**
Eine Boccia- und Kleingolfanlage mit 18 Bahnen schließt sich dem Tennisgelände an.

**Wind-
surfen**
Windsurfen kann man bei *Mammen* (Tel. 433). Ein Board kostet dort 20 DM pro Stunde oder 60 pro Tag. Ein Kursus von 4-5 Tagen mit insgesamt 12 Stunden auf dem Brett schlägt für Erwachsene mit 220 und für Jugendliche mit 190 DM zu Buch.

Unterhaltung

Die kleine Insel macht große Anstrengungen, ihre Besucher zu unterhalten. Während der HS läuft jeden Tag etwas Neues, teils auf Kosten des Hauses, teils mit einem Eintrittspreis verbunden. Das reicht von Konzerten über Puppenspiele und Clowns für die Kinder bis zu Theater- und Kinovorstellungen.

**Veran-
staltungs-
kalender**
Das jeweilige Monatsprogramm wird in der *Inselglocke* oder im Aushang bekanntgegeben.

Touren

**Schiffs-
ausflüge**
Die Reederei *Baltrum-Linie* (Tel. 91300) veranstaltet während der Saison ständig Sonderfahrten ab Baltrum. Das Programm variiert in Abhängigkeit von mehreren Faktoren (u. a. Gezeiten) und wird relativ kurzfristig angesetzt. Man mache sich vor Ort kundig; die Abfahrtzeiten werden per Plakataushang und Handzettel publik gemacht.

	Dauer ca. Std.	Erw. DM	Kinder 4-12
Rundfahrt im Wattenmeer	1,5	9	5
Seehundbänke	1,5	9	5
Norderney	6,5	20	10
Juist	6,5	24	12
Langeoog (einschl. Bahn)	8,5	24	12
Spiekeroog	7	24	12
Helgoland	14	44	29

Karten nach Helgoland nur im Vorverkauf, sonst an Bord.

Rundflüge
Wer Baltrum aus der Luft betrachten möchte, nehme Kontakt mit der *Baltrum-Flug* auf (Tel. 538). Ein **Rundflug** kostet für 2 Personen (Minimum) 90 DM und 120 DM für 3 (Max.). Für eine Flugtour nach **Helgoland** müssen 3 Passagiere zusammen sein, und 165 DM sind pro Person für den Hin- und Rückflug anzulegen. Kein Kinderrabatt.

Wattwandern und Exkursionen	Für Wattwanderungen trifft man sich am Info-Gebäude am Hafen. Termine laut Plakataushang. Preis für eine ca. dreistündige Tour: 7 DM, Kinder die Hälfte. Kontakt: *Rieken* (Tel. 04941-8260).

●Naturkundliche Exkursionen: siehe Naturschutzgebiete.

Fährverbindungen

Baltrums Abfahrtshafen auf dem Festland ist **Neßmersiel** – siehe Anhang. Wegen des stark gezeitenabhängigen Fahrplans der Fähren sind ***Tagesausflüge*** oftmals nicht möglich.

Flugverbindungen

Regelmäßige Flüge nach Baltrum gibt es im Sommer mit FLN (Tel. 04464/8011) von Harle (80 DM), Wilhelmshaven (150 DM), Wangerooge (80 DM), Langeoog (60 DM), Norderney (60 DM) und Bremen (225 DM). ***Charterflüge*** können mit der FLN jederzeit arrangiert werden. Verschiedene Kombinationen sind auch mit der *Baltrum-Flug* möglich (Tel. 04939-538), jedoch alle nur auf Charterbasis. Siehe auch Touren.

Mit dem eigenen Boot

Baltrums ***Bootshafen*** ist klein, aber recht fein mit gut 60 Liegeplätzen an Schwimmstegen. Deshalb ist er auch oft voll belegt. Besser vorher mal beim *Baltrumer Bootsclub* (BBC) anrufen (c/o *Spedition Strenge*, Tel. 272). Der **Hafenmeister** erledigt das Kassieren selbst. In der nahen Clubhütte gibt's WCs und Duschen.

●Achtung: Eine Ansteuerung des Baltrumer Hafens von See (durch die Wichter Ee) ist wegen Untiefen und starker Brandung nicht möglich!

Baltrum

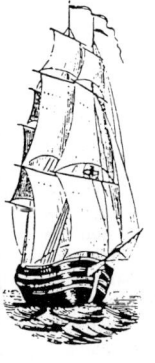

„Ein Boot? Unmöglich bei der hohen See ..."

Der Ortsausschuß zu Baltrum berichtet: „Am 20. März 1875 morgens 6,5 Uhr wurde dem Vormann *Oltmann* durch den Vogt *Küper* die Anzeige gemacht, daß in dem Norderneier Riff ein Schiff in Gefahr sei. Wir eilten schnell nach dem Strande und sahen, daß das Schiff schon am Grund saß und die Seen hoch über das Schiff schlugen. Mit dem Fernrohr konnte man bemerken, daß 3 Mann in die Masten stiegen. Es wurde sogleich Anstalt gemacht, das Rettungsboot zu Wasser zu bringen. Bei dem Bootsschuppen langte die Nachricht an, beide Masten seien über Bord geschlagen, unsere Hülfe käme also zu spät. 10 Minuten später traf ein zweiter Bote mit der Nachricht ein, es treibe ein Wrack, worauf sich 3 Menschen befänden. Nun wurde alles mit doppeltem Eifer betrieben, um Hülfe zu bringen, was der Mannschaft auch bei Sturm und hoher See gelang. Dieselbe hatte die Freude, um 9 Uhr vormittags 5 Mann lebend auf Baltrum zu landen. Der Steuermann war sehr schwach, erholte sich jedoch bald. Der Sohn des Rheders und der Schiffszimmermann waren beim Niederstürzen der Masten umgekommen. Der Kapitän *Wiekmann* morgens 4 Uhr durch eine Sturzsee über Bord geschlagen."

Dazu folgende Einzelheiten nach dem Bericht des geretteten Steuermanns: „Der russische Schooner ‘*Charlotte’* war mit Steinkohlen beladen von Shields nach Brunshausen bestimmt. Den 20. März, bei starkem Nordweststurm und heftigem Schneegestöber, trieb derselbe mit dichtgerefften Segeln auf die Telloplatte bei Baltrum und wurde in kurzer Zeit total wrack. Um 4 Uhr morgens nahm das Schiff, welches sich zwar noch auf flottem Wasser, jedoch wohl schon im Bereich der sogenannten Grundseen befand, eine Sturzsee über, die alles an Bord unter Wasser setzte. Nachdem sich das Wasser etwas verlaufen hatte und man nach dem angerichteten Schaden sehen konnte, fand man, daß die Böte zertrümmert und der Kapitän über Bord geschlagen sei. Derselbe blieb verschwunden. Niemand hat wieder etwas von ihm gesehen noch gehört. Um 6 Uhr morgens stieß der Schooner zum erstenmal auf Grund. Vor der Gewalt der jetzt ununterbrochen über das Schiff hinrollenden Wellen flüchtete sich die Mannschaft in die Wanten, aber die Masten brechen nicht lange nachher und reißen die Leute mit sich über Bord. 5 Mann gelingt es, sich wieder an den noch am Schiff festhängenden Lee-Wanten an Bord zu ziehen; 2 ihrer Kameraden, der Zimmermann und der Junge, ein Sohn des Rheders, sind verschwun-

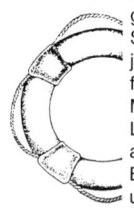

den. Wahrscheinlich haben sie schon beim Sturz der Masten Beschädigungen erlitten und dann nicht mehr die Kraft gehabt, gegen die See anzukämpfen. Das Schiff, durch die über Bord gefallenen Masten erleichtert, wurde nun von der See noch weiter auf den Strand geworfen und nahm, in dem flacheren Wasser, nicht mehr so schwere Seen über wie vorher, so daß es den Leuten mit Aufbietung all ihrer Kräfte noch möglich war, sich auf Deck zu halten. Aber vor Kälte erstarrt und alle Augenblicke wieder aufs neue durchnäßt, fangen die Kräfte an sie zu verlassen. Man frägt sich schon, ob es nicht besser sei, diesem qualvollen Dasein ein Ende zu machen. Da erblickt der Steuermann auf der Spitze einer hohen

„Der Schiffbruch" (_Hans Burgmair_)

Welle in Lee einen schwarzen Punkt. Was kann das sein? Wrackstücke oder ein Boot? Ein Boot – unmöglich, bei der hohen See kann sich kein Boot halten. Aber es war doch ein Boot, und zwar das Baltrumer Rettungsboot mit seiner braven Mannschaft, die sich mit unsäglicher Mühe nach dem Wrack hinarbeitet, um ihre in Lebensgefahr befindlichen Brüder zu retten. Um 9 Uhr morgens gelang es der Bootsbesatzung, die Schiffbrüchigen abzunehmen. Der Steuermann erzählte, als sie die Gewißheit erlangt hätten, daß es wirklich ein Boot sei, das ihnen zu Hülfe käme, hätten sie alle geweint wie die Kinder. Wie er an Land gekommen, darauf könne er sich nur dunkel besinnen. Er wisse nur, daß man ihn aus dem Boot gehoben und nach dem Hause des Vogts getragen, welcher ihn mit trockener Kleidung versehen und mit Speise und Trank erfrischt hätte."

(Aus den Annalen der Deutschen Gesellschaft zur Rettung Schiffbrüchiger).

Baltrum

Langeoog
– die schwer Heimgesuchte

Geschichte

Anfänge

Erstmals wird die „lange Insel" im Jahre *1289* erwähnt. Der afrikanisch klingende Name „Achumhe" fällt; es handelt sich dabei um die heute als Accumer Ee bekannte Seebalje unmittelbar westlich der Insel, in der man 1994, von heftigen Protesten begleitet, eine Pipeline für Nordseegas zu verlegen begann. Inzwischen haben sich alle Parteien geeinigt, und die „Europipe" liegt an Ort und Stelle. Immerhin wird ein sehr sauberer Rohstoff in ihr befördert. Hier, ganz in der Nähe des gegenwärtigen Ortes Langeoog, existierte seinerzeit vermutlich eine *kleine Anlegestelle.* Das *späte 13. Jahrhundert* dürfte auch der Zeitpunkt der *ersten Besiedlung* gewesen sein.

Weitere Geschichte

In den *Urkunden* taucht Langeoog erstmals anno *1398* auf. Doch es sollte noch über zweihundert Jahre dauern, bis von festen Niederlassungen die Rede ist. Im Jahre *1625* gab es *sieben Haushaltungen* auf Langeoog, und ein *Inselvogt* wachte über das *Strandrecht,* das schon damals sehr streng und ausführlich geregelt war. So durfte zum Beispiel niemand allein den Strand absuchen; selbst der Vogt – Vertrauen ist gut, Kontrolle ist besser – mußte sich von Aufpassern begleiten lassen. Der ostfriesische *Graf Ulrich,* der diese Anordnung erlassen hatte, sorgte sich auch um den *Strandschutz,* indem er *(1636)* befahl, die Dünen nicht zu zertrampeln, keine Hunde zu halten und „Katzen die Ohren abzuschneiden", um sie am Wildern von Kaninchen zu hindern.

1700 begann man mit planmäßiger *Dünenpflege,* zunächst mit holländischer Fachhilfe. Wenig später folgte der Kirchbau und die Errichtung eines *Dörfchens* im Ostteil. Jetzt ging es mit dem unwirtlichen Eiland ein wenig bergauf – doch da kam die große *Weihnachtsflut des Jahres 1717* und machte alles wieder zunichte. Die Insel zerriß in *drei Teile,* die neue Kirche und ihr Pfarrhaus wurden zerstört, die wenigen Gebäude durch Wanderdünen verwüstet. *1721* verließen die letzten noch auf Langeoog Verbliebenen die so schwer heimgesuchte Insel.

Neubesiedlung

1723 wurde eine Neubesiedlung der menschenleeren Insel erwogen. Da sich keine Alt-Langeooger dafür meldeten, bot *Fürst Georg Albrecht von Ostfriesland* Helgoländer Fischerfamilien günstige Konditionen für einen Zuzug an. Doch die Helgoländer wollten statt des kleinen Fingers die ganze Hand und stellten ihrerseits völlig inakzeptable Be-

Altarbild
in der
Langeooger
Kirche

Langeoog

dingungen. Aus dem Geschäft wurde nichts. Unterdessen
hatten sich aber einige mutige Pioniere überzeugen lassen, auf Langeoog einen Neuanfang zu wagen. Zwar war
ihnen ein stattlicher, arbeitsintensiver ökologischer **Maß-
nahmenkatalog** vorgelegt worden. Andererseits winkte
aber **Steuerfreiheit** – also recht gute Voraussetzungen.

Jetzt siedelten sich nach und nach **Ostfriesen** auf Langeoog an. Man lebte – mehr schlecht als recht – vom
Fischfang, der Kaninchenjagd (dem bedeutendsten, doch
genau reglementierten Erwerbszweig), einiger Viehwirtschaft und von dem, womit Gott den Strand segnete. In
den alten Chroniken kann man zurückverfolgen, daß man
sich bei der Verteilung der **Strandbeute** schon mal kräftig
in die Haare geriet – so in einem besonders detailliert
dokumentierten Fall über „eine Wüppe Torf".

Die **napoleonischen Kriegsjahre** brachten den Lange-
oogern kaum Neues außer den gewohnten Nöten, zu
denen sich als eine weitere die annähernd totale Aus-

163

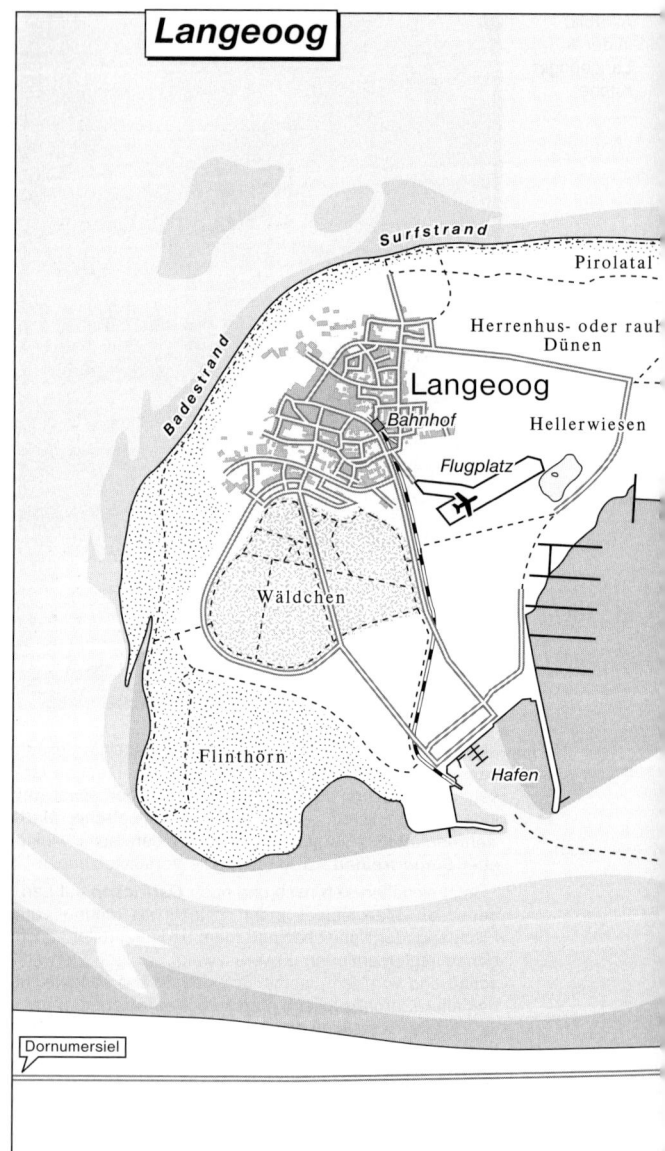

Langeoog

Surfstrand

Pirolatal

Herrenhus- oder rauh Dünen

Badestrand

Langeoog

Bahnhof

Hellerwiesen

Flugplatz

Wäldchen

Flinthörn

Hafen

Dornumersiel

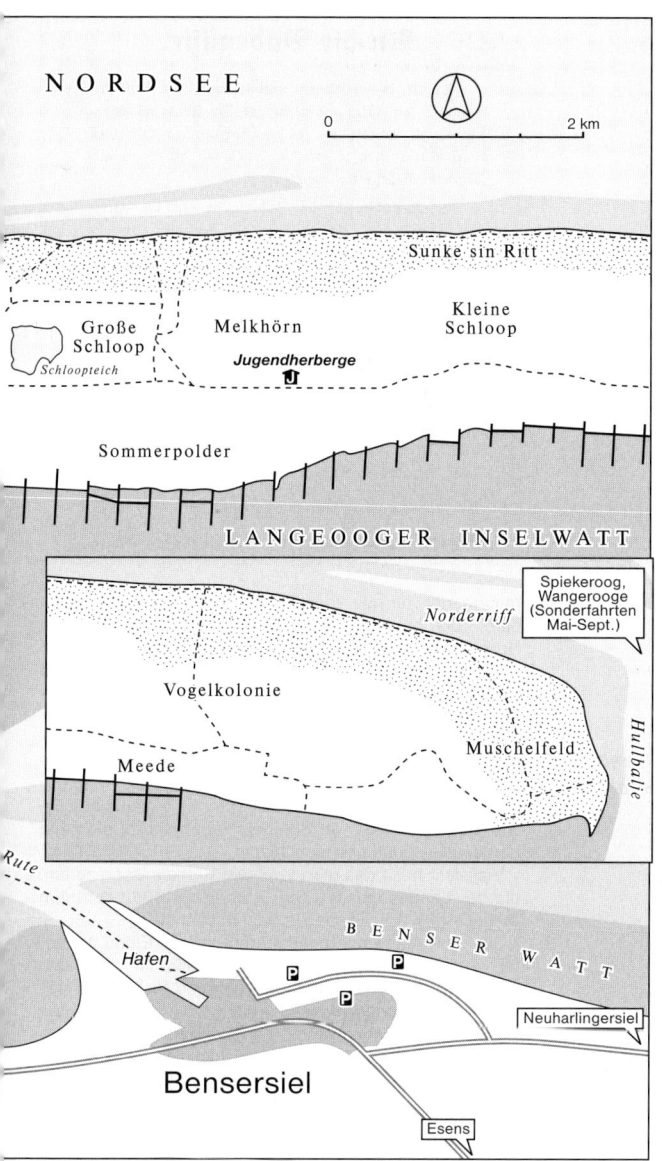

An die Badegäste.

Damit es vermieden werden kann, zur Aufrecht-
erhaltung der guten und geschmackvollen Form des Badelebens auf unserer als solides Familienbad geschätzten
Insel Vorschriften zu erlassen, bitten wir die Badegäste,
folgende Regeln zu beachten:

I. Der Verkehr im Badeanzuge auf den Orts-
straßen und Badepfaden sowie am neutralen Strande
erfolgt nur mit umgelegtem Mantel.

II. Für Gymnastik und Spiele im Badeanzuge
wolle man die Strandfläche außerhalb des neutralen
Strandes und des Badestrandes sowie die Dünentäler
benutzen. Im dezenten Luftanzuge kann Spiel und
Gymnastik auch am neutralen Strande getrieben werden.

III. Wir bitten die Erwachsenen, außerhalb des
Herrenbades nicht in Badehose zu erscheinen und die
Schulterklappen des Badeanzuges — auch im Familien-
bade — nicht herabzulassen.

Langeoog, den 16. Juli 1927.

Der Gemeindevorstand.   Die Badeverwaltung.

rottung der für die Inselökonomie wichtigen Karnickel
durch die hungrigen französischen Besatzer gesellte.
Noch nicht lange war der böse Krieg vorbei, als *1825* die
gewaltige *Februarflut* erneut die Narben aufriß, die seit
1717 kaum verheilt waren. Wieder verfiel die Insel in tiefe
Depression.

*Seebad-
status*

In den folgenden Jahren wurden die Langeooger zunehmend auf den immer lebhafteren Fremdenverkehr im na-
hegelegenen Norderney aufmerksam. Eine glänzende Er-
werbsquelle war da am Sprudeln. Aber warum brummte
dort das Geschäft und nicht hier?

Vielleicht hatte das etwas mit den Verhältnissen zu tun,
die der Langeooger *Inselpastor Hoffmann* *1862* dem ihm
vorgesetzten Amt Esens wie folgt beschrieb:

„Ich muß Klage vor Ihnen führen um das Elend der tie-
fen Verkommenheit, der frühen Eingriffe in göttl. und
menschliche Rechte, die überall hier und fast täglich sich
hier in unerhörender Weise kund thun und deren traurige
Folgen mit dem unabwehrbaren Fluche der Noth und des
Unfriedens so schwer auf dem hiesigen Geschlechte
lasten..." Denn: „Der Hauptcharakterzug der Langeooger
ist rohe Sinnlichkeit, die sich kund thut in allgemeiner,
starcker Trunksucht unter Männern und Weibern, Ge-
meinheit, Putzsucht und Hang zum Wohlleben. Folgen

davon: bodenloser Leichtsinn und Nachläßigkeit, Träg-
heit, Noth und Armuth, Unfriede und Schlechtigkeit."

Dieser elegisichen Anklage, die sich noch in weitere
triste Einzelheiten verliert und die man eher für die Schil-
derung der Gegebenheiten in einer fernen Kolonie halten
könnte, setzte der *Baurat Taaks,* der die Insel **1880** für eine
Art Fremdenverkehrsstudie besuchte, noch eins drauf. Er
bezichtigte die Insulaner der „Indolenz", die „zu Armut und
Unreinlichkeit führte und verhinderte, daß dem Badegast
auch der geringste Komfort geboten werden könnte".
Auch war von kleinlichem Gezänk untereinander, von
Mißgunst und Zwietracht die Rede.

Ganz anders dagegen liest sich ein „Führer durch die
Insel Langeoog", der erste seiner Art aus dem Jahre **1893.**
Darin werden die Nordseeinseln bewohnt „von den Friesen, kräftigen wetterharten Menschenkindern mit hellen
blauen Augen und blondem Haar. Gastfreundlich und bie-
der, zuerst etwas zurückhaltend und beobachtend, dann
aber... von fester Treue." Wie immer klaffte hier auch
schon damals die übliche Lücke zwischen der Prospekt-
herrlichkeit und der herben Realität.

Langeoog heute

Nun muß man es Langeoog aber lassen, daß
diese Lücke in den hundert Jahren, die seither
verflossen sind, erheblich kleiner geworden ist.
Auch für die inselspezifische Indolenz hat sich
inzwischen offenbar ein Heilmittel gefunden.
Nicht mehr „verlegt der Fährmann seinen Fähr-
tag nach seinem Gutdünken", wie sich Pastor
Hoffmann bitter beschwerte (und was mich erhei-
ternd an gegenwärtige Verhältnisse in manchem
Tropenland erinnert), sondern *Langeoog III* und
IV legen zur Zufriedenheit ihrer je 750 Passagiere auf die Sekunde genau ab. Sie bringen ihre
Fahrgäste mehrmals am Tag durch die gezei-
tenfrei gespülte Rinne sicher nach dem 10 km
langen und maximal 2 km breiten Eiland, wo
man sie in ein herziges **Inselbähnchen** umlädt,
das in ein paar Minuten im Ort ist. Achtung –
Langeoog ist **autofrei,** und nicht nur das! Im
Ortskern gibt es sogar **fahrradfreie Zonen,** die
man schuf, als Fußgänger und Radler im Zeichen verstärkten Andrangs häufiger kollidierten.

Langeoog

167

Denn der **Badegäste** sind einige mehr geworden als zu Baurat *Taaks* Zeiten. Anfang der achtziger Jahre wurde die Millionengrenze der In-
selübernachtungen erreicht, und viele tausend
Tagesgäste besuchen im Lauf des Jahres die
etwa 2100 Insulaner. Es wird ja auch etwas geboten: Ein ausgesprochen freundlich wirkender
Ort, 14 km buhnenfreier Sandstrand und – neuerdings möglicherweise von Sandhaufen auf
Borkum und Spiekeroog übertroffen – die höchste Erhebung der Ostfriesischen Inseln, die
Melkhorndüne, präzise in der Inselmitte gelegen und von 20 Metern schwindelnder Höhe!

Sehenswertes

Großer
Schlopp

Kühne Bezwinger der Melkhorndüne können
von der hohen Warte gut den Großen Schlopp
einsehen, ein Überbleibsel des Dünendurch-
bruchs von 1717 und weiterhin eine gefährliche
Schwachstelle im Landgefüge, über deren Behandlung sich Inselschützer und, so diese im
O-Ton, „die aufgeblähte Verweigerungsinstitu-
tion Nationalpark" im Dauerclinch befinden. Die
einen sind, verständlich genug, um die Sicherheit ihrer Insel besorgt, die anderen, nicht minder einzusehen, um die Erhaltung der Natur.
Diese hat sich in den **Feuchtgebieten** des
Schlopps zu besonderer Vielfalt entwickelt. Teile
des Großen Schlopps gehören zu dem ausge-
dehnten NSG, das fast die ganze Osthälfte
Langeoogs einnimmt und in dem es außer seltenen Vogelarten sogar Orchideen gibt.

Alter
Wasser-
turm

Für Strandläufer in weitem Umkreis des Ortes
bleibt ständig der alte Wasserturm im Blickfeld,
ein triviales Bauwerk, das jedoch ganz gut in die
karge Dünenlandschaft paßt. Der Wasserturm
ist in der HS Mo-Fr von 10-12 Uhr erkletterbar.
Eintritt: Erw. 2, Kinder 1 DM. Einen schönen
Rundblick hat man auch ein Stück weiter östlich.

**Seenot-
beobach-
tungs-
stelle**

Dort, am aus der Herrenhus-Straße mündenden Wanderweg, steht auf hohem Dünenkamm die sogenannte Seenotbeobachtungsstelle. Was genau von dort besser beobachtet werden kann als anderswo, bleibt unerfindlich, aber man sieht immerhin ein paar Meter mehr im Umkreis als aus der Froschperspektive. Die Station ist nicht immer geöffnet; die drei Meter bis zur Beobachtungsplattform fallen aber wenig ins Gewicht.

**Dünen-
friedhof**

In unmittelbarer Nähe liegt der Dünenfriedhof, ein Hort des Friedens. Im Krieg gefallene Balten und Russen sind hier u.a begraben; ein Kapellchen lädt zur Andacht. Zentraler Anlaufpunkt auf dem Gelände ist das **Grab von Lale Andersen.** Die populäre Sängerin, 1972 in Wien verstorben, lebte lange Jahre auf der Insel und wurde, ihrem Wunsch gemäß, dort auch beigesetzt.

Lale Andersen war vor allem für das Lied von der „Lili Marleen" berühmt gewesen. Auf dieses, versteht sich, kann heute keine Langeooger Musikdarbietung mehr verzichten. Wer Gelegenheit hat, den eingeborenen Witzbold *Els Sanders,* Langeoogs angegrautes Gegenstück zum Emder Lachsack *Otto,* vor Ort einmal live zu sehen, wird an dem nostalgischen Song nicht vorbeikommen – dann aber auch einiges zum Schmunzeln finden.

Langeoog

Das
„Knochen-
schiff"

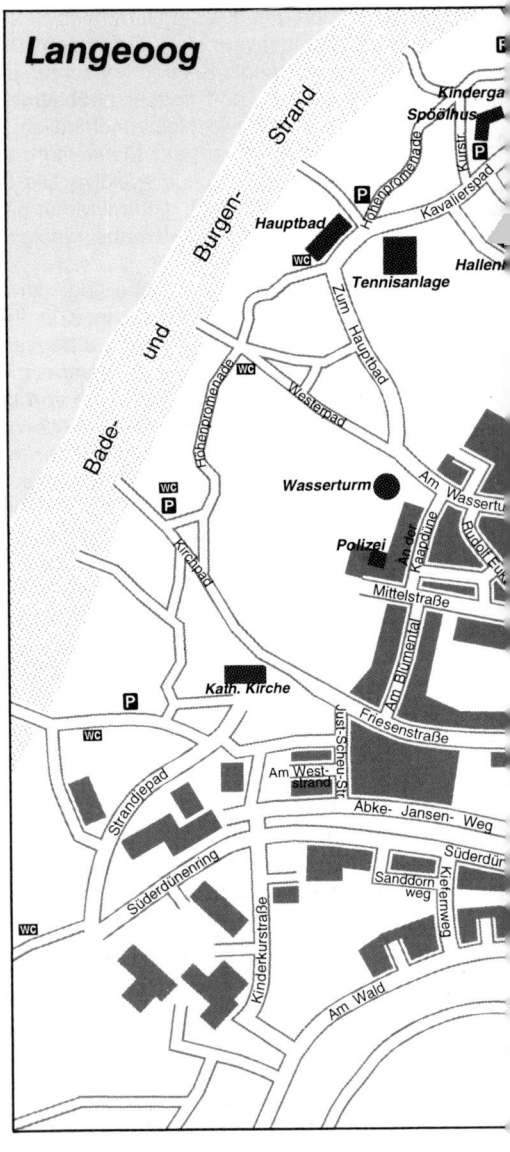

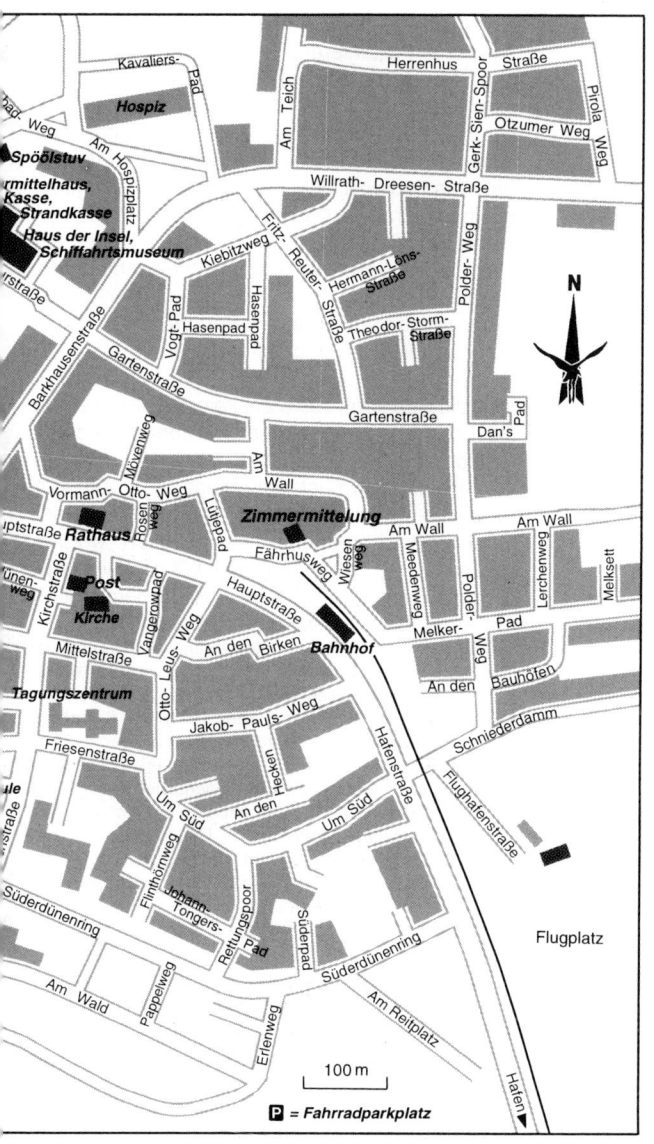

Kavaliers-
Pad
Herrenhus
Straße
Hospiz
Am Teich
Gerk-Sien-Spoor
Otzumer Weg
Pirola Weg
Spöölstuv
rmittelhaus,
Kasse,
Strandkasse
Willrath- Dreesen- Straße
Am Hospizplatz
Haus der Insel,
Schiffahrtsmuseum
Kiebitzweg
Fritz- Reuter- Straße
Hermann-Löns-
Straße
Polder- Weg
straße
Barkhausenstraße
Vogt-Pad
Hasenpad
Hasenpad
Theodor-Storm-
Straße
N
Gartenstraße
Gartenstraße
Dan's
Pad
Möwenweg
Am
Wall
Vormann- Otto- Weg
Zimmermittelung
Am Wall
Am Wall
ptstraße *Rathaus*
Rosen-
weg
Liljepad
Fährhusweg
Wiesen-
weg
Meedenweg
Polder
Lerchenweg
Melksett
ünen-
weg
Kirchstraße
Post
Vangerowpad
Hauptstraße
Melker-
Weg
Pad
Kirche
Mittelstraße
Otto- Leijs- Weg
An den Birken
Bahnhof
An den Bauhöfen
Tagungszentrum
Jakob- Pauls- Weg
Schniederdamm
Friesenstraße
Hecken
Hafenstraße
Flughafenstraße
le
straße
Um Süd
An den
Um Süd
Flinthörnweg
Johann-
Tongers-
Rettungspoor
Pad
Süderpad
Süderdünenring
Süderdünenring
Am Reitplatz
Flugplatz
Am Wald
Pappelweg
Erlenweg
Langeoog

100 m

Ⓟ = *Fahrradparkplatz*

Hafen ▶

Insel-
kirche

Ernsthafter geht es zu in der evangelischen Inselkirche. Faszinierend ist hier das ungewöhnliche **Altarbild,** das eine dramatische Schiffsstrandung zeigt, wobei aber weniger Langeoog als ein Szenario aus der Dritten Welt scheinbar Pate gestanden hat. Mancher Betrachter mag finden, daß das Bild dort nicht hingehört. Doch der jetzige Inselpfarrer hat, im Gegensatz zu dem verbiesterten Pastor Hoffmann, keinen Hader mit Unkonventionellem und ist um intelligente Interpretierungen nicht verlegen. Auch der 1993 erstmals entzündete **Friedensleuchter,** ein Werk von *Claus Walther,* ist beachtenswert.

Schiff-
fahrts-
museum

Wer die See liebt, sollte auf keinen Fall auf einen Besuch des Langeooger Schiffahrtsmuseums verzichten. Das im *„Haus der Insel"* untergebrachte Museum ist vor einiger Zeit um die prächtige Privatsammlung eines Bielefelder Dauergastes beeindruckend erweitert worden und stellt eine große Zahl ungewöhnlicher **historischer Exponate** zur Schau. Außerdem gibt es ein Aquarium mit diversem Nordseegetier.

Der Querschnitt geht von den Anfängen des kommerziell betriebenen Walfangs durch die Ära der Großsegler bis hin zur Kaiserlichen Marine und den Kriegsschiffen des 2. Weltkriegs. Ein echter Höhepunkt ist das **Knochenschiff.** Es handelt sich um das Modell einer Fregatte von 46 Kanonen (vermutlich *Le Mystère),* das französische Seeleute in englischer Kriegsgefangenschaft irgendwann zwischen 1795 und 1815 ausschließlich aus Knochen fertigten – Tierknochen, wohlgemerkt. Das Museum ist ohne einen Anflug von Kitsch stil- und geschmackvoll angelegt.
●Öffnungszeiten: Vom 15. März bis Oktober sowie in den Weihnachtsferien Mo-Fr 10-12 und 14-16 Uhr, Sa nur morgens. So Ruhetag. Eintritt 3 DM, Kinder 1,50 DM.

Rettungs-
boot
Langeoog

Interessant zu sehen ist auch das Museums-Rettungsboot *Langeoog* unweit des Eingangs. Das Boot wurde 1945 in Dienst gestellt und rettete bis zu seiner Ausmusterung 1980 nicht weniger als 945 Menschen.

**See-
manns-
hus**
Der Museumstreff *Seemannshus* des Heimatvereins Langeoog (Kaspar-Döring-Pad/Mittelstraße) gibt Einblick in die **Inselgeschichte.**
●Öffnungszeiten: Mi und Fr von 15 bis 17.30 Uhr sowie So von 10 bis 12 Uhr. Auskünfte durch Frau *Rathmann* (Tel. 291).

Naturschutzgebiete

Flinthörn
Große Teile der Insel Langeoog und des umgebenden Watts gehören zum Nationalpark Wattenmeer. Das westliche NSG beginnt unmittelbar links vom Hafen. Es ist das Flinthörn, ein von zahlreichen Prielen durchzogenes **Salzwiesenareal,** das landwärts in **Dünen** übergeht und einer großen Anzahl von Pflanzen- und Tierarten Lebensraum bietet. So ist hier vor allem die Strandnelke häufig, und zahlreiche Vögel, wie etwa Rotschenkel und Säbelschnäbler, brüten hier. Besonders in den Wintermonaten sind hier viele Watvogelarten zu finden.

Ein **Wander-** und ein **Reitweg** führen durch das westliche Flinthörn. Die Ausschilderung ist strikt zu beachten! Nahe der Südwesthuk steht eine **Schutzhütte,** die von März bis Oktober einen Info-Stand beherbergt. Das Flinthörn kann nicht umgangen werden.

Südosten der Insel
Die zweite Schutzzone nimmt den gesamten Südosten der Insel ein. Hier gedeiht ebenfalls die Strandnelke, daneben der Strandbeifuß und -flieder, und hier ist auch die Vogelwelt sehr artenreich vertreten. Ein sogenannter **Sommerdeich** schützt die landein gelegenen **Salzwiesen,** auf denen Vieh der *Meierei Ostende* weidet, offenbar ohne daß es zu Konflikten mit dem Naturschutz käme. Die menschlichen Bewegungen sind hingegen eingeschränkt, und zwar auf einen **Wander- und Reitpfad,** der mitten durch das Schutzgebiet führt. Ein Abstecher zum **Vogelwärterhaus** ist möglich, aber nur als Lehrwanderung unter offizieller Führung (s. Touren).

Langeoog

173

Dünen-
einsamkeit

Auch im äußersten Osten des Gebietes befindet sich eine *Schutzhütte* mit saisonal geöffne-
tem Info-Stand.

Insel-Info

PLZ: 26465
Vorwahl: 04972

Auskunft
● *Kurverwaltung Langeoog*, im Rathaus (Tel. 6930,
Fax 6588).
● *Zimmervermittlung:* Tel. 693201, Fax 693205.
● *Reiseauskunft Schiff/Bahn:* Bahnhof (Tel. 693260).
● *Flugauskunft:* Tel. 693295.

Ärzte
● *Arzt:* Strandje Pad 7, Hauptstr. 24, Fährhusweg 7.
● *Zahnarzt:* Mittelstr. 21.

Saison
● HS ist vom 1.6. bis 15.9.,
● NS ist vom 1.3. bis 31.5. bzw. 16.9. bis 31.10.
● Wintersaison: übrige Zeit

Kurtaxe
Siehe Anhang.
● Ein *LangeoogCard-System* nach dem Muster von Nor-
derney (siehe dort) ist eingeführt worden.

**Strand-
körbe**
Strandkörbe kosten in der HS 14 DM pro Tag, bei mehr
als vier Tagen Mietdauer 11 DM pro Tag. In der NS sind
11 bzw. 8 DM zu zahlen.
● Es ist dringend zu empfehlen, Strandkörbe bis zum jeweils 15.5. d. J. bei der Kurverwaltung (Postfach 1263)
vorzubestellen, um Schlangestehen in der HS zu vermeiden oder um nicht leer auszugehen.

Kirchen   Es gibt eine evangelische (Hauptstr. 13) und eine katholische Kirche (Strandje Pad 1).

Ruhe-   Ruhezeiten sind von 13 bis 15 und von 20 bis 8 Uhr. Dies
zeiten   gilt, was die Gastronomie angeht, für „konzessionierte
               Außenflächen" wie Terrassencafés, deren Sperrstunde jedoch routinemäßig auf 22 Uhr verlängert wird. Noch bis
               1988 lag „Time, please" bei 2 Uhr, wurde aber immer
               mehr herabgesetzt, als Beschwerden zunahmen. Da
               Ruhe auf Langeoog oberstes Gebot ist, dürfte es dabei
               bleiben.

FKK   FKK ist auf Langeoog nicht vorgesehen. Lichtfreunde
               legen 2-3 km östlich des Hauptstrandes die Textilien ab.

Hunde   Hunde sind auf der Strandpromenade, in Grünanlagen
               und im Ort an der Leine zu führen. An den Badestränden
               hat Waldi ganz außen vor zu bleiben, darf sich jedoch am
               speziellen Hundestrand „Hu" (erster Strand im Südwesten, links vom Wasserturm) im Wasser tollen. Würsteentsorgung ist Sache des Hundehalters.

Presse   Die umfangreiche „Informationsbroschur für das Nordseeheilbad Langeoog" mit dem Titel *de Utkieker* erscheint siebenmal im Jahr und zwar jeweils am 1. des Monats von
               April bis September und am 15. Dezember. Sie gibt Auskunft über die jeweiligen Veranstaltungen und aktuelle
               Neuigkeiten innerhalb der Inselgemeinde. Erhältlich bei
               der Kurverwaltung und den meisten Gastgebern.

Kinder   ●Kinder sind auf Langeoog gern gesehen, wie sich am
               Vorhandensein mehrerer **Spielplätze** zeigt. Sehr gute
               Noten erhält auch Langeoogs „Spiel- und Begegnungsstätte für die ganze Familie" am Kavalierspad 3. Zwei
               Häuser liegen sich dort gegenüber: Das Spöölhus und die
               Spöölstuv, Spielhaus und Spielstube also.
               ●Im **Spöölhus** (Tel. 693236), auch mit viel Berechtigung
               „das laute Haus" genannt, darf krakeelt und dem Spieltrieb
               freier Lauf gelassen werden. Robustes Spielzeug und
               diverse Gerätschaften, mit denen die Wichtel sich vergnügen können, sind vorhanden, aber elterliche Aufsicht ist
               erforderlich oder wird vom Personal zumindest dringend
               erwünscht. Das Spöölhus ist Mo-Fr und So 10-18 Uhr
               (HS) geöffnet. Keine Gebühren.
               ●In der **Spöölstuv** (Tel. 693115), geöffnet Mo-Fr 8-12
               Uhr, geht es etwas gesitteter zu. In der Kinderstube mit
               Fachbetreuung können Kinder bis 6 Jahre untergebracht
               werden. Kostenpunkt: 5 DM/Std.; kostenlos, wenn die
               Eltern in der Zeit nachweislich an Kuranwendungen teilnehmen. Regelmäßig werden auch Kurse verschiedener

Langeoog

Art, so etwa Basteleien, anberaumt. Gebühren liegen typischerweise bei 5 DM für Kinder von 8 bis 12.

●Die beiden Häuser sind ganzjährig mit einer einmonatigen Pause im Winter geöffnet; genaue Termine erfragen.

●Im **Haus der Insel** (Gymnastiksaal) gibt's jeden Di und Do um 14 Uhr „Sport, Spiel und Spaß" für Jungvolk von 9-14 Jahren. Keine Gebühr.

●**Babysitter** vermittelt das Rathaus (Zimmer 4, Tel. 693112).

Fortbewegung

Fahrrad

Wie an früherer Stelle vermerkt, ist das Fahrrad Trumpf auf Langeoog. So sehr gar, daß der Drahtesel aufgrund des hohen Verkehrsaufkommens im **Ortskern** vom 15.3. bis 31.10. geschoben werden muß, und zwar täglich 10-12.30 und 16-18 Uhr. Das Gebiet ist entsprechend ausgeschildert.

●Ansonsten darf man auf der Insel nach Herzenslust radeln. Die meisten **Wanderwege** sind auch für Radler zugelassen (und markiert). Es ist dieserart durchaus möglich, einen ganzen Ferienaufenthalt hoch zu Stahlroß zu verbringen und immer wieder Neues zu erleben.

●Demgemäß zahlreich sind **Fahrradverleihgeschäfte.** Gleich am Bahnhof kann man sich bei *Thea Gümbel* ein Radl mieten, um auf große Inselfahrt zu gehen. Das vielfältigste Typenangebot hat wohl das *Dirks-Team* (Lütje Pad 5a), dessen Preise auch ungefähr den Inseldurchschnitt darstellen:

	DM pro Tag	pro Woche
Einfachrad	10	30
mit Gangschaltung	10-16	40-70
Kleinkinderrad	7-9	28-35
Radanhänger für 2 Kinder	10	50
Bollerwagen	7	28
Kofferkarre	5-10	40
Tandem	35	130
Kindersitz	3	13

●Besten Service darf man auch vom Fachgeschäft *Bollenberg* (Gartenstr. 2) erwarten, ist dieses doch seit 1949 in Familienhand!

●*Kiek rin bi Kati* (Melkerpad 8) ist eine ernst gemeinte Aufforderung, denn Kati ist gut gerüstet.

●„Mode-Räder" lassen sich unter anderem im Verleih *Egon's* finden (Um Süd 6).

Kutsche   Kutschfahrten kosten im Ortsbereich zwischen 15 und 18 DM, darüber hinaus Tarife nach Vereinbarung. Die Unternehmen *Eser* (Tel. 6285), *Janssen* (Tel. 263), *Kuper* (Tel. 6269) und *Vogel* (Tel. 6029) bieten entsprechende Programme an.

Reiten   Reiten kann man bei *Kuper* und im *Reiterhof am Schniederdamm* (Tel. 725). Die Gebühren für Reitunterricht und Ausritte liegen um 25 DM pro Stunde.

Unterkunft

Man hat auf Langeoog zwischen dem Strand und den ersten angrenzenden Gebäuden vernünftigerweise einen *cordon sanitaire* von etwa 250 Metern gelassen. Das bedeutet, daß man vom Ufersaum aus fast überall (mit Ausnahme des Wasserturms) nur Strand und Dünen sieht – sehr angenehm!

Hotels   Eigentlich hat man es von allen Klausen nicht weit zum Strand. Einen maximalen Kilometer Anmarsch kann man in den Ferien, vor allem mit dem Fahrrad, wohl schon mal in Kauf nehmen.

● Wer die Distanzen penibel vermißt, wird das *Silencehotel Strandeck* (Tel. 6880) unter den größeren Etablissements am nächsten zum Strand finden. Wie sein Name sagt, ist das Hotel sehr ruhig (zwischen den Dünen) gelegen. Preise beginnen bei 98 DM ÜF.

● Ebenfalls relativ dicht am Strand liegt das *Appartement-Hotel Aquantis* (Tel. 6990), ein großer und eckiger Komplex mit 200 Betten. Ab 71 DM ÜF.

● Zentral gelegen ist das *Hotel Lamberti* (Tel. 91070) mit Tarifen ab 105 DM ÜF.

● Nichtraucher akzeptiert das *Insel-Hotel Deutsches Haus* (Tel. 96970) besonders gerne. Ab 95 DM ÜF. Attraktive Sonderpauschalen.

● Das *Appartement-Hotel Fährschiff* (Tel. 6970) bietet als einziges Hotel Animation für Kinder und Erwachsene. Einheiten ab 95 DM.

● „Gutbürgerlich" ist das *Hotel Flörke* (Tel. 92200) mit Preisen ab 95 DM ÜF. Im Winter geschlossen.

● Mit nur 10 Zimmern ist das *Hotel La Villa* (Tel. 777) klein, aber fein. Es ist auch nicht billig: ÜF ab 110 DM.

● Etwas ortseinwärts vom alten Wasserturm liegt das *Hotel Upstalsboom* (Tel. 6860) mit Preisen ab 110 DM ÜF.

● Das *Hotel Kolb* (Tel. 404) hat die moderatesten Preise (ab 80 DM ÜF).

● Im *Haus Westfalen* (Tel. 265) beginnen die ÜF-Preise bei 105 DM, im *Appartement-Hotel Achtert Diek* (Tel. 91190) bei 95 DM.

Langeoog

177

Pensionen Was sich einst „Hotel-Pensionen" nannte, ist in dieser Spalte mit aufgegangen. Von dieser Kategorie gibt es eine ganze Menge Einheiten, die überwiegend ganzjährig geöffnet sind. Einige schließen Küchenbenutzung mit ein und sind damit die wirtschaftlichsten Unterkünfte auf der Insel. Die Preise für diese Herbergen beginnen bei 23 DM (*Sedlatschek*, Tel. 562), halten lange ein Mittelfeld um 35 DM und steigern sich bis zu 75 DM, was für eine Pension ziemlich teuer ist. Jahreszeitliche Preisunterschiede machen die meisten Häuser nicht. Nur in einigen Fällen wird ein saisoneller Rabatt gewährt, der dann bei durchschnittlich 10 % liegt.

Ferienwohnungen Die große Schar der Ferienwohnungen, Appartements und Bungalows schließt sich an. Im allgemeinen beginnen die Preise in diesem Komplex bei 30 DM und bewegen sich in wenigen Fällen über 50 DM – pro Nase natürlich. Hier und dort kommt man recht günstig unter, besipielsweise bei *Bi hüm un hör* (Recken, Tel. 895), wo es schon etwas für 50 DM gibt.

Preise Hotels und Hotel-Pensionen sind in der NS etwa 10 % billiger, Pensionen geringfügig oder gar nicht. Die anderen Unterkünfte geben z. T. kräftige Nachlässe: bis zu 50 %!

Jugendherberge, Zeltplatz Die *Jugendherberge Langeoog* liegt in der Domäne Melkhörn (Tel. 276, Fax 6694). Es handelt sich um ein geräumiges Haus mit großem angeschlossenem Zeltplatz – der einzige auf der Insel, direkt neben der JH gelegen und auch von dieser verwaltet. Zelten ist dort nur JH-Mitgliedern erlaubt („Nur Jugendlichen" nach offizieller Version, aber der Begriff ist natürlich dehnbar).

Die JH hat die Kategorie II und verfügt über 126 Betten und 2 Tagesräume. Zum Strand sind es nur ein paar Minuten. Vom Hafen muß man auf direktem Wege allerdings eine Stunde laufen, sofern man sich nicht schon an der Pier oder im Ort ein Radl mietet, ggf. mit Anhänger fürs Gepäck. Vom Dorf sind es über einen Plattenweg 20 Minuten mit dem Rad. Eigene Fahrräder dürfen mitgebracht werden.

●Achtung: Nur VP. Der Aufenthalt in der JH und auf dem Zeltplatz ist kurtaxpflichtig; Auskunft durch die JH. Im Winter ist die Herberge vorübergehend geschlossen; genaue Termine auf Anfrage.

Gastronomie

●Zum Après Beach findet man sich ein in der *Düne 13*, einer urigen Musik-Kneipe im Seekrug. Dort wird zum Nordseeblick Hefeweizen kredenzt! Offen von 19.30 bis 21 Uhr, der *Seekrug* (Gaststätte) von 11 bis 23 Uhr. Mo Ruhetag.

●Ihre besonders gute Küche empfehlen auch das *Hotel Flörke* und das *Silencehotel Strandeck*.

●In der *Strandhalle* auf der Höhenpromenade mit dem „schönsten Ausblick Langeoogs" (Eigenwerbung) kann man Fischspezialitäten, Ostfriesentee, frische Waffeln und Eiskrem genießen. Di geschlossen. Die *Golfstube*, ein gemütliches Café, liegt auf dem Weg zum Hafen. So genannt wegen eines Minigolfplatzes. Mo geschlossen.

●Im *Landhaus am Schniederdamm* herrscht nicht zuletzt wegen der leckeren Fischplatte meistens Betrieb. Eine Tischbestellung kann deshalb ratsam sein (Tel. 527). Sonnenterrasse, Billard. Offen von 11.30 bis 1 Uhr.

●Zwei Häuser weiter bietet das *Reitercafé Ponystuben* außer Kutschfahrten und Ausritten eine kleine Speisen- und Getränkepalette an.

●Im *Café Leiss* (Barkhausenstraße) wird aus eigener Konditorei verwöhnt. Hier kann man kommod frühstücken. Offen ab 8.30 Uhr.

●Im *Windfang-Bistro* (Hospizplatz) gibt's einen kräftigen Imbiß, Eis und Schleckereien.

●Das *Kur-Hotel Alpha* wartet mit zwei Gaststätten auf: dem Café-Restaurant Klöneck und dem Abendlokal Lili Marleen. Im letzteren gibt es zu den Getränken Snacks. Gepflegt.

●Das *Kur-Restaurant (Haus der Insel)* bietet einen abwechslungsreichen Mittagstisch, „die große Abendkarte" mit viel Fischigem, sowie Salate vom Buffet.

●Groß geschrieben wird Fisch auch im Grill-Restaurant *Takelage* im Hotel *Aquarius* am Strand. Grillfisch in der Folie krönt das Menü.

●Am Hauptbad nimmt das *Backbord* mit Pizzen, Baguetten, Eis und Getränken eine Strandversorgerrolle ein.

●In der *Ostfriesischen Teestube* am Hafen wird was wohl gereicht? Stimmt. Dazu gibt es Selbstgebackenes. Offen ab 13 Uhr. Do Ruhetag.

●Gepflegte Biere vom Faß zu zivilen Preisen serviert der *Dwarslooper* (Barkhausenstraße). Täglich „Happy hour" von 17 bis 19 Uhr.

●Im *Friesengrill* (Gartenstraße) wird typisch Friesisches geboten: Gyros, Tsatsiki, Pommes, Pizzen, Hamburger und Hotdogs. *Pommes-Ernst* ist Manager.

●Heimatnäher geht's im *Fischkantje* zu (Am Kurzentrum): Jede Menge Seafood, auch zum Mitnehmen.

●Die Tee- und Weinstube *Sonnenhof* befindet sich im ehemaligen Wohnhaus Lale Andersens (Gerk-Sin-Spoor). Ab 11 Uhr.

●Im *Stövchen* (Süderdorf) ist nomen nicht omen. Das Ehepaar Hunger offeriert täglich frische Kuchen und Torten.

●Ein „Erlebnis-Restaurant" bietet das *Hotel Upstalsboom* mit seiner *Friesenstube*: „Spezialitäten von Fisch und Fleisch etc." Auf das etc. darf man gespannt sein. Terrassen-Café, Hausbar.

Langeoog

179

●*Zum Lotsen* (Otto-Leuß-Weg 4) wartet vor allem mit fei-
nem Meeresgetier auf. Spezialität des Hauses ist die
große Fischplatte für 2 Personen, in der sich – man staune – sogar Calamares befinden. Di geschlossen.
●*Meierei* (siehe Inselkarte): 1741 erbaut, seit 1828 „Krug-
wirtschaft" und heute beliebtes Ausflugsziel mit Einkehr-
möglichkeit. Di geschlossen.

Sport

Langeoog ist eine richtige „Sportinsel". Für sportlich Enga-
gierte wird hier einiges geboten. Im Haus der Insel kann
man sich organisiert unters Reck führen lassen oder aber
am Strand an zwanglosen Spielen und Übungen teilnehmen. **Sportfeste,** Wettbewerbe, Turniere und Lehrgänge
(beispielsweise für Volleyball) finden vor allem in der Sommersaison täglich statt. Einzelheiten werden im Vormonat
bekanntgegeben oder sind bei der Kurverwaltung zu
erfragen.

Hallenbad   Das Meerwasserhallenbrandungsbad im Kurviertel (Tel.
693240) ist eine große Anlage mit u.a. vier 25 m-Sport-
bahnen, Kinderplanschbecken und Sauna. Wassertempe-
ratur 28 °C, Badezeit 2 Stunden.
●*Öffnungszeiten:* Außer von Anfang November bis Mitte
Dezember, wenn die Anlagen wegen Renovierungsarbei-
ten geschlossen sind, ist das Bad zu folgenden Zeiten in
Betrieb: Mo 14-19.30 Uhr (bis 17 Uhr ist Spielzeit für die
Kleinen - keine Wellen!), Di-Fr 9.30-12.30 und 14-19.30
Uhr, Sa-So 9.30-12.30 und 14-18 Uhr.
●*Eintritt:* Erw. 8,50 DM, Jugendliche von 12 bis 17 J.
5,50, Kinder unter 12 J. 4 DM. 6er-Karten kosten

Bensersiel:
Yachthafen

42,50/27,50/20 DM, Familienkarten für Eltern mit einem Kind 18 DM, mit zwei Kindern 19, mit dreien 20 DM. Sauna einschl. Saunatuch und Badbenutzung kostet 17 DM.

Angeln
● Angeln *im Meer* ist auflagenfrei erlaubt, aber natürlich nicht im NSG-Teil.
● *Kutterfahrten* arrangiert das Fischgeschäft *Klette* (Polderweg, 6416). Zwei (in Accumersiel stationierte) Kutter gehen im Sommer auf folgende Fahrten:
● „Seestern- und Granatfischen" im Wattenmeer. 2 Std. Dauer. Gefangene Granat werden gleich an Bord gekocht. 17 DM, Kinder (für die besonders interessant) die Hälfte.
● „Hochsee-Angeln": 4 Std. auf See, 48 DM. Angelruten können mitgebracht oder für 10 DM geliehen werden. Zubehör (Blinker und Gewichte für das Makrelenfischen) wird zum Selbstkostenpreis abgegeben. Nichts für Kinder.
● Für das Angeln im *Großen Schlopp* erteilt die Kurverwaltung (Rathaus, Zimmer 1) spezielle Erlaubnisscheine.

Minigolf
Eine Minigolfanlage gibt es Ecke Hafenstraße/ Bahndamm (Tel. 1392). Golf war schon mal geplant auf Langeoog, erschien den Insulanern dann aber doch zu suspekt für ihr konservatives Eiland.

Reiten
Siehe „Fortbewegung".

Segeln
Siehe „Mit dem eigenen Boot".

Surfen
Surfern steht ein *reservierter Surfstrand* zur Verfügung (rechts vom Ostbad), der im Sommer markiert ist. Bei *Windsurfing Langeoog* (Tel. 1824) gibt's ein Board für 20 DM die Stunde. Ein kompletter Kursus mit 12 Std. (gestaffelt) „auf See" kostet 210 DM, 180 für Kinder unter 14.

Tennis
Im *Tenniscenter am Kavalierspad* (Tel. 1077) steht dem Inselgast in Strandnähe eine gepflegte Anlage zur Verfügung. Zusätzlich hat er die Wahl zwischen insularem Kunstrasen und einer Innenhalle mit zwei Plätzen. Preise: Ab 20 DM pro Stunde (zahlreiche Abstufungen). Ein gemütliches Café schließt sich an. Bescheideneren Ansprüchen genügen ein paar *Tischtennisplatten* beim Restaurant *Seekrug* (hinter dem Hospiz). „Schlagzeug" bitte selbst mitbringen.

Unterhaltung

Veranstaltungen verschiedener Art finden hauptsächlich in Langeoogs „Haus der Insel" statt. Ein *ganzjähriges* Programm läuft, doch in der Saison ist am meisten los.

Langeoog

Da gibt es in bunter Reihenfolge musikalische Abende, Tänze, Disco-Feten, Filmvorführungen, Diavorträge, kabarettistische Darbietungen, Konzerte (u. a. mit dem lokalen Shanty-Chor *de Flinthörners*), Gymnastikstunden (kostenpflichtig), Kinderprogramme mit Clowns, Kaspertheater für die Kleinen, Informationsabende und vieles andere mehr. Die jeweilige monatliche Programmübersicht ist am Haus der Insel ausgehängt und im *Utkieker* veröffentlicht.

Touren

Schiffs-ausflug

Die *Schiffahrt der Inselgemeinde Langeoog* veranstaltet über einen großen Teil des Jahres hinweg Tages- und Ausflugsfahrten zu verschiedenen Zielen in der Umgebung. Diese Fahrten werden in der Regel ziemlich kurzfristig angesetzt, und man informiert sich am besten vor Ort über das Angebot. Fahrpläne im monatlichen Aushang und im *Utkieker*.

●Programmübersicht:

	Dauer ca. Std.	Erw. DM	Kinder 4-11
Rundfahrt im Wattenmeer	1,5	14	7
Seehundbänke	1,5	14	7
Baltrum/Spiekeroog	6,5	27	13,50
Norderney	7	30	15
Wangerooge/Juist	7	32	16
Helgoland (mit CAT)	14	42	27

●*Karten* im Bahnhof Langeoog, ebenso weitere Informationen (Tel. 693260).
●Von Mai bis September unternimmt die Reederei *Cassen Eils* wöchentliche Fahrten nach Helgoland, deren Termine im Aushang und *Utkieker* bekanntgemacht werden.

Rundflüge

Bei 2 Personen je 45 DM (Erw.), 35 DM (Kinder unter 10); ca 13 Min. Dauer. Info: LFH (Tel. 400).

Wattwan-derungen

Wattwanderungen mit *Uwe Carrels* (Tel. 6276): 10 DM für eine ca. 3,5 stündige Tour, Kinder die Hälfte.

Natur-ausflüge

Meinhard Schumann (Tel. 428): ca. 2,5 Std. für 7 DM, Kinder 5 DM.

Flugverbindungen

Zweimal täglich gibt es Flüge ab Wilhelmshaven-Marien-
siel (130 DM), im Sommer mindestens einmal täglich von
Harle (75 DM), Wangerooge (75 DM), Baltrum (65 DM),
Norderney (80 DM) und Helgoland (115 DM plus Boots-
transfer).
●Der Langeooger *Flugplatz* liegt dicht beim Ort.
●*Auskunft:* Luftverkehr Friesland Harle (LFH, Tel. 04464-
94810).

Fährverbindungen

Langeoogs Zubringerhafen auf dem Festland ist *Bensersiel* (siehe dort).

Mit dem eigenen Boot

Der *Fähr- und Yachthafen* von Langeoog ist riesengroß,
fällt allerdings zur Hälfte trocken. Jede Menge Schwimm-
stege (150 Liegeplätze)! Das *Clubhaus* (Tel. 552) mit Re-
stauration *Kajüte* liegt genau davor. Nach Bezahlung des
Hafengeldes wird ein Liegeplatz zugewiesen.
●Am Clubhaus gibt es WCs und Duschen, einen Kinderspielplatz und praktischerweise, da der Weg ins Dorf
ziemlich weit ist, einen Fahrradverleih.

Langeoog

Einlaufender
Kutter

Leben ohne Auto

Vor einer Anzahl von Jahren gab ein namhafter deutscher Automobilkonzern in seiner Werbung einmal zu bedenken, was der Menschheit ins Haus gestanden hätte, wäre es nicht zu den segensreichen Erfindungen des Benzin- und Dieselmotors gekommen: Pferdemist bis ans zweite Stockwerk, unerträglicher Lärm durch eisenbereifte Räder.

Daß sich das Ingenieurgewerbe mit dieser Vision ein eklatantes Armutszeugnis ausstellte, wird auf den ersten Blick offensichtlich. Denn wer nicht einmal mit Pferdeäpfeln fertig wird, Wagenräder nicht zu entklappern vermag, der packt, scheint's, auch nicht die Probleme, die das Automobil der Gesellschaft aufgesackt hat und die

Es geht
auch ohne
Auto

sich ständig verschlimmern. Immer mehr Menschen verfluchen den Tag, an dem die Herren Benz und Diesel ihre stinkigen Erfindungen erstmalig aufknattern ließen.

Auf den mehrheitlich autofreien Nordseeinseln wird effektiv vorexerziert, wie man auch ohne den motorisierten Großrollstuhl leben kann. Betuliche Inselbähnchen befördern hier und da Passagiere und Fracht, Elektrokarren geringer Zahl – und deshalb „aus der Steckdose betreibbar" – handhaben schweres Gepäck. Pferdewagen bewältigen die gleichen Aufgaben wie vor tausend Jahren, und der Kurgast, der sich durch das klompklomp der Pferdehufe lärmgeschädigt fühlt, muß erst noch gefunden werden. Auch die Äpfel reichen beiweitem nicht an die zweite Etage heran. Viele Menschen mit Einschluß verwöhnter Rollenkoffertouristen haben zudem staunend entdeckt, welch ansehnliche Lasten sich mit der „Wupp" (Wüppe = zweirädrige Karre) befördern lassen, und das über beträchtliche Distanzen. Statt im Heimtrainer zu hecheln, spannen sich vernunftbegabte Kurgäste vor solch ein Gefährt und schlagen zwei Fliegen mit einer Klappe: Frachtbeförderung und gleichzeitige Körperertüchtigung im Freien.

Und dann das Fahrrad, Radl, Velo! Wie praktisch, sauber und billig sind diese zwei Reifen, die man sich auf die meisten Inseln mitnehmen oder dort preisgünstig ausleihen kann! (Auf einigen Eilanden werden selbst diese elementaren Drahtesel als belästigend empfunden, wie etwa auf Baltrum).

Bleibt Schusters Rappen. Bar seines Gepäcks, das ihm hilfreiche und umweltverträgliche Vehikel abgenommen haben, steht es dem Inselbesucher frei, die Nordseegestade von einem Ende zum anderen zu Fuß zu durchmessen. Dabei wird sich schon nach einiger Eingewöhnung die beglückende Erkenntnis einstellen, daß man viele Kilometer schlanken Fußes zurückzulegen vermag – sofern nur die umgebende Welt eine Anregung dazu gibt. Am Strand – hier die Brandung, dort der Sand – legt man beeindruckende Entfernungen zurück, kaum daß man es merkt.

Warum, wird sich mancher Inselbesucher im Anschluß an seine Nordlandfahrt vielleicht nachdenklich fragen – warum geht das dort und nicht hier?

Ja, warum eigentlich nicht?

Langeoog

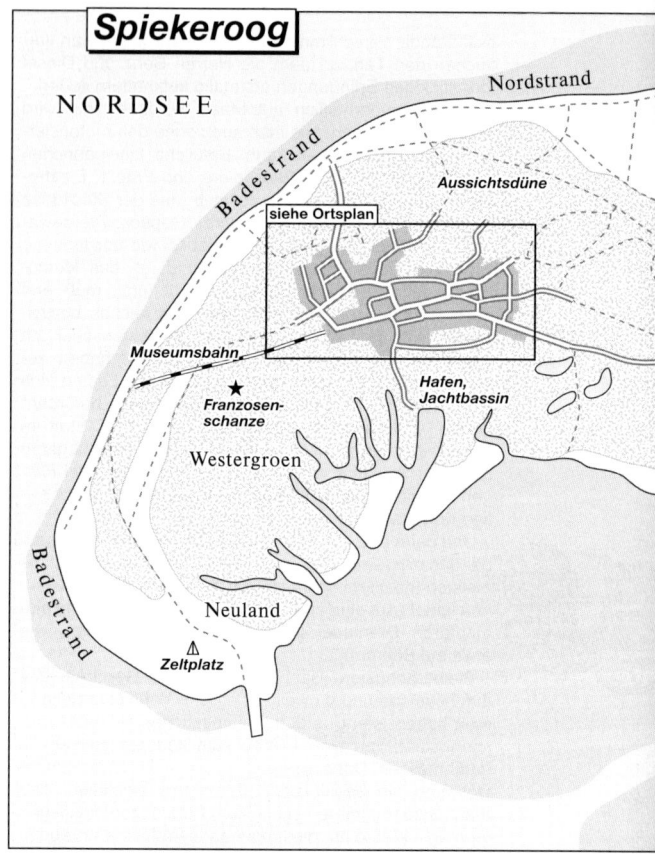

NORDSEE

Spiekeroog

Nordstrand

Badestrand

Aussichtsdüne

siehe Ortsplan

Museumsbahn

★ Franzosen-
schanze

Hafen,
Jachtbassin

Westergroen

Badestrand

Neuland

⚠ Zeltplatz

Spiekeroog
– die Leise

Geschichte

Der Name Über die Herkunft des Inselnamens gibt es zwei Versio-
nen. Nach der einen liegt ein Spieker (= „Speicher" auf
plattdeutsch) zugrunde, den frühe Seeräuber dort vielleicht errichteten. Eine andere hält es für möglich, daß
sich Siedler aus einem (noch existierenden) Küstenort
namens Spieka dort niederließen. Beides macht Sinn.

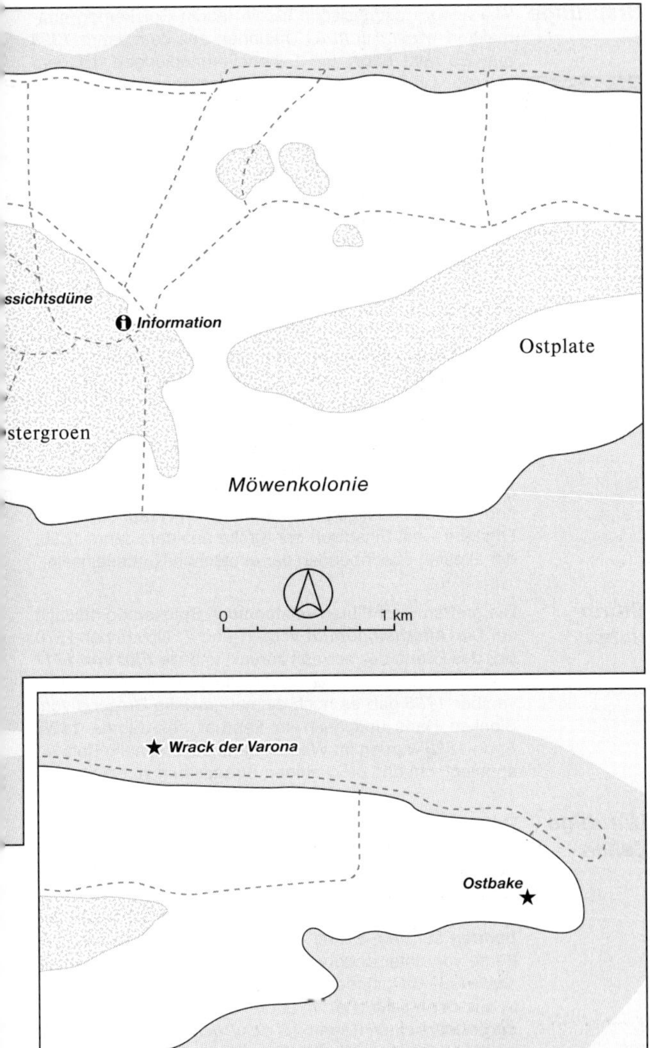

ssichtsdüne

ⓘ *Information*

Ostplate

•stergroen

Möwenkolonie

0   1 km

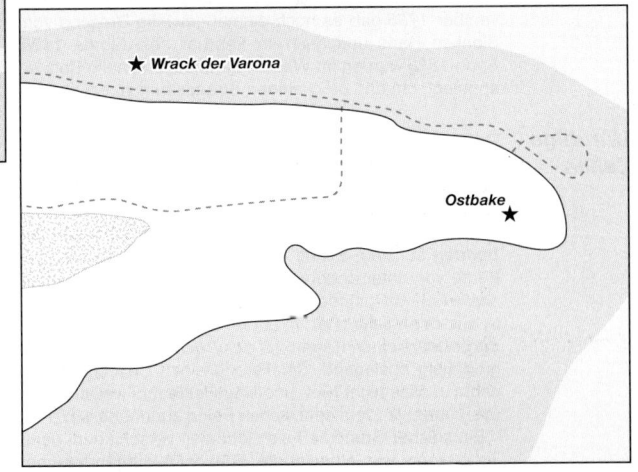

★ *Wrack der Varona*

Ostbake ★

Ursprünge

Wie andere ostfriesische Inseln taucht Spiekeroog erstmalig in *Witzel tom Broks* Urkunden aus dem Jahre *1398* auf. Es geht dabei um Lehensverhandlungen mit dem Herzog von Bayern. (Ja, mei: Spiekeroog – bayerisch? Man stelle sich die Ostfriesen in Sepplhosen vor).

Archäologische Funde lassen den Schluß zu, daß bereits um die *Zeitenwende* Menschen auf der Insel lebten. Sicher ist, daß Spiekeroog damals ein ganzes Stück weiter westlich gelegen haben muß, denn die Insel hat sich im Lauf der Jahrhunderte ständig von West nach Ost verlagert.

Das brachte indessen auch Vorteile mit sich. In der Zeit von *1650 bis 1780* verschmolzen zwei kleinere Eilande mit der wandernden Mutterinsel: *Lütjeoog* im Westen und *Oldeoog* im Osten. Mehr kam noch hinzu. 1860 war Spiekeroog lediglich sechs Kilometer lang, heute mißt es zehn. Der *Anlandungsprozeß* im Osten ist noch längst nicht abgeschlossen. Die gesamte Ostplate Spiekeroogs – annähernd zur Gänze Vogelschutzgebiet – ist Neuland, knapp hundert Jahre alt.

Seit dem Mittelalter ist der eigentliche Inselsockel Spiekeroogs während all dieser Erdbewegungen *relativ stabil* geblieben, als wenn sich alles um ihn drehte. Deshalb erhebt sich das heutige Inseldorf immer noch auf dem alten Ortskern – mit Einschluß der Kirche aus dem Jahre 1696, der ältesten überlebenden der deutschen Nordseeinseln.

**Sturm-
fluten**

Die großen Sturmfluten setzten auch Spiekeroog mächtig zu. Die *Allerheiligenflut* vom 1. und 2. November 1570 ließ das Eiland bös zerrupft zurück, und die *Flut von 1717* verschonte es ebensowenig wie alle anderen. Am 25. November *1736* gab es noch einmal gewaltig Dresche vom Blanken Hans und auch im Februar des Jahres *1825.* Anno *1873* wurden im Westen der Insel erstmalig Buhnen angelegt, um den bröckelnden Strandsaum zu schützen.

**Unruhige
Zeiten**

Doch wir greifen den Geschehnissen vor. Spiekeroogs Geschicke waren nämlich im Gegensatz zu anderen Nordseeinseln weniger von den Sturmfluten als von menschengemachten Erschwernissen geprägt. *1448,* das erste Dorf bestand bereits fünfzig Jahre, fielen ostfriesische *Räuberbanden* auf dem Eiland ein und machten sich mit einer Beute von unter anderem „100 Schafen" davon. *Graf Edzard von Aurich* plünderte um *1525* die heiligen Sakramente aus der Inselkirche. Im Jahre *1570* statteten die *Wassergeusen,* einen Kaperbrief des *Prinzen von Oranien* sehr großzügig auslegend, Spiekeroog einen Besuch ab und nahmen alles nicht Niet- und Nagelfeste mit, weil die Insel (als Lehen) ja „dem spanischen Feind zugehörig war".

Ein solcher Grund ließ sich jederzeit vorschieben, denn Spiekeroog war ständig die Schachfigur irgendwelcher

fremder Fürsten. Noch ab **Mitte des 18. Jahrhunderts**
gehörte es mal zu Preußen, dann zu Holland, Frankreich,
Hannover-England und letzten Endes wieder zu Preußen.

**Seefahrer-
Ära**

Es nimmt nicht wunder, daß die freiheitsliebenden Insulaner vor dieser Fremdherrschaft, die sie zu Knechten und
frühen Kofferträgern machte, alsbald das Weite suchten.
Sie bewältigten das Problem auf inselspezifische Art,
indem sie sich weltweit als **Seefahrer und Walfänger** ver-
dingten und auf diese Weise zu einigem bescheidenen
Wohlstand gelangten. Die daheim Verbliebenen verdienten sich ein Zubrot mit dem, was der Strand bot.

Das war auf Spiekeroog offenbar nicht wenig. Schon
1588 ging in der Brandung der Nordküste eine **Galeone**
der spanischen Armada verloren, deren Wrackteile unter
anderem für den Bau der alten Inselkirche verwendet wurden. Allerdings ist die legendäre Galeone in allen Schriften mit dem vorsichtigen Zusatz „angeblich" versehen
worden; auch kein Name oder andere historische Indizien
tauchen auf. Gewiß wird sich der Vorfall zugetragen
haben, doch um was für ein spezifisches Schiff es sich
dabei gehandelt hat, bleibt im Dunkeln.

Das **Wrack** des Auswandererschiffes *Johanne* konnte
indes **1854** eine Zeitlang von den ersten Badegästen be-
wundert werden, denn der Bäderverkehr hatte bereits vor
zehn Jahren eingesetzt. **1846** findet die Insel auch erste
Erwähnung als **Seebad.**

Einige **Schiffstrümmer** sind immer noch erhalten von
dem englischen Dampfer *Varona*, der im Dezember **1883**
auf Spiekeroog strandete. Das „Strandjen" hatte man sich
schon seit längerer Zeit abzivilisiert, doch als am **5. Oktober 1890** die finnische Bark *Neptun* mit einer Holzladung
hilflos am Strand antrieb, gab es einen vorübergehenden
Rückfall: Das Holz wurde – vernünftigerweise – für den
Bau der ersten Landungsbrücke Spiekeroogs verwendet.

Badeinsel

Spiekeroogs Anfänge als Seebad waren ein wenig holp-
rig. Die preußische Verwaltung überzog alle Aspekte des
Insellebens und des Badeverkehrs mit einem klebrigen
Wust von **Paragraphen,** der den an relative insulare Un-
abhängigkeit gewohnten Spiekeroogern so recht ge-
schmeckt haben dürfte.

Siebzehn Bestimmungen allein regelten den bescheidenen **Fährdienst,** darunter diese:

1. „Der Fährmann hat jeden, der mit ihm überfährt, mit
Höflichkeit zu behandeln.

2. Er muß jede Woche zweimal, am Montage und am Frei-
tage in einer Tide hin- und zurückfahren, und zwar vom
1. März bis sich Eis im Fahrwasser befindet und nicht
mehr gefahren werden kann.

Spiekeroog

3. Er muß in Neuharlingersiel sein Schiff so anlegen, daß Reisende bequem einsteigen und ihre Sachen leicht einladen können.

4. Sind Passagiere auf dem Schiff, die eine Wüppe zum Dorf benötigen, so ist er verpflichtet, so rechtzeitig ein Flaggenzeichen zum Abholen zu geben, daß bei Ankunft des Schiffes die Wüppe am Wasser sein kann.

5. Eine Stunde vor Abgang von Spiekeroog hat er durch Blasen ein Zeichen zu geben. Eine Viertelstunde vor seiner Abfahrt von Neuharlingersiel hat er die Flagge zu hissen."

Der **Kutschverkehr** wurde sogar durch 21 Verordnungen gezügelt. So mußte der Kutscher mindestens 18 Jahre alt und „nicht weiblich" sein, „durch Wohlverhalten sich ausweisen, anständig und reinlich gekleidet sein, höflich und bescheiden sich aufführen". Die Pferde mußten gesund, das Geschirr reinlich sein. Und so weiter und so fort. Ein Wunder ist es eigentlich, daß die Spiekerooger nicht das Handtuch warfen und den Zirkus mitmachten. Doch letztlich setzte sich auch hier die Erkenntnis durch, daß mit den Badegästen mehr und leichter Geld zu verdienen war als mit mühsamer Fischerei und Landwirtschaft, auch wenn man „höflich und bescheiden sich aufführen" mußte.

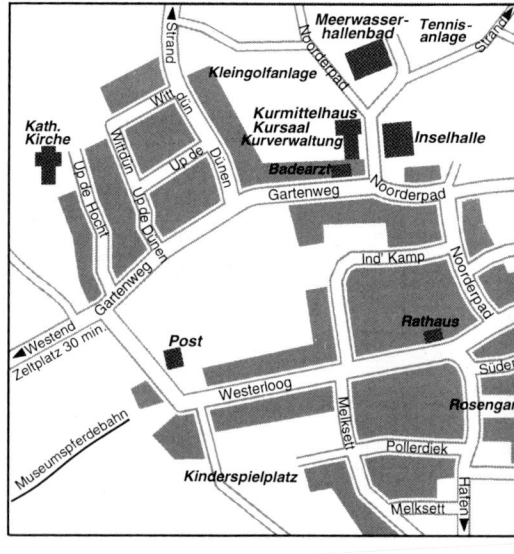

Spiekeroog heute

Heute wird Spiekeroog von allen Besuchern übereinstimmend als die *rustikalste* aller ostfriesischen Inseln beschrieben. Denn nicht nur haben es die Spiekerooger verstanden, in ihrem Ort eine ausgesprochen *dörfliche Atmosphäre* zu bewahren. Es ist ihnen ebenfalls gelungen, die ruhige Nachbarinsel Langeoog um mehrere Dezibel zu unterbieten. Auf keiner Badeinsel der Nordsee geht es auch unbeeilter zu.

Spiekeroog wartet mit nichts Großartigem auf. Doch gerade dieses bewußt bescheiden gehaltene Ambiente gereicht der Insel zu höherer Zierde als alle grandiosen Baudenkmäler. Hier wird weder geklotzt noch gekleckert, alles geht seinen bewährten ruhigen Gang. Geschützt von „Friesenwällen" aus trocken geschichteten Steinen kauern die schönen alten Inselhäuser im Schatten mächtiger Linden und vermitteln dem Betrachter ein Gefühl der *Geborgenheit.*

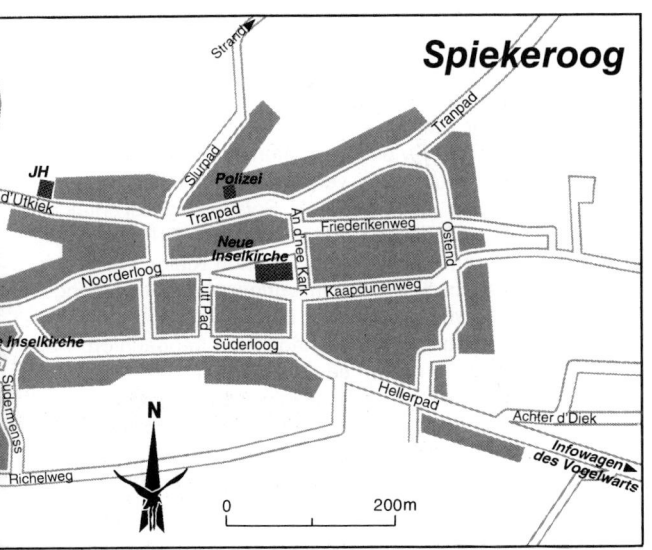

Spiekeroog

Diese Wirkung auf den Inselbesucher ist seitens der Maßgeblichen auf Spiekeroog nicht unerkannt geblieben. Man hat hier begriffen, daß die modernen Kur- und Amüsieranlagen nirgendwo wahre kulturelle Errungenschaften darstellen und hat sie deshalb, obschon präsent, diskret in Dünentälern verschwinden lassen, wo der Flugsand sie eines fernen Tages vielleicht gnädig zuwehen wird. Der Vollständigkeit halber hat man sogar dem Rathaus mit seinem wilden Bewuchs ein natürliches Aussehen gelassen. Nur die meisten Besucher sehen in ihren buntgestreiften Freizeit-Uniformen genauso aus wie anderswo.

Die *Ruhe!* Einen Flugplatz gibt es auf Spiekeroog schon mal gar nicht. Früher wurde die Morgenzeitung noch von einem Flieger abgeworfen, doch selbst das war den Insulanern noch zu lärmig. Heute wird die Anlieferung von einem Motorboot erledigt.

Selbstverständlich verpestet auch *kein Kraftfahrzeug* Spiekeroogs klare Nordseelüfte. *Fahrräder* sind auf der Insel ebenfalls nicht zu haben, und Besucher werden höflich gebeten, gefälligst auch keine mitzubringen – obwohl dies nicht ausdrücklich untersagt ist.

Vor allem aber hat sich Spiekeroog ganz groß – und in vieler Beziehung beispielhaft – dem *Umweltschutz* verschrieben. Seinen Ruf als „grüne Insel" verdankt Spiekeroog der intakten und vielfältigen Vegetation im Dünenbereich, darunter einigen beachtlichen Kiefernwäldchen, die zum Teil schon im vorigen Jahrhundert angelegt wurden. Auch ist in Spiekeroogs Dünen ein Minimum an „Trittschäden" zu beobachten, was wohl zum einen daran liegen mag, daß die Insel zu mehr als ihrer Hälfte Naturschutzgebiet ist und zum anderen scheinbar einen besonders disziplinierten Besuchertypus anzieht, der sich die Belange des Eilands zu eigen macht.

Auch auf den anderen Nordseeinseln wird das Thema Umwelt, wie wir gelesen haben, durchaus groß geschrieben. Doch auf Spiekeroog geht man insofern am konsequentesten vor. Klar, daß man allen Plastik- und Einwegmüll weitgehend abgeschafft hat, Energie und Wasser an allen Ecken und Enden spart. Beispielhaft ist auch – unter Androhung empfindlicher Strafen – ein **generelles Rauchverbot im gesamten Dünenbereich.** Auf Spiekeroog wird ökologisches Verantwortungsbewußtsein lebendig vorexerziert – mit allen nötigen Reglementierungen, ohne die es leider dabei nicht geht.

Sehenswertes

Kirche Die spielzeugkleine *Karg to Spiekeroog* mitten im Ort ist zweifellos, was Sehenswürdigkeiten angeht, das Filetstück der Insel. „Allerhand Wundergrausliches binnen", beschreibt ein Besucher das Innere der Kirche mit der angeschwemmten **spanischen Pieta** und anderen altersdunklen Dekorationsstücken maritimer Natur. Stimmt – ein wenig sieht es darin aus wie in einer byzantinischen Krypta. Gottesdienste werden (außer zu ganz speziellen Anlässen) nicht mehr in der Kirche abgehalten, nicht zuletzt, weil nur eine Handvoll Menschen hineinpaßt.

●Der wertvollen Einrichtung wegen sind auch Besichtigungen nur unter Aufsicht machbar, und diese sind zudem sehr eng angesetzt: Mo 16-17, Mi 11-12 und Fr 17-18 Uhr. Leider ist aus der nunmehr rund 300jährigen Geschichte der alten Kirche nur ziemlich wenig bekannt.

Pfarrhaus Ein Stückchen weiter ostwärts liegt das alte Pfarrhaus, wo man ein **Walskelett** aus Spiekeroogs Moby-Dick-Ära bewundern kann.

Dünen-friedhof Über den Ortsausgang hinaus liegt der Dünenfriedhof, wo u. a. die Ertrunkenen der *Johanne* (s. nachstehend) begraben sind.

Franzo-sen-schanze Aus relativ alter Zeit (1810) stammen auch die Ruinen einer **Geschützbatterie** westlich des Ortes. Die sogenannte Franzosenschanze

Spiekeroog

wurde seinerzeit von napoleonischen Besatzungstruppen angelegt. Die Reste der „Dünen-Batterie" liegen jedoch, wie gleich noch vermerkt wird, in der Ruhezone des NSG und sind deshalb nicht betretbar.

Insel-museum

Das Inselmuseum am Noorderpad 1 mit inselhistorischen und naturkundlichen Exponaten ist nach langer Ruhepause wieder in Betrieb. Während der HS in der Regel täglich offen, Abweichungen im Aushang.

Hermann-Lietz-Schule

Bei längerem Inselaufenthalt sollte man sich nicht einen Besuch der *Hermann-Lietz-Schule* (Hellepad 2, Tel. 91000) entgehen lassen. Es handelt sich hier prinzipiell um ein Internat, das jedoch auch einen bedeutsamen Anteil am kulturellen Geschehen auf Spiekeroog hat und insofern sehenswert ist, als es mit einem kleinen **Naturkunde- und Inselmuseum** sowie auch einem gepflegten **Seewasseraquarium** aufwartet.

●Diese Einrichtungen sind ab Beginn der Osterferien bis zum Herbst Mo, Mi und Sa 15-17 Uhr geöffnet, jeden Mo um 14.30 Uhr findet auch eine kostenlose **Führung** über das Gelände mit einem Vogelwart als Ansprechpartner statt. Gruppenbesuche und Sonderführungen sind möglich, müssen aber telefonisch vereinbart werden.

Muschel-museum

Das Muschelmuseum (Tel. 428) in der Strandhalle am Badestrand zeigt einiges aus der Wunderwelt der Conchylien. Allerdings wird kein direkter Bezug auf die Nordsee genommen, denn die hiesigen Sandklaff- und (eingeschleppten) Messerscheidenmuscheln sind für echte Liebhaber nicht so heiß. Die Mehrzahl der Exponate stammt deshalb aus tropischen Gewässern und kann auch käuflich erstanden werden.

●Das Muschelmuseum ist im Sommer Mo-Sa 10-12 und 13.30-16.30 Uhr geöffnet. Eintritt: 2 DM, Kinder eine DM. „Familienkarte" (mit Oma und Opa): 4 DM. Für den Gegenwert des Eintrittspreises darf man sich Muscheln aussuchen. Die Goldene Kauri (entsprechend der Blauen Mauritius der Philatelisten) ist allerdings nicht dabei.

Rosen-garten   Der Rosengarten (am Wüppspoor) ist täglich geöffnet. Interessanterweise wurde die prächtige Anlage nicht von der Inselverwaltung, sondern von einem Kurgast ins Leben gerufen.

Wrack der Varona   Als insulare Sehenswürdigkeit gilt ebenfalls das „Wrack" des britischen Dampfers *Varona*, der im Dezember 1883 an der Nordostküste strandete. Die Position der spärlichen Reste ist in den meisten Inselkarten noch getreulich mit dem nebenstehenden Zeichen eingetragen, doch die paar noch existierenden rostigen Rippen der *Varona* sind im Mahlsand verschwunden. Ab und zu tauchen sie allerdings wieder einmal kurz auf – so 1995 – um dann als Kuriosum bestaunt zu werden.

Naturschutzgebiete

Plattmuschel

Das NSG Spiekeroog ist dreigeteilt, der Platzbedarf bis zum äußersten ausgereizt. Schon deshalb wird Spiekeroog „die grüne Insel" genannt.
  Zwei kleinere Areale, der Wester- und der Ostergroen, liegen unmittelbar links und rechts des Hafens. Die große *Osterplate* nimmt die gesamte östliche Hälfte der Insel ein.

Wester- und Oster-groen   Die beiden Gebiete sind vornehmlich *Salzwiesengürtel,* von Wasserläufen durchzogen und teils im Verlanden begriffen, teils schon in *Dünengrasfluren* übergehend, so vor allem im Ostergroen. Der Westergroen beherbergt eine große *Brutkolonie* der rotfüßigen Fluß- und Küstenseeschwalbe, einem kleinen, quicklebendigen Vogel mit halbschwarzem Kopf, weißem Gefieder und, wie anders, tiefroten Füßen. Nicht zuletzt wegen dieses Vogels ist das Gebiet ganzjährig gesperrt. Auch die Reste der berühmten Franzosenschanze kann man nur vom Deich aus einsehen – mit dem Trost allerdings, daß es dort ohnehin nicht viel zu sehen gibt.
  Wander- und Reitwege führen dicht am Westergroen vorbei, so daß sich dort viel Vogelwelt

Spiekeroog

Alles geht
geruhsam

beobachten läßt. Der Ostergroen wird sogar von
zwei Pfaden durchzogen, deren Wegführung jedoch strengstens einzuhalten ist, denn sie
führen dicht an Vogelkolonien vorbei.

Ostplate Die Ostplate ist relativ jungen Ursprungs und
aufgrund ihrer Ausdehnung und zahlreicher günstiger Konstellationen eines der wichtigsten Biotope der Nordsee. Da sich hier die Entstehung
einer Insel mitsamt ihrer natürlichen Tier- und
Pflanzenwelt auf engem Raum und sozusagen
im Zeitraffertempo beobachten läßt, ist dieses
Gebiet für Geologen, Botaniker, Ornithologen
und andere Wissenschaftler von großem Interesse.

Der Bedeutung der Ostplate entsprechend ist
das ***Betreten*** auch hier ***streng geregelt*** und auf
einige wenige Pfade beschränkt. In einigen Fällen ist die Begehung zudem zeitlich begrenzt, so
bei dem schönen „Langwanderweg", der mitten
durch das NSG bis zur Ostspitze führt. Dieser
Pfad darf zur Vermeidung von Störungen nur
außerhalb der Vogelbrut- und -aufzuchtzeit vom
1.8. bis 31.3. jedes Jahres benutzt werden. Das
Begehen eines weiteren Pfades im Westteil der
Ostplate (s. Inselkarte) ist nur mit offizieller
Führung zulässig. Manche Wege können auch
zeitweise ganz gesperrt werden, wenn sich neue
ökologische Situationen ergeben.

Doch Spiekeroogs Vogelwelt läßt sich auch aus der Ferne betrachten. Die große Möwenkolonie, vorwiegend aus Silbermöwen zusammengesetzt, kann man sogar vom Hafen oder jeder etwas höher gelegenen Warte von der Inselmitte aus einsehen. Das Fernglas enthüllt Eiderenten und Austernfischer. Weiter im Dünenbereich brüten der seltene See- und Sandregenpfeifer und die vom Aussterben bedrohte Zwergseeschwalbe. Im Watt tummeln sich unter anderem der Große Brachvogel, die Pfeifente und der etwas mißbenannte Alpenstrandläufer. Eine heile Welt. Voller Ge- und Verbote, gewiß. Aber nur so bleibt sie – einigermaßen – heil.

Insel-Info

PLZ: 26474
Vorwahl: 04976

Auskunft
- *Kurverwaltung*, Noorderpad 25 (Tel. 9193-0, Fax 919347)
- *Zimmervermittlung* (Tel. 9193-25) im gleichen Haus; Sa nur morgens geöffnet.
- *Reiseauskunft* Schiff/Bahn: Tel. 9193-33, Fax 409. Busanreise: Weser-Ems-Busverkehr, Büro Jever, Tel. 04461-3025, Fax 73550.

Ärzte
Direkt neben der Kurverwaltung (Tel. 372). Ein Kusen (schmerzender Zahn auf Platt) muß allerdings bis zum Festland warten.

Saison
HS ist vom 1.6. bis 15.9., die NS geht vom 1.3. bis 31.5. bzw. vom 16.9. bis 31.10.

Strandkörbe
- Strandkörbe sollten tunlichst bis zum 15.4. des Jahres vorausbestellt sein, sonst wird es eng mit dem Angebot. Ein Liegekorb kostet in der HS 12 DM pro Tag und 10 DM in der NS. Die Preise staffeln sich je nach Benutzungsdauer. In der HS können die Körbe bis zu 30 Tage reserviert werden und kosten dann 300 DM. In der NS kann bis zu 21 Tagen reserviert werden; die Taxe beträgt dann 168 DM. Bezahlt werden kann im Gebäude der Kurverwaltung.

Kurtaxe
Siehe Anhang.
- Die *Kurkasse* befindet sich im Gebäude der Kurverwaltung. Offen zu normalen Bürozeiten, im Sommer auch Sa morgens.

Spiekeroog

197

FKK Keine FKK auf Spiekeroog.

Kirche Auf Spiekeroog gibt es eine evangelische und eine katholische Kirche. Die Ökumene bietet besonders in der Sommersaison ein lebhaftes Programm.

Ruhe- Ruhezeiten sind von 22-9 und 12-15 Uhr. Sie werden sehr
zeiten ernst genommen! Spiekeroog ist eine stille Insel und will es auch bleiben.

Hunde Hunde sollte man nach Spiekeroog nicht mitnehmen – sie sind nirgendwo warm willkommen. Die Aversion reflektiert sich schon im Fahrpreis: Flocki kostet 17,50 DM (EF), fast genausoviel wie Herrchen oder Frauchen.

Presse Das Faltblatt „*Spiekeroog im* ... (jeweiligen Monat)" ist der insulare Veranstaltungskalender (gratis).

Kinder ●Spiekeroog ist kinderlieb. Einen **Spielplatz** gibt es am Westdeich (dicht am Hafen), einen weiteren, mit Teich, ein Stückchen weiter am Kurgarten.
●Im Kurmittelhaus kann man die Kleinen in einem **Kinderhort** auch „abstellen". Dieser Service ist für in Kurbehandlung befindliche Eltern kostenlos; ansonsten wird eine nominelle Gebühr erhoben. Der Hort ist allerdings nur von März bis Oktober in Betrieb.
Öffnungszeiten: Mo bis Do 7.45 bis 11.45 und 12.45 bis 16 Uhr, Do nachmittags eine Stunde weniger. Tel. 9193-26.
●Die Kurverwaltung setzt auch häufig **Kinderprogramme** an, um die Zwerge in Stimmung zu halten: s. Unterhaltung.

Fortbewegung

Reiten ●Zwei Veranstalter bieten Pferdevergnügen an. Der *Islandhof* (Up de Höcht 5, Tel. 219) hat sich auf kräftige Islandpferde spezialisiert, mit denen ausgedehnte Ausritte unternommen werden können. Für eine Stunde kostet das z.B. 30 DM, für eine Exkursion zur Inselostspitze zahlt man 70 DM.
●Die *Reithalle Petschat* (Achter d'Diek, Tel. 1401) hat ebenfalls Ausritte im Programm und bietet auch Dressur-, Spring- und Geländereitunterricht sowie Kutschfahrten an.
●Die Inselverwaltung bittet darum, „weidende Pferde nicht zu besteigen".

Pferde- Ein weiteres roßbetriebenes Fortbewegungsmittel auf
bahn Spiekeroog ist ein Relikt aus alten Zeiten: die „Pferdebahn". Anno 1885 fuhr erstmals das 1-PS-Bähnle zwischen dem Dorf und dem damaligen „Herrenbadestrand" im Westen der Insel hin und her. Heute hat man

das Gefährt wieder in Betrieb gesetzt. Es verkehrt (wetterbedingt) ab Osterferien bis Oktober zwischen dem Inselbahnhof und dem Westend. Die älteste noch von einem Pferd gezogene Straßenbahn Deutschlands hat heute zwar musealen Charakter, fährt aber dennoch täglich (außer Mo) ab Bahnhof um 14, 15 und 16 Uhr, ab Westend 20 (der letzte Trip 30) Minuten später. (Bei Andrang zusätzliche Fahrten lt. Aushang.) Die Tour kostet 4 DM pro Strecke, 5 hin und zurück.

Unterkunft

Wie man erwarten darf, erheben sich auf Spiekeroog keine Bettenburgen. Auch die größeren Etablissements, nur fünf an der Zahl, passen sich harmonisch dem Inselbild an. Wenn das schon erfreulich klingt – hier kommt noch mehr: Die Preise für alle Spiekerooger Klausen liegen gut im Mittelfeld des Nordseeniveaus und zum Teil noch weit darunter. Spiekeroog ist – relativ – billig.

Preise   Bei den Ferienwohnungen wird außerhalb der HS die Miete in den meisten Fällen drastisch (bis zur Hälfte) reduziert. Bei den anderen Herbergen gibt es kaum nennenswerte Abschläge.

Hotels   ●Ein behagliches Feriendomizil ist das *Hotel Inselfriede* (Tel. 9192-0) unmittelbar gegenüber der alten Inselkirche und, wie der Name verrät, trotz zentraler Lage ein Hort der Ruhe. Preise ab 90 DM ÜF.

●Jenseits der kleinen Kapelle liegt das *Hotel zur alten Inselkirche* (Tel. 251). Gemütlich und gediegen. Ab 75 DM ÜF.

●Mit zum alten Kirchdistrikt darf sich das *Hotel zur Linde* zählen (Tel. 91940), ein traditionelles Haus, das solide Gemütlichkeit ausstrahlt. Auch die Linde ist da (was bei Namensgebungen keineswegs immer so selbstverständlich ist). Ab 70 DM ÜF.

●Das *Süder-Mens* ist ebenfalls ein gutbürgerlicher Betrieb. Der Name mag etwas befremdlich klingen, doch das Haus liegt am Südermens 1 (Tel. 226), und die Wirte werden ihren Gästen sicherlich eine Erklärung liefern können. Das Hotel erfreut sich, wie anders, einer ruhigen Lage und kostet ab 65 DM ÜF.

●Spiekeroogs größtes Hotel, das *Upstalsboom* (Tel. 364), ist jetzt ein Appartement-Komplex, immerhin aber in freundlicher Spitzgiebelbauweise aufgezogen. Preise auf Anfrage.

Hotel-   65 DM pro Nase muß man im Durchschnitt für ÜF in einer
Pensionen   von Spiekeroogs vier Hotel-Pensionen anlegen. Im *Haus Orion* (Tel. 213) gibt's schon was für 60 DM.

Spiekeroog

199

Pensionen ●Häuser *mit Küchenbenutzung* sind auf Spiekeroog nicht teuer. Mit 17 DM pro Bett liegt das Haus *Janssen* (Tel. 286) auf einem einsamen Preistiefpunkt; allerdings werden mindestens vier Tage Aufenthalt vorausgesetzt. Auch die anderen Häuser dieser Kategorie sind mit überwiegend 18-20 DM ausgesprochen preisgünstig; leider gibt es gerade mal ein Dutzend von ihnen.

●Häuser *mit Frühstück* sind im Mittel etwa doppelt so teuer. Weniger die Morgenbrötchen als der Servieraufwand schlägt hier zu Buche. Auch in dieser Kategorie gibt es etwa zwei Dutzend Herbergen. Die billigsten mit 27 DM ÜF ist *Köllmann* (Tel. 343).

**Ferien-
wohnun-
gen** Den großen Rest machen „Abgeschlossene Wohnungen zum Selbstbewirtschaften" aus, insgesamt mehr als 150 Einheiten. Die meisten dieser Häuser haben 2-6 Betten. Je nach Ausstattung kommt man bei Umrechnung der Tagesmiete auf Pro-Kopf-Preise zwischen 40 und etwa 50 DM.

**Jugend-
herberge** Die *Jugendherberge Spiekeroog* (Bid Utkiek 1, Tel. 329) liegt dicht am Ortskern; in zehn Minuten ist man entweder am Hafen oder am Strand. Das Haus hat die Kategorie II und weist 64 Betten und 2 Tagesräume auf, dazu 11 Familienzimmer, was die Herberge ideal für Eltern mit Anhang macht. Geöffnet vom 16.3. bis 30.10.

●Achtung: Nur VP. Kurtaxpflichtig; Einzelheiten durch die JH. Vermerk bei „Reise und Preise" beachten!

Zelten Man darf auf Spiekeroog zelten, allerdings nur vom 1.5.-15.9. und auf dem dafür ausgewiesenen Platz am westlichsten Ende der Insel nahe des NSG Westergroen (ca. 3 km vom Ort, siehe Karte). Dort gibt es auch Duschen und WCs. Ohne einen sogenannten *Benutzungsschein* der Kurverwaltung (Tel. 9193-67) läuft aber gar nichts. Nur über diesen oder den Platzwart (Tel. 288) kann auch vorgebucht werden, was zu jeder Jahreszeit empfehlenswert ist. Bei voller Belegung des Zeltplatzes – wegen vieler „Wiederholungstäter" oft der Fall – wird bereits in Neuharlingersiel am Fahrkartenschalter ein entsprechendes Hinweisschild ausgehängt. Gebühren (jeweils pro Tag): 5 DM, Jugendliche von 12 bis 18 2,50, Kinder von 6 bis 11 1 DM, unter 6 frei. Plus Kurtaxe und Zeltgebühren: 6 DM pro Zelt bis 10 m², 8 DM bis 20 m², 12 DM ab 20 m². Offen 1.5.-15.9. Keine Haustiere!

Am Siel

Gastronomie

Der offizielle Inselprospekt warnt, daß „im Winter mit einem stark eingeschränkten gastronomischen Angebot zu rechnen ist". Doch verhungern wird man auf Spiekeroog wohl auch dann nicht ...

●Wie üblich, kann man auch ohne Hausgaststatus bei den meisten **Hotels** mit unterschlüpfen und deren gute Küche genießen, so in der *Friesenstube* des *Inselfriede* oder im gemütlichen *Café Klönstuv* des Hotels zur alten Inselkirche. Auch das Hotel *Zur Linde/Siwalu* (mit Kneipe *Kap Hoorn*) und sein Restaurant *Seeteufel* heißen Gäste willkommen; im letzteren hat man unter anderem ein Herz für Vegetarier.

●Am Tranpad 11, schon ganz im Osten, liegt die *Dünenklause,* rustikal und mit beliebter Außenterrasse.

●Gleich daneben liegen das *Insel-* und das *Eiscafé* mit Kuchen, Torten und täglich frischem Eis aus der Konditorei. Hübsches Ambiente.

●Der *Bahnhof,* am Terminal zur Pferdebahn, ist „Spiekeroogs Italiener". In diesem „Zentrum internationaler Begegnung" gibt's täglich von 15 bis 0.30 Uhr jede Menge Spezialitäten aus Pizzaland.

●In der *Spiekerooger Teestube* (Noorderpad 1) beschränkt man sich dankenswerterweise nicht auf Tee, sondern legt eine täglich wechselnde Speisekarte vor, die viel „Regionales", vor allem natürlich Fisch, aufweist. Mo Ruhetag.

●Im Fischrestaurant *Capitäns Haus* am Norderloog gibt's Leckeres aus dem Meer.

●Auch im *Imbiß Klabautermann* (Dorfmitte) gibt es Fisch, und zwar in stattlicher Auswahl. Dazu reicht man Pommes, Vollkorn und – auf Spiekeroog! – Tofu.

●In der *Strandhalle* vor dem Oststrand kann man nach dem Bad die verbrauchten Kalorien wieder nachfüllen.

Spiekeroog

Der Komplex umfaßt ein Restaurant mit Café und eine Cafeteria mit Selbstbedienung und Kinderspielecke; dazu gesellen sich Konditorei, Terrasse und Kiosk.

● Das *Westend* (auf dem Weg zum Zeltplatz) mutiert täglich (außer Mo) von 14-17 Uhr zum *Old Laramie*, wo, passend zur Adresse, Western Food serviert wird. Pommes fehlen auch nicht. Mi, Fr und Sa kommt Leben in die Bude, denn dann ist das Westend (ab 21 Uhr bis in die Puppen) Abendlokal mit Musik und Tanz. Man beachte aber: „Bei Hochwasser & Sturm geschlossen".

● Der *Dwarslooper* (Noorderpad 6) vereint Kneipe, Café, und Bistro. Hier werden zu Snacks und Getränken zünftige Shantys, Oldies und Blues gereicht.

● Der *Blanke Hans* (gegenüber vom Rosengarten) ist eine weitere Spiekerooger Kneipe, in der man es bereits am Nachmittag kräftig schäumen läßt.

● Nicht zuletzt muß der ambulante *Würstchenstand* erwähnt werden, in dem zwei resolute ältere Damen am Hafen Besucher empfangen. Hungern auf Spiekeroog? Unmöglich!

Sport

Angeln

Der Angelsport kann überall außerhalb des Bade- und Burgenstrandes betrieben werden.

Hallenbad

Das Meerwasser-Hallenbad am Noorderpad (Tel. 919362) hat ein 25 x 10 m großes Becken mit einer Tiefe von 1,20 bis 2 m und eine Wassertemperatur von 30 °C.

● *Öffnungszeiten:* Während der Saison täglich, zumeist ab 9 Uhr, genaue Betriebszeiten auf Anfrage.

● *Eintritt:* Kinder bis 17 J. 3 DM, Erw. 5 DM.

Gymnastik

Von März bis Oktober können Inselbesucher täglich außer So zum Nulltarif an organisierter **Strandgymnastik** teilnehmen. Man trifft sich um 10 Uhr am Strandkorb mit dem Schild „Sport"; außerdem ist dort ein buntes Fähnchen aufgezogen. Auch für Kinder gibt es immer Programm. Bei schlechtem Wetter wird in der Strandsporthalle geturnt.

● Mo-Sa nachmittags laufen separate **gemischte Programme,** teils am Strand, teils, vom Wetter abhängend, in der Sporthalle. Von Aerobics und Jazz-Dance bis zur Wirbelsäulengymnastik ist an alles gedacht. Auch dieser Service ist kostenlos.

Tennis

24 DM pro Platz und Stunde zahlt man in der *Tennisschule Huth* (beim Kurzentrum, Tel. 410/1474). Auf drei Kunstrasenplätzen kann man dem weißen Ball nachstellen, in der dritten Juliwoche jeden Jahres sogar unter Turnierbedingungen. Dann beträgt das „Nenngeld" aber auch 40 DM.

Reiten   Siehe Fortbewegung.

Segeln   Segeln unter Küstenrevierbedingungen kann man in der
                Spiekerooger *Segelschule Klasing* lernen (Westend 10, Tel.
                230). Geboten werden Anfängerkurse (35 Std. über 10-14
                Tage verteilt, 450 DM), Sportbootführerschein-Binnen (14
                Tage, 600 DM plus ca. 120 DM Prüfungsgebühr) und BR-
                Schein-Praxis (16-20 DM pro Person und Stunde je nach
                Teilnehmerzahl). Ferner im Programm sind Halb-
                tagestörns und zwanglose Exkursionen in kleinen Grup-
                pen von maximal 4 Teilnehmern auf dem Watt und vor der
                Insel. Die Klasing-Schule ist bewußt klein gehalten; da-
                durch ergibt sich eine freundschaftliche, persönliche
                Atmosphäre, in der es nicht nur um Geld geht.

Wind-   Windsurfen ist außerhalb des Bade- und Burgenstrandes
surfen   (und des NSG Wattenmeer) erlaubt; man muß jedoch das
                eigene Board mitbringen.

Unterhaltung

Die Kurverwaltung Spiekeroog hält in der Hauptsaison ein
buntes Unterhaltungsprogramm ab, das entweder im *Kursaal* oder in der *Inselhalle* stattfindet und in der Regel um
20 Uhr beginnt. Ausgenommen ist Kinderunterhaltung, die
natürlich früher angesetzt ist (verschiedene Termine). Geboten werden Filmvorführungen, Diavorträge, Kunstausstellungen, Konzerte, Schwänke der lokalen Kabarett-
gruppe „Die Insel(s)catchers", Kino und Theater. Die
lieben Kleinen versucht man mit Märchen und Kicher-
geschichten bei Laune zu halten, oder das Puppentheater
führt etwas Lustiges vor. Die meisten Darbietungen sind
eintrittspflichtig.
●Die jeweilige Programmübersicht wird in den beiden
Inselbroschüren und durch Aushänge bekanntgegeben.

Auch die
Titanic fehlt
nicht

Spiekeroog

Die Strandung der Johanne

Der tragische Verlust des Auswandererschiffes *Johanne* ist ein ebenso dunkles wie auch rühmliches Kapitel in der Geschichte Spiekeroogs.

Am 2. November 1854 geht die Dreimastbark in der Wesermündung ankerauf. Ziel ist Baltimore an der Ostküste der USA. An Bord befinden sich 13 Besatzungsmitglieder und 218 Auswanderer aus dem Süden Deutschlands, die unter großen Strapazen die Küste erreicht und einen miserablen Zwischendecksplatz an Bord ergattert haben. Sie sind fast alle bitterarm und wollen in Amerika eine neue Heimat finden.

Nur ein paar Stunden Ruhe sind den Seeungewohnten vergönnt. Am Nachmittag des 3. November laviert die Bark unter gerefften Segeln in schwerem Nordwest bei Norderney. Der Wind dreht jedoch, und der 4. sieht das Schiff unter vollen Segeln vor günstigem Südost.

Schon glaubt man, das Schlimmste sei überstanden, als in der Nacht auf den 5. der Wind erneut auf Nordwest springt und Sturmstärke annimmt. Trotz verzweifelter Anstrengungen wird die *Johanne* von ihrer Position westlich von Helgoland unerbittlich nach Süden vertrieben. In der Nacht auf den 6. wächst der Sturm zum Orkan. Von Hagel- und Schneeböen gepeitscht, driftet die Bark, fast schon ein Wrack, auf die Untiefen vor Spiekeroog und kommt in der haushohen Brandung fest.

Am Morgen des 6. November 1854 sehen die 134 vollzählig am Strand versammelten Spiekerooger einen Trümmerhaufen an ihrer Küste, auf dem zahllose Menschen um ihr Leben ringen. Masten und Takelage sind „von oben gekommen", teils bewußt gekappt, um ein Kentern zu verhindern. Dabei hat es die ersten Toten und Schwerverletzten gegeben. Weitere werden von der See über Bord geschlagen und ertrinken im eisigen Wasser der Nordsee.

Von Land aus ist keine Hilfe möglich. Es ist kein Boot da – es wäre auch zu nichts nütze – und außerdem ist Hochwasser und das Wrack unerreichbar. Erst die Ebbe gibt es allmählich frei, und die Überlebenden können den Strand gewinnen. Unter ihnen sind dreizehn Passagiere, die sich unter Deck verrammelt hatten und ihr Glück zunächst gar nicht glauben mögen.

Doch der Zoll ist hoch: 77 Menschen sterben mit der *Johanne:* 34 Frauen, 18 Männer, 18 Kinder und 7 Säuglinge.

Schon in der Frühphase der Strandung hatte die Tragödie unter den Insulanern blankes Entsetzen statt der üblichen Euphorie anläßlich einer „Strandsegnung" ausgelöst. Entsprechend war die Anteilnahme und Hilfestellung, die den Überlebenden zuteil wurde. Die selber ärmlichen Spiekerooger nahmen die Schiffbrüchigen geradezu liebevoll auf, und bald kam auch Proviantnachschub und ein Arzt vom Festland, nachdem die Botschaft von der Katastrophe die Reeder in Bremen erreicht hatte.

Am 14. November reisen die Überlebenden der *Johanne* ab, bunt gekleidet in Geborgenem und Geborgtem. Vier Tage später sind sie wieder in Bremerhaven. Doch nur die wenigsten wagen sich auf eine erneute Seefahrt. Der Großteil kehrt mutlos und ärmer denn je in die süddeutsche Heimat zurück, wenn auch viele nach Abklingen des Schocks später einen neuen Anlauf nehmen. Einige schreiben auch den Spiekeroogern, um sich für die noble Behandlung zu bedanken.

Die Toten der Johanne werden auf dem „Drinkeldodenkarkhof", dem Kirchhof der Ertrunkenen, am Ostrand des Dorfes beigesetzt. Viele Angetriebene, vor allem nach den Seegefechten der beiden Weltkriege, sollten sich noch zu ihnen gesellen.

Das Wrack der *Johanne* versackte allmählich im Mahlsand. Schon nach zwei Wochen wurde der Restrumpf von der Versicherung verkauft, im Frühjahr 1855 die geborgene Ausrüstung. Nichts fehlte.

Heute gibt es keine Spur mehr vom Wrack der *Johanne*. Doch die Tragödie sollte auch ein Gutes haben. Sie hatte zu neuem Denken an der Nordseeküste geführt und war dieserart unter anderem ursächlich für die Gründung der Deutschen Gesellschaft zur Rettung Schiffbrüchiger.

Spiekeroog

„Schiffbruch und Rettung" (1867)

Touren

**Schiffs-
touren**

●Die Reederei *Cassen Eils* unternimmt sporadisch Tages-
touren von Spiekeroog nach **Helgoland.** Der Ausflug dauert insgesamt ca. 9 Stunden und kostet 39 DM für Erwachsene, 28 DM für Jugendliche von 12-17 und 24 DM
für Kinder von 4-11. Kontaktadresse ist die Agentur Eiben
(Up de Dünen 4, Tel. 324).

●Die Kurverwaltung beraumt in der Hauptsaison zu wechselnden Daten mit ihrem MS *Spiekeroog III* die folgenden
Ausflugsfahrten an:

	Dauer ca. Std.	Erw. DM	Kinder 4-11
Seehundbänke	1,5	12	6
Langeoog	6	22	11
Norderney	8	32	16

Inselbahnbenutzung auf Langeoog ist im Preis inbegriffen.
Die jeweiligen Abfahrtsdaten werden per Aushang bekanntgegeben.

**Watt-
wandern**

Wattwanderungen „unter ökologischen Gesichtspunkten"
unternimmt man mit *Bernard* (Tel. 531), *Bernhard* (Tel.
298), *Carsten* (Tel. 651), *Heio* (Tel. 422) oder *Ulrich* (Tel.
264), alle fünf, versteht sich, „staatlich geprüft". Gebühren:
8 DM für eine ca. 2,5stündige Tour. „Gruppen" (keine
Kopfzahl genannt) kosten 200 DM.

Fährverbindungen

Spiekeroogs **Fährhafen** ist **Neuharlingersiel** (siehe Anhang). Der Hafen ist stark tidenabhängig mit ständig
wechselnden Abfahrtzeiten, daher sind **Tagesfahrten**
manchmal nicht möglich.

Mit dem eigenen Boot

Der **Yachthafen** Spiekeroog ist gut geschützt gelegen
und bietet mehr als 100 Booten an Schwimmstegen Platz.
Zum landnahen Ende wird es allerdings ziemlich flach.
Wenn die Stege, wie im Sommer häufig, besetzt sind,
legen sich die Boote (meist im Päckchen) an die Kade.
Auf dem Kai ist auch das Abfertigungsgebäude mit
Duschen und WCs. Zum Ort sind es nur ein paar Minuten.
●**Auskunft:** *Spiekerooger Segelclub:* Tel. 230.

Wangerooge
- die Wanderlustige

Geschichte

Der Name   *Wanga* bedeutete im Altgermanischen soviel wie „Wiege" oder „Ebene"; sicherlich hat auch die bartbestandene Wange dort ihren Ursprung. Oog, das hatten wir schon ein paarmal, heißt natürlich Insel. Ungefähr in diesem Sinne bietet sich das zweitkleinste der ostfriesischen Eilande immer noch dar.

Ursprünge   Vermutlich existierte die Insel Wangerooge bereits zur Zeitenwende, wenn auch in völlig anderer Form. Viel, viel weiter im Westen muß die dem Wangerland vorgelagerte Insel, die „beweglichste" der sieben Ostfriesinnen, damals gelegen haben.

Ob das Eiland zu jener Zeit schon besiedelt war, ist fraglich. Doch im *frühen 14. Jahrhundert* tauchen die paar Dünen erstmalig in den Annalen der Küste auf. *1327* hat Wangerooge-„Town" sogar **Stadtstatus**, denn es handelte sich um einen günstig und für Ostfriesen, Helgoländer, Bremer und Hamburger gleichermaßen zentral gelegenen **Handelsplatz.** Allerdings hatte dabei immer noch die Nordsee ein Wörtchen mitzureden. Denn damals floß die Harle, ein gewaltiges Wasserloch, zwischen Spiekeroog und Wangerooge hindurch und nagte ständig am Kopf dieser letzten ostfriesischen Kaulquappe.

Die *Harlebucht,* heute längst eingedeicht, war durch einen Einbruch der See im 13./14. Jahrhundert entstanden und bildete ein Seegatt von sechs Kilometer Breite. Hier konnte der Blanke Hans sich ungehindert austoben. Das *Inseldorf* jener Tage lag nordwestlich des heutigen Weststrandes und wurde noch vor *Ende des 16. Jahrhunderts* von der See verschlungen. 1595 stürzte der letzte Zeuge dieser Ära ein, der Turm der St. Nikolaus, dem Schutzpatron der Seeleute, geweihten Kirche.

Wangerooge

Bei jedem
Wetter
beliebt:
Der Strand-
spaziergang

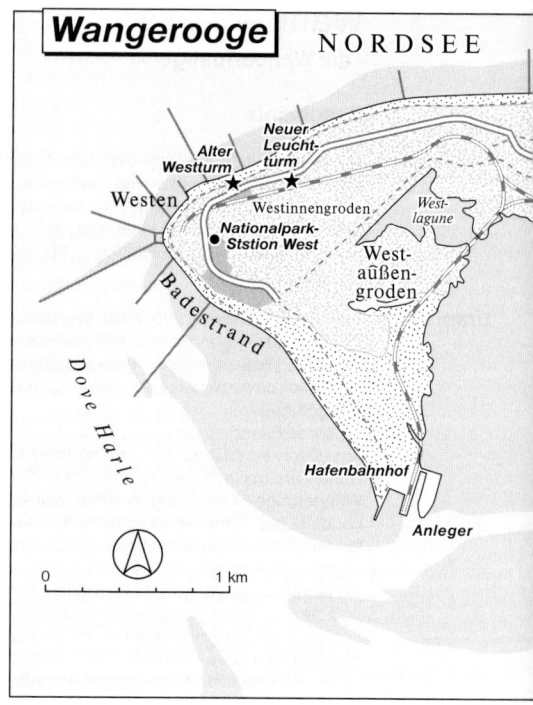

Neue Ära

Auf Drängen der Bremer Kaufmannschaft ließ *Graf Johann VII. von Oldenburg* einen **neuen Turm** auf Wangerooge errichten, um für die gefährlichen Ansteuerungen der Außenweser mit ihrem fast gänzlichen Fehlen von Landmarken ein verläßliches **Seezeichen** zu schaffen. Immer wieder waren Schiffe in diesem Revier verlorengegangen, weil sie ihren Standort nicht bestimmen konnten. Der Bau des neuen Wangerooger Turms wurde *1597* begonnen und dauerte fünf Jahre. Dieses Mal war man auf Nummer Sicher gegangen und zog das Gemäuer aus zwei Meter dick gesetzten Quadern in der Mitte der Insel auf. *1624* wurde auf ihm auch ein **Leuchtfeuer** angezündet, das erste an der deutschen Nordseeküste.

Der **Dreißigjährige Krieg** kam und ging und hinterließ kurioserweise einen Hauch von wirtschaftlicher Blüte. Die Wirren des schrecklichen Konflikts waren an Wangerooge vorbeigegangen, und man hatte sogar ein wenig daran

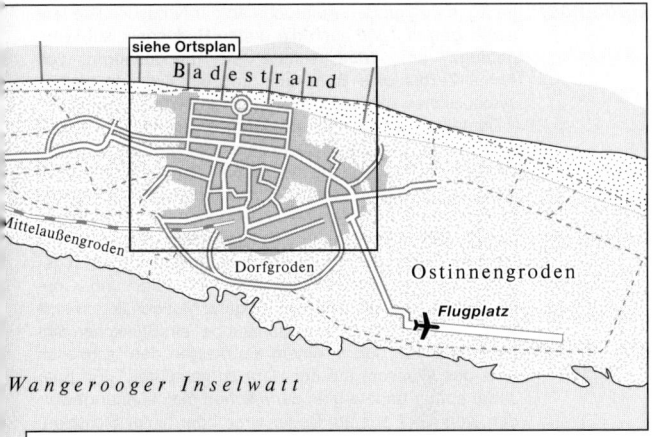

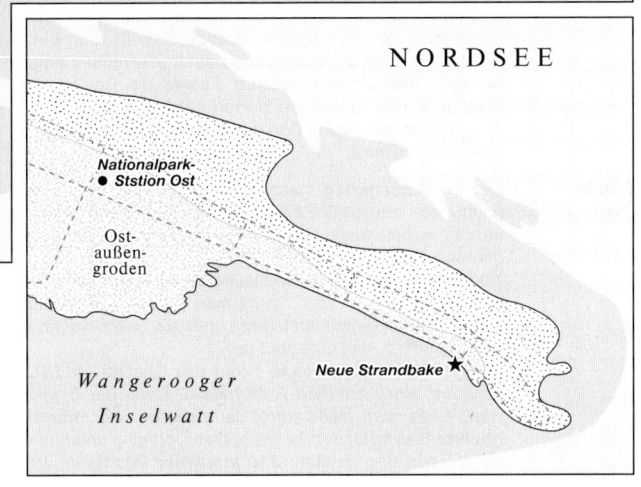

verdienen können. Um so erbarmungsloser schlug die Natur jedoch danach zu. Flugsand vernichtete die fruchtbaren Weiden, die zuvor eine blühende Viehwirtschaft erlaubt hatten. Zur gleichen Zeit erfolgte auch ein immer stärkerer **Landabbruch im Westen,** der die Insulaner ständig zum Umziehen zwang. Die meisten Wangerooger Männer verdienten ein hartes Brot in der Frachtschiffahrt und mit einiger Fischerei.

Wangerooge

Badeinsel   Im Zuge des großen Aufbruchs an der Nordseeküste landeten *gegen 1800* auch die ersten Badegäste auf Wangerooge an. *1804* stiftete die Landesherrin von Anhalt-Zerbst eine Badekarre und ein Zelt. Mit diesem symbolischen Akt wurde Wangerooge *offiziell Seebad.*

Damals war die Insel *russisch* – jawohl, russisch –, denn sie gehörte über Seitenlinien der großherzoglichen Herrscherhäuser in Oldenburg und Braunschweig *zum Zarenreich.* Die verzweigte Verwandtschaft dieser Großfamilie fand sich denn auch zu Besuchen auf Wangerooge ein, um dort eine Zehe in das kühle Heilnaß zu tauchen. Viel mehr nicht, denn das wäre damals nicht schicklich gewesen. So vergnügte man sich halt in Logier- und „Conversationshäusern", und nur die ganz Mutigen ließen sich allenfalls mal in einer „Badeschaluppe" ein Stückchen hinausfahren, um dort in einem Holzkasten den „schnellen Reiz des Wassers auf der Haut zu verspüren". Ein paar Jahre später badete man dann schon mal, kühner geworden, vom Ufer aus auf Badekarren oder hinter Sichtblenden und Markisen, damit auch um Himmels Willen niemand etwa ein Stück nacktes Bein zu Gesicht zu bekam. Nicht ganz ohne Symbolik wurde auch „die rothe Flagge bei dem Badeschalter geheisst", sowie die Damen am Wasser waren, worauf die Herren gebührlichen Abstand zu halten hatten. Selbst Boote durften sich dann dem Ufer nicht mehr nähern.

Harte   Der *Franzosenkrieg* machte diesen unschuldigen Ver-
Zeiten   gnügungen ein jähes Ende. 1818 fiel die Insel endgültig an das selbständige *Oldenburg.* Ostfriesisch war Wangerooge ohnehin nur der Geographie nach gewesen. Noch heute ärgern sich die Insulaner, wenn man sie Ostfriesen nennt. („Friesen" nimmt man gegebenenfalls hin, denn die Insel gehört jetzt zum Landkreis Friesland, aber am liebsten ist man Oldenburger).

Unter Oldenburger Regie nahm das Seebad ab *1819* zunächst einen stetigen Aufschwung. Doch der Blanke Hans ruhte nicht. *1854* zerriß die Insel bei einer *mörderischen Sturmflut* in zwei Teile. Das Dorf ging unter, und die meisten der ungefähr *350 Insulaner flüchteten* von dem verwüsteten Eiland.

Die nachfolgenen Jahre brachten wenig Besserung. Neue Sturmfluten zerwühlten die Inselreste weiter, spülten Häuser und Dünen fort, und Flugsand bedeckte alles, was vorher bewohnbar gewesen war.

Dennoch zog es die Inselfamilien allmählich wieder zu ihrem Eiland zurück. *1859* wurde in der Mitte der Insel ein *neuer Leuchtturm* errichtet, und um diesen scharten sich die Bauten des neuen Dorfes wie Küken um die Henne. *1874* begann man auch damit, den weiterhin abbröckeln-den Westsaum der Insel mit *Buhnen und anderen Be-*

festigungen zu sichern, denn in 300 Jahren hatte sich Wangerooge 2,5 km von Westen nach Osten verlagert, und der Wandertrieb hielt weiterhin an. Der alte Leuchtturm von 1597, der einst auch in der Inselmitte gebaut worden war, stand nunmehr im Westen; die Insel war sozusagen unter ihm hinweggewandert. Jetzt spülte die Nordsee bereits an seinem Fuß. Doch nicht sie sollte es sein, die das starke Gemäuer letztlich zu Fall brachte.

Zweimal Krieg

Um die Mitte des vorigen Jahrhunderts hatte Preußen gegen den Widerstand des Königreichs Hannover und des Großherzogtums Oldenburg mit dem Ausbau des späteren Wilhelmshaven zum Flottenstützpunkt begonnen, der nach seiner Fertigstellung die Kaiserliche Marine beheimatete. Die „Kleinen" hatten schon die richtige Witterung gehabt; die Zeichen standen auf Krieg. *1912,* der Ausbruch stand kurz bevor, wurde Wangerooge in eine *Seefestung* verwandelt, galt es doch, die Jademündung vor dem Feind zu schützen, den man im perfiden Albion ausgemacht hatte. *Bunker und Seebatterien* wurden errichtet und der *Westhafen* erbaut, um das ganze schwere Zeug anlanden zu können. Dann, bei Kriegsausbruch, hatte irgendein Kommißkopp einen besonders blendenden Gedanken. Der alte Westturm, räsonierte er, müsse die Engländer geradezu magisch anziehen und ihnen den Weg in die Jade weisen. Da man gerade zu Kriegszeiten scheinbar niemals etwas zweimal überlegt, wurde der wackere Turm, der Jahrhunderte tapfer überstanden hatte, kurzerhand gesprengt. Die Wangerooger klatschten keinen Beifall dazu. Der Engländer kam übrigens nicht.

Auch im *2. Weltkrieg* glaubte man, die strategische Wichtigkeit Wangerooges erkannt zu haben. *Flugabwehr-, Funkmeß- und Jagdfliegereinheiten* waren auf der Insel stationiert, und die zeigten dem Engländer nun wirklich den Weg. Am *25. April 1945,* nur wenige Tage vor Kriegsende und sozusagen um fünf vor zwölf, griffen *480 englische Bomber* Wangerooge an und verwandelten die Insel in ein Trümmerfeld. 311 Menschen starben.

Wangerooge heute

1932-33 hatte man den *Westturm* ein gutes Stück südlich der alten Sprengstätte – wo heute noch bei Buhne B der Schutthaufen zu bewundern ist – in etwas modifizierter Form wieder aufgebaut. Der neue Turm wurde im Gegensatz zum alten mit Fenstern versehen und nahm jetzt eine *Jugendherberge* auf, die heute noch in

Wangerooge

Betrieb ist, denn den zweiten Krieg überstand dieser Turm glücklicherweise. Nach wie vor ist er heute das *Wahrzeichen der Insel.*

Der *Leuchtturm von 1859* steht auch weiterhin, hat aber keine Funktion mehr. Seine Aufgaben wurden von dem hohen Radarturm im Nordwesten übernommen, der auch schon fast so etwas wie ein Inselwahrzeichen ist.

Wangerooges Hauptschlagader ist heute die *Zedeliusstraße,* in der während der Saison buntes Leben pulsiert, die aber selbst im Winter nie ganz vereinsamt ist. Hier liegt auch der gepflegte *Rosengarten*, in dem sommers nicht minder gepflegte musikalische Darbietungen stattfinden, und in der Nähe befindet sich der *Dorfplatz* mit einigen der ältesten Häuser Wangerooges. Nicht sehr alt im Vergleich zu anderen Inseln, sei einschränkend gesagt: Das *Hus up de Warf*, Inselveteran, stammt aus dem Jahre 1863.

Schon immer seit seiner Existenz als Seebad war Wangerooge *Ziel für Familien.* „Dagewesene" zieht es immer wieder dorthin zurück; die Wangerooger Klientel setzt sich zum überwiegenden Teil – bis auf weiteres – aus Stammgästen zusammen. Gemütlich ist es dort und ein bißchen altmodisch auf Oldenburger Art. Zar, Zimmermann und Großherzog würden sich bestimmt wohlfühlen, könnten sie im „Pudding", dem kreisrunden Café oben an der Promenade, noch einmal einen Liqueur zu sich nehmen.

Kleinste Insel Dem vorgenannten substantiellen Abtrag ist zu „verdanken", daß Wangerooge im Ostfriesischen Archipel heute Baltrum den Rang der kleinsten Insel abgelaufen hat. Nicht einmal fünf km^2 Fläche mißt Wangerooge zu Beginn der 2000er, und man arbeitet nach Kräften daran, daß das Eiland nicht noch mehr Masse verliert. Auf der Karte sieht die Insel zwar recht ausgedehnt aus. Doch was dort zu sehen ist, besteht zum Teil aus Arealen, die bei Hochwasser überflutet werden. Was dann hoch und trocken verbleibt, reicht noch nicht einmal an das Dornröschen Baltrum heran...

Dafür weisen die im Tidebereich liegenden Gebiete aber jede Menge heile Natur auf, die gerade auf Wangerooge besonders schön ausgeprägt ist und zu großen Teilen unter Schutz steht.

Gefähr-
dung

Schon existieren Schubladenpläne, der Idylle ein Ende zu bereiten. Weshalb gerade immer **Ölgesellschaften** mit solchen bizarren Konzepten jonglieren, bleibt auch im Fall Wangerooge wieder einmal unersichtlich. Die Firma *Statoil* will sozusagen als „Wiedergutmachung" für eine quer durch den Niedersächsischen Nationalpark Wattenmeer geführte Pipeline den bukolischen Wangerooger Westhafen zu einer schnieken Marina ausbauen und eine Straße durch den Westgroden führen.

Was soll das, fragt man sich unwillkürlich. Die Wangerooger werden sich diese Frage hoffentlich auch stellen, bevor ihnen Liebhaber einer natürlichen Inselatmosphäre durch Fortbleiben langfristig eine höhere Rechnung präsentieren, als das Ölgewerbe je zu zahlen gewillt wäre. Da die Insel im Westen aber ohnehin Substanz abbaut, dürften die schönen Pläne dort bleiben, wo sie hingehören: in den Schubladen.

Naturschutzgebiete

Groden

Das NSG Wangerooge ist dreigeteilt. Es setzt sich aus dem **West- und Ostgroden** sowie dem **Ostende** zusammen, wobei die beiden erstgenannten Zonen, je nachdem ob sie vor oder hinter dem Deich liegen, begrifflich weiterhin in West- bzw. Ostaußen- und -innengroden aufgeteilt werden. Diese Gebiete nehmen einen ansehnlichen Teil der Inselfläche ein; dem Ostende, einem winzigen Zipfel, kommt eigentlich nur mehr Vorzeigefunktion zu.

Was sich, von Westen her, hier erstmalig Groden nennt, ist auf den übrigen ostfriesischen In-

Wangerooge

seln der „Heller": *Salz- und Strandwiesen.* Hinter den Deichen werden die Groden heute „für den Naturschutz extensiv bewirtschaftet", sogar Orchideen gedeihen hier. Im Gebiet der Außengroden haben sich relativ *seltene Pflanzenarten* wie Strandflieder, Salzaster und Grasnelke in großen Beständen ansiedeln können. Die bunten Flächen des Westaußengrodens, durch

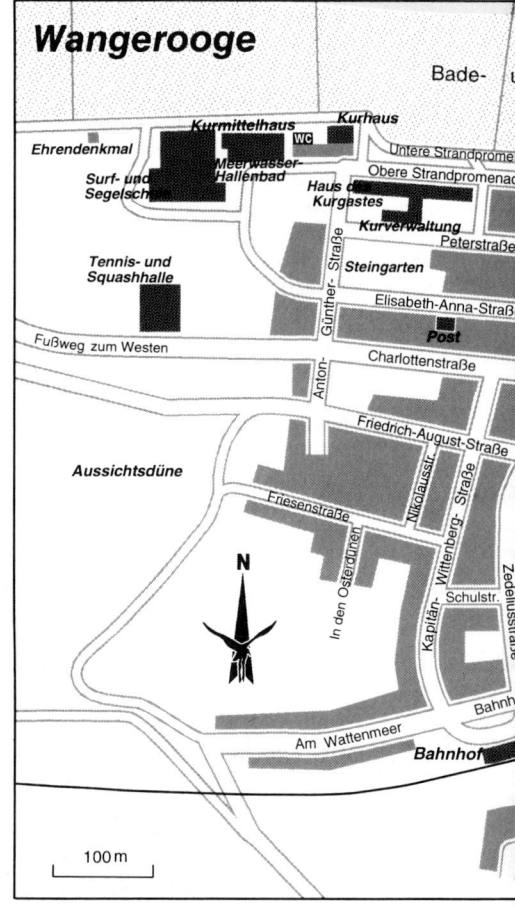

die das gemütliche *Inselbähnle* vom einsam gelegenen Hafen in den Ort fährt, geben dem Eiland im Frühling und Sommer einen ganz beson-
deren Reiz. Aussteigen und Blumenpflücken ist
aber nicht drin. Lediglich am Westrand des Gebietes führt ein Pfad entlang. Der Ostaußen-
groden darf während des ganzen Jahres nicht
betreten werden.

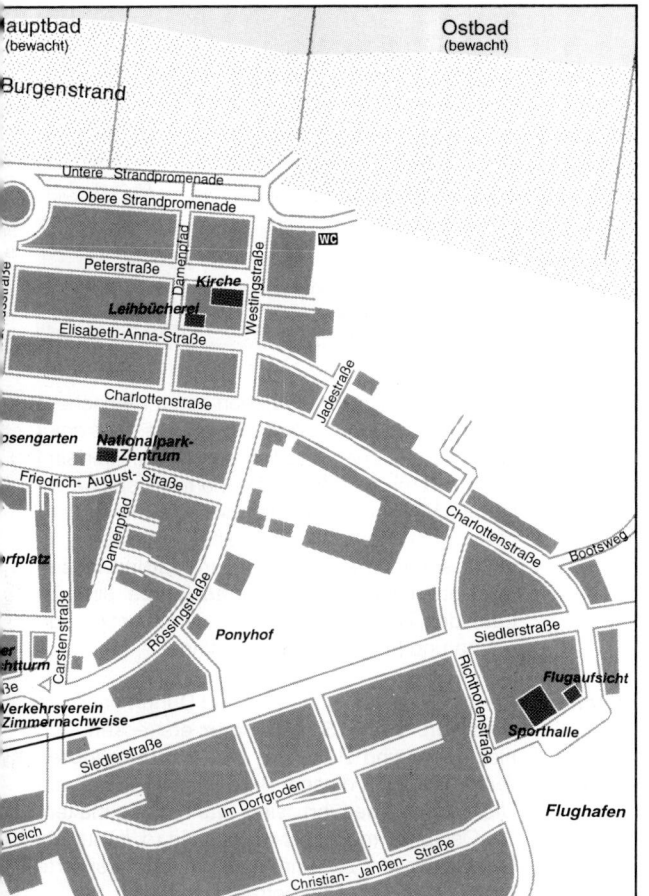

215

Der Leucht-
turm von
Wangerooge

**Biotope
im
Bomben-
trichter**
Auf diversen Umwegen haben sogar menschengemachte Scheußlichkeiten ihr Gutes. Dies zeigt
sich in den Dünen westlich des Ortes. Hier sind
noch zahlreiche (aber nicht mehr als solche erkennbare) Bombentrichter des großen Luftan-
griffs vom April 1945 erhalten geblieben. In
ihnen sammelt sich Regen- und Grundwasser,
und lebendige kleine **Feuchtbiotope** sind im
Lauf der Zeit entstanden, in denen jetzt rege
Fauna und Flora ein Zuhause findet.

Ostspitze
An der Ostspitze sind Land und Dünen noch am
Wachsen. Weite **Sandflächen** erstrecken sich
hier, Heim und Brutstätte des **Sandregenpfei-
fers.** Obwohl in diesem Bereich ein Fußweg am
Ufersaum vorbeiführt, sind Wanderer gehalten,
die Ostspitze möglichst weiträumig (d. h. nur bei
Niedrigwasser) zu umrunden. Das abgesperrte
Brutgebiet darf nicht betreten werden.

**National-
park-
einrich-
tungen**

Je eine ***Nationalpark-Station*** befindet sich in der Nähe des Westturms und am Ostgroden. Detaillierte Informationen und Anschauungsmaterial zum Thema NSG gibt's im ***Nationalpark-Haus*** am Rosengarten („Rosenhaus").

Sehenswertes

Die Inselgeschichte schließt interessante Gebäude aus alter Zeit von vornherein aus. Wer wollte noch die Trümmer des ersten Westturms besichtigen? Eher zum Heulen ist einem dort zumute.

Kriegsbeton-Nostalgiker können im vorerwähnten Café Pudding, dem Nabel Wangerooges, auf ihre Kosten kommen. Dort stand im schlimmen Jahr 1944 ein ***Bunker*** mit Funkmeßgerät, letzteres längst nicht mehr vorhanden, aber ersterer – z. T. „geschliffen", wie es offiziell heißt – erhalten.

Nahe dem Bahnhof steht der ***alte Leuchtturm*** und in dessen Vorgarten die verwitternde ***Dampflok,*** die bis 1957 noch zwischen Hafen und Dorf hin- und herschnaufte. Im unteren Geschoß des Leuchtturms befindet sich ein ***kleines Museum,*** das einen guten Einblick in die Inselhistorie und die alte christliche Seefahrt gibt. 3 Mark Eintritt berechtigen auch zum Erklimmen der 160 Stufen des Turms, von dessen hoher Warte man einen prächtigen Ausblick bis zum fernen Helgoland hat, klare Sicht natürlich vorausgesetzt. Jüngste Attraktion: die Heirat im Turm.

Insel-Info

PLZ: 26486
Vorwahl: 04469

Auskunft
● ***Kurverwaltung:*** *Haus des Gastes,* Strandpromenade (Tel. 990).
● ***Verkehrsverein und Zimmervermittlung:*** Postfach 220, Pavillon am Bahnhof (Tel. 94880, Fax 948899).
● ***Reiseauskunft:*** Bahnhof (Tel. 947411, Mo-Fr vormittags) oder Kurverwaltung.
● ***Flugauskunft:*** LFH (Tel. 1755).

Wangerooge

Ärzte   *Ärzte:* E.-Anna-Str. 1a und 18, Robbenstr. 12, **Zahnarzt:** Friedrich-August-Str. 19

Saison   HS: 15.5. bis 30.9., NS 1.1.-6.1., 15.3.-14.5., 1.10.-31.10. und 26.12.-31.12.

Kurtaxe   Siehe Anhang. Ein Inkasso nach dem Vorbild von Norderney (Plastikkarte) ist in Planung.

**Strand-
körbe**   Strandkörbe sind vom 1.3. bis 31.10. verfügbar und kosten 9-12 DM pro Tag. Für die HS vom 15.6. bis 31.8. ist eine Vorbestellung über die Kurverwaltung bis zum 31.5. dringend zu empfehlen.

Kirchen   Ev.-luth.: Dorfplatz 34; kath. (St. Willehad): Damenpfad 20; neuapostolisch: Peterstr. 17.

Ruhezeit   Vom 1.5. bis 30.9. jeden Jahres ist 22-8 und 13-15 Uhr offizielle Kurruhezeit, in der Störungen jeglicher Art untersagt sind.

Hunde   Hunde sind am Bade- und Burgenstrand sowie an der Unteren Strandpromenade nicht zugelassen. Überall sonst sind sie an der Leine zu führen. „Entsorgungstüten" gibt es unentgeltlich bei der Kurverwaltung. Am Ende des *Oststrandes* stehen für Hundehalter und ihre Lieben Strandkörbe bereit. Die Verwaltung bittet dringend darum, weder Strand noch Körbe „vollzumachen".

Kinder   ●*Spielplätze* befinden sich am Badestrand, ein „Abenteuerspielplatz" nördlich der Tennisanlage.
●Im *Haus des kleinen Gastes* an der oberen Strandpromenade können Kinder von Kurgästen zeitweise betreut werden, wenn die Eltern „mal kurz unterwegs sind". Altersbegrenzung: 3-6 Jahre. Der Kindergarten ist von Beginn der Osterferien bis Ende September geöffnet, und zwar Mo-Fr 8.30-11.30 und 14-16 Uhr, Tel. 890.

Spaß für
Kinder

Fortbewegung

Fahrrad Ein sattes Sortiment gängiger Typen gibt's bei *Edith Beier* (Kpt.-Wittenberg-Str. 11 und – nur vom 1.4. bis 30.10. – am Kiosk Im Westen). Ein Durchschnittsradl kostet dort 2-3 DM/Std., 7 DM/ Tag, mit Gangschaltung 8 DM. Wochenpreis: ab 35 DM. In der NS kosten alle Räder 6 DM/Tag. Bei *Beier* kann man auch Go-Carts mieten, und zwar je nach Größe für 6-12 DM/Std., die letzteren für 4 Personen.

●Fahrräder gibt's auch bei *Dürelsdorf* (K.-Wittenberg-Str.6), *Eden* (F.-August-Str. 15), *Petrus* (im Westen) und *Schröder* (Zedeliusstr. 37). Manche Hausvermieter bieten ebenfalls Räder an.

●Auf Wangerooge hat man Maßnahmen getroffen, etwaigen Unfug, sprich Spaß, mit **Go-Carts** (das sind vierrädrige überdachte „Tretkutschen") zu unterbinden. So sind z.B. die wenigen Straßen mit Gefälle (auf denen man mit einem „Affenzahn" hinuntersausen kann) für die Vehikel gesperrt. Jedes Tret-Team erhält vom Vermieter überdies eine Liste mit Verhaltensmaßregeln. Wer dagegen verstößt, wird selbst gesperrt.

Pferd Siehe Sport.

Unterkunft

Achtung: Auf Saisoneinteilung achten! Spalte D ist Hauptreisezeit und am teuersten!

Hotel- ●Das *Hotel am Flugplatz* (Tel. 94840), gewährt ganzjährig
Pensionen einen Ausblick auf das Flugfeld, was manchem dem insularen Action-Mangel Überdrüssigen ganz gut gefallen mag. Ganzjährig 58-91 DM.

●Das *Hanken* (Tel. 8770), „nur eine Gehminute vom Strand entfernt", bietet „Wangerooger Gastlichkeit seit 3 Generationen" was die Sache verteuert. Mit 98-110 DM ÜF steht der Hotelkomplex preislich mit in der ersten Reihe.

●Im *New Hampshire „On the Island"* (Tel. 1816) darf man auch deutsch sprechen. Ab 66 DM ÜF. Kleiner Gag: Bei Buchungen ab 14 Tagen außerhalb der Hauptreisezeit übernimmt das Hotel den Fährpreis.

●Im *Seeblick* (Tel. 94800) und in der *Strandburg* (Tel. 281) ist man mit 65 bzw. 60 DM ÜF dabei.

●Mit 89 DM Ü geht's los im Hotel *Haus Luginsmeer* (Tel. 880), das bauartlich leider einer Kaserne etwas ähnlicher sieht als einer gemütlichen Herberge. Deshalb wohl ist es auch primär dem *Deutschen Beamtenbund* vorbehalten, dessen Reisedienst unter der Nummer 0511-363462 weitere Einzelheiten zu geben weiß.

Wangerooge

●Das *Parkhotel* (Tel. 87080) erfreut sich ruhiger, umgrünter Lage und kostet ab 71 DM ÜF.

●Das Strandhotel *Upstalsbom* (Strandpromenade, Tel. 8760) ist das größte Haus am Platze und bietet „friesische Gastlichkeit" zwischen 141 und 394 DM ÜF an, allerdings per Zimmer.

●Eine Handvoll kleinerer Hotels und Pensionen ergänzt diese Sparte mit Preisen ab 35 DM ÜF.

Pensionen Die Wangerooger Pensionen kosten, wenn man auf die Kellersauna verzichten kann, ab 30 (bis etwa 60) DM ÜF. Diese Preise beziehen sich auf „fl.w.u.k.W." im Zimmer. Mit Dusche ist's teurer: Ab 40 DM ÜF.

Ferien-wohnun-gen Ferien- und Gästewohnungen gibt's jede Menge. Nur bei diesem Beherbergungskomplex wird im Gegensatz zu den anderen eine preisliche Differenz zwischen HS und übrigen Zeiten gemacht, die in allen Fällen substantiell ist, wodurch mitunter weniger als die Hälfte des HS-Preises erreicht wird. Dieser schließt allerdings auch „Ferienzeiten" ein, und man sollte vorher unbedingt abklären, was der jeweilige Vermieter unter diesem Begriff versteht.

●Generell liegt die Pro-Kopf-Miete in diesen Herbergen zwischen 30 und 40 DM für die einfacheren Einheiten; bei Mehrraumwohnungen wird es dann schnell teurer. Frühstück gibt's nur in den seltensten Fällen. Fast alle diese Häuser sind ganzjährig offen.

Jugend-herberge Die *JH Wangerooge* befindet sich im Westturm (das ist auch die Anschrift, Tel. 439, Fax 8578). Vorbeilaufen ist unmöglich, denn der markante Turm ist überall auf der Insel zu sehen. 20 Gehminuten sind's zum Anleger, 45 in den Ort. Gleich daneben liegt ein Vogelschutzgebiet.

●Die JH hat die Kategorie II und verfügt über 136 Betten und 3 Tagesräume. Offen von Mai bis September (keine Heizung; wurde für lederzähes Jungvolk gebaut!). Genaue Termine sind zu erfragen.

●Achtung: Nur VP. kurtaxpflichtig (die JH erteilt Auskunft). Vermerk bei „Reise und Preise" beachten!

Gastronomie

●Im bereits erwähnten *Café* (auch Restaurant) *Pudding* an der Strandpromenade trifft man einander, um etwas zu sich und gleichzeitig von dort oben Peilungen zu nehmen, wo man sonst hingehen kann.

●Schräg gegenüber liegt das Restaurant *W'ooge*. Spezialität: Speisen zum Selbstzusammenstellen, ohne daß ein „Chef" ins Handwerk pfuscht!

●Anspruchsvolle Esser werden ihre Erwartungen im Restaurant *Gerken* (Strandpromenade) erfüllt finden, aber es kostet auch ein wenig mehr.

●Das *Towerstübchen* liegt am Flugplatz und serviert Gutbürgerliches für einschwebende hungrige Fluggäste und Ausflügler von Wangerooge-Town.

●Beliebte Ausflugslokale sind auch das *Harle-Hörn,* auf halben Wege zum Westturm gelegen, und das *Café Neudeich* („Im Osten") mit kleiner Speisekarte und Cafébetrieb nur zur Saison.

●Im *Ahoi* (Strandpromenade) gönnt man sich zuletzt noch einen zur Nacht.

●Außerdem erstklassige Restaurants in den führenden Hotels plus zahlreiche Imbisse, Teestuben usw.

Sport

Hallen- und Freibäder

Das Meerwasserhallen und -freibad (Tel. 8947) findet man beim Kurmittelhaus. Das **Hallenbad** ist 25 m lang, das Wasser 28 °C warm. Whirlpools, Gegenstromanlage, Kinderplanschbecken, Wasserrutsche und -kanone, Sauna – alles da. Angegliedert ist auch ein Meerwasserbewegungsbecken mit 30 °C Wassertemperatur.

Das **Freiluftbad** ist 28 °C warm. Es ist über einen Ausschwimmkanal mit dem Hallenbad verbunden und hat Brodel-, Plansch- und Springerbecken, Liegemulden und Unterwasser-Sitznischen mit Massagedüsen.

●**Öffnungszeiten:** Das Bad ist bis auf eine Instandsetzungspause von Ende Dezember bis Mitte Februar ganzjährig geöffnet. Tägliche Öffnungszeiten: Mo 11-21, Di-Do 8.30-19, Fr. 8.30-21, Sa und So 8.30-18 Uhr.

●**Eintritt:** Einzelkarten (4 Stunden): Erw. 12 DM, Kinder 5-14 J. 6 DM, Tageskarte Erw. 15 DM, Kinder 8 DM. Angeboten werden auch besondere Tarife z.B. für Wassergymnastik (Mo-Fr 16.15-17.15 Uhr, 5 DM) oder Babyschwimmen (Sa 11-12 Uhr, 5 DM). Bei häufiger Benutzung der Bäder lohnt sich eine Geldwertkarte (100 DM, Wert 120 DM oder 140 DM, Wert 180 DM).

Gymnastik

Im Sommer ist fast täglich zu verschiedenen Terminen Gymnastik am Strand angesagt. Auch Kinder werden voll in das Programm eingebunden.

Insellauf

Populär ist Jogging und der „Insel-Lauf" (einmal „umzu", jeden Do um 18.30 Uhr).

Strandsport

Mehrmals im Monat finden am Strand Tennis- und Volleyballspiele statt, und kosten tut's auch nichts. Einzelheiten im Veranstaltungskalender.

Wangerooge

Veteran im
Hafen

Tennis und Squash

Tennis gegen Cash gibt es im Sportzentrum der Kurverwaltung (Tel. 1396), und zwar auf 2 Hallen- und 3 Frei-
plätzen. Preise: drinnen 28 DM/Std., draußen 20 DM,
Squash 16 DM. Jedes Jahr finden auf Wangerooge
Bädertennisturniere statt, an denen jedermann teilnehmen kann.

Reiten

Beim *Reitstall Wangerooge* (Tel. 362) und bei *Janssen* (Tel.
650); um 35 DM für einen Strandausritt, die Dreiviertelstunde Abteilungsreiten in der Halle kostet für Kinder 25,
für Erwachsene 30 DM.

Segeln

Anmeldung: *Segelschule W'haven,* Tel. 04421-994214.

Surfen

Der *Tschako* (Imbiß auf der Strandpromenade) ist die rich-
tige Adresse, ggf. auch die Surfschule selbst: Tel. 369. 10-
Stunden-Kurs 220 DM, Kinder 150 DM. Board 15-18
DM/Std.

Unterhaltung

Programm

In der Saison läuft ganz schön was auf Wangerooge.
Außer Mo werden täglich **Kurkonzerte** gegeben (im Rosengarten, bei Regen im kleinen Kursaal). Die beiden Kur-
säle (es gibt auch einen großen) sind die Stätte eines gemischten **Programms,** das manchmal schon nachmittags
mit Kinderunterhaltung beginnt und sich ab 20 Uhr mit Fil-
men, Diavorträgen, Shantysingen des Wangerooger
Yachtclubs, plattdeutschen Lustspielen und dergleichen
fortsetzt. Die meisten dieser Darbietungen sind kostenpflichtig. Ein Mozart-Abend kann schon mal mit 14 DM zu
Buche schlagen, und selbst die Kleinen sind mit 4 Mark
dabei, wenn der Zauberer kommt.

Schach

Beliebt sind auch **Schachturniere,** z. T. internationalen
Zuschnitts, die jedes Jahr gegen Ende Juli stattfinden.

Veranstaltungshinweise
Das jeweilige Programm läßt sich dem von Ostern bis September monatlich erscheinenden **Veranstaltungskalender** der Kurverwaltung entnehmen.

Touren

Wattwandern
Wattwanderungen werden in der Saison fast täglich unternommen. Man trifft sich zu verschiedenen Zeiten (von der Tide abhängig) am Bahnhofsvorplatz und geht für etwa 2,5 Std. auf Tour. Preis: 8 DM, Kinder die Hälfte. Info: *Petrus* (Tel. 640), *Stratmann* (Tel. 601) und Nationalparkhaus (Tel. 8397).

Vogelkundliche Exkursionen
Kostenlose vogelkundliche Exkursionen unter sachkundiger Führung finden im Sommer je einmal wöchentlich ab **Vogelwarte** West bzw. Ost statt. **Fahrräder** mitbringen! Anmeldungen: Tel. 8174 (Ost), 8179 (West).

Kutschfahrten
Der *Reitstall Wangerooge* (Tel. 362) bietet für 100 DM/Std. Kutschfahrten an, und zwar für bis zu 5 bzw. 9 Personen.

Schiffstouren
Für Kutter- und Angelfahrten muß eine Adresse in Harlesiel mobilisiert werden: *Albrecht* (Tel. 04464-949414). In der Saison kann man sich auch an den *Fahrradverleih Beier* wenden (Tel. 8194).

Rundflüge
LFH (Tel. 1755): Preis bei 2 Personen je 45 DM (Erw.), 35 DM (Kinder bis 10); ca. 13 Min. Dauer.

Fährverbindungen

Hafen
Wangerooges Zubringerhafen auf dem Festland ist **Harlesiel** (siehe dort).

Katamaran
Von Juli bis August verkehrt ca. zweimal wöchentlich der Katamaran *Nordblitz* der *Niekamp Seetouristik GmbH* (Tel. 0471-76734) ab Bremerhaven (Erw. 43 DM, Kinder 30 DM) bzw. Bremen-Vegesack (Erw. 54 DM, Kinder 40 DM). Gepäck bis 30 kg kostet 8 DM, bis 50 kg (Höchstgewicht) 15 DM. Sperrige Gegenstände wie z.B. Fahrräder werden nicht befördert.

Flugverbindungen

Mit Harle
Der *Luftverkehr Friesland Harle* (LFH, Tel. 04464-94810) fliegt täglich jede volle Stunde 8-18 (außer 13 und 14) Uhr ab **Harle** und jeweils 30 Min. später von Wangerooge zurück. Preise: 53 DM einfach, 100 DM hin und zurück. Kinder unter 10 zahlen die Hälfte.

Wangerooge

Blinder
Passagier

Weitere
Verbin-
dungen
Weitere Verbindungen mit *LFH, OFD, Helgoland* und *Bremerhaven Airlines* bestehen mit Wilhelmshaven (5mal täglich, 75 DM), je 1mal täglich mit Bremen (225 DM), Bremerhaven (135 DM) und Helgoland (110 DM zuzügl. 15 DM Gebühr auf Helgoland), nach Baltrum (80 DM), Langeoog (69 DM) und Norderney (90 DM).
●*Bremerhaven Airlines:* Tel. 0471-9712100
●*Helgoland Airlines:* Tel. 04421-92600

Flugplätze
Die Flugplätze Harle und Wangerooge befinden sich jeweils etwa 1 km östlich des Ortes.

Mit dem eigenen Boot

Der schöne, einsam gelegene Hafen im Westen der Insel ist allein eine Reise wert. Mit einer minimalen Wassertiefe von 1,5 m nimmt er auch größere Boote auf. Es existiert nur ein (allerdings großer) zentraler Schwimmsteg, der oft belegt ist; Gäste müssen dann auf die festen Stege ausweichen. Ein vorheriger Check mit dem **Hafenmeister** (Tel. 630) ist bei jeder Anreise empfehlenswert.
●Duschen und WCs gibt's auf dem Fähranleger.

Geheimnisvolle Eilande

Östlich von Wangerooge liegen zwei Inseln, die ein mysteriöser Schleier umgibt. Die eine, Minsener Oog, ist ein riesiger Sandhaufen, die andere, Mellum, ist platt wie ein Pfannkuchen.

Minsener Oog ist künstlich angelegt und besteht im wesentlichen aus einem Netzwerk von Leitdämmen, die verhindern sollen, daß Wangerooge und die restlichen Ostfriesinnen nach und nach in das tiefe Loch der Jademündung rutschen. Deshalb wird auf der Insel ständig gearbeitet, aufgespült und umgeschichtet. Die Minsener Oog kann per Wattwanderung von Schillig aus erreicht werden und besitzt einen kleinen Besuchersektor, ist ansonsten aber (außer in Notlagen) gesperrtes Gebiet.

Oldoog, ein Stückchen südlich davon, ist nur noch eine Sandbank und Vogelschutzgebiet.

Die Insel *Mellum,* jenseits der Jade gelegen, ist eigentlich auch nur eine bessere Sandbank, doch durch umliegende Watten vor der See geschützt. Dadurch hat sich ein „grüner Strand" herangebildet, ein aus dem Niederländischen übernommener Begriff, der eine dynamische, dem Küstengroden ähnliche Vegetationsansiedlung bezeichnet.

Mellum, 6,3 km^2 groß, ist zur Gänze NSG und zum Teil *Vogelschutzgebiet;* ein Vogelwart ist ständig anwesend. Neben Memmert bei Juist beherbergt Mellum heute die größte *Silbermöwenkolonie* an der deutschen Nordseeküste, ist jedoch so streng geschützt, daß selbst Wissenschaftler Probleme haben, dort einen Fuß an Land zu setzen.

Helgoland

Helgoland
– roter Fels im Meer

Dieses – auch heute noch gültige – Gedicht schrieb der Verfasser des Deutschlandliedes im August 1842 auf Helgoland. Die *Hoffmann von Fallersleben Gesellschaft e. V.* in Wolfsburg stellte das lange als verschollen geltende Gedicht in jüngster Zeit der Öffentlichkeit zur Verfügung.

Freunde, geht ins Seebad!
Jedes Leid und Weh
lindert und beschwichtigt
scheucht und heilt die See.

Jedem wird Genesung
in der See zuteil,
jedem Rang und Stande
bringt das Seebad Heil.

Wer auf festem Lande
nirgend Heilung fand,
wird sie wahrlich finden
dort in Helgoland. –

Vetter Michel höret
dieses frohe Wort,
macht sich auf und eilet
nach der See sofort.

Und er badet täglich
in des Weltmeers Flut,
denn er weiß, das Seebad
machet alles gut.

Geschichte

Der Name

Gegen **700 n.Chr.** landete der *Heilige Willibrord* auf einer Missionsreise im damaligen „Forsetisland" an und versuchte – erfolglos – dessen Bewohner zum Christentum zu bekehren. 87 Jahre später nahm *Liudger von Münster* einen neuen Anlauf. Ihm gelang die Konversion, und er war es, der die erste Kirche auf der Insel baute. **Ab 800** taucht der Name **Heiligland** auf, unter dem die Insel fortan bekannt blieb.

Frühe Geschichte

An früherer Stelle wird in diesem Buch bereits Bezug auf die erdgeschichtliche Entstehung der Nordseeinseln genommen. Der Faden sei hier ungefähr zu einem Zeitpunkt weitergesponnen, als *St. Willibrord* dort seinen Fuß an Land setzte. Zwar war Helgoland damals, vor 1200 Jahren, schon lange vom Festland getrennt, doch es war immer noch ein großes Territorium. Bereits in der **Jungsteinzeit** (3000-1800 v.Chr.) hatte es hier Menschen gegeben, und in den folgenden tausend bronzezeitlichen Jahren muß es sogar, Ausgrabungen zufolge, zu einer gewissen Blüte gekommen sein. Noch im 20. Jahrhundert gingen manche Gelehrte so weit, in den untergegangenen Landesteilen das sagenhafte Atlantis zu vermuten.

Auch der Husumer Kartograph *I. Meier* hatte im 17. Jahrhundert versucht, die Konturen des alten Heiliglandes **um 800** zu rekonstruieren. Ob die dabei entstandene Karte aber nur entfernt der Realität entspricht, ist fraglich. Sicher ist, daß Helgoland, wie alle Nordseeinseln, durch den steigenden Meeresspiegel ständig an Substanz verlor. Die erste relativ wahrheitsgetreue Karte wurde **1325** von einem Genuesen verfertigt und zeigt ein erheblich geschrumpftes Eiland, und als Herr Meier anno 1649 die aktuellen Verhältnisse aufzeichnete, entstand ein Inselbild, das dem heutigen sehr ähnlich sieht.

Westklippen
um 1800

Helgoland

Mittelalter Zwar war Helgoland zu jenem Zeitpunkt noch etwa *viermal so groß* wie heute. West- und Ostteil waren über eine Landbrücke verbunden; auf der heutigen Düne erhob sich das *Witte Kliff,* ein mächtiger Kreidefelsen. In vielen Aspekten mag es damals wie auf Rügen ausgesehen haben. Doch der Abbau setzte sich pausenlos fort. Nicht nur durch das Nagen der See, auch der Mensch half nach.

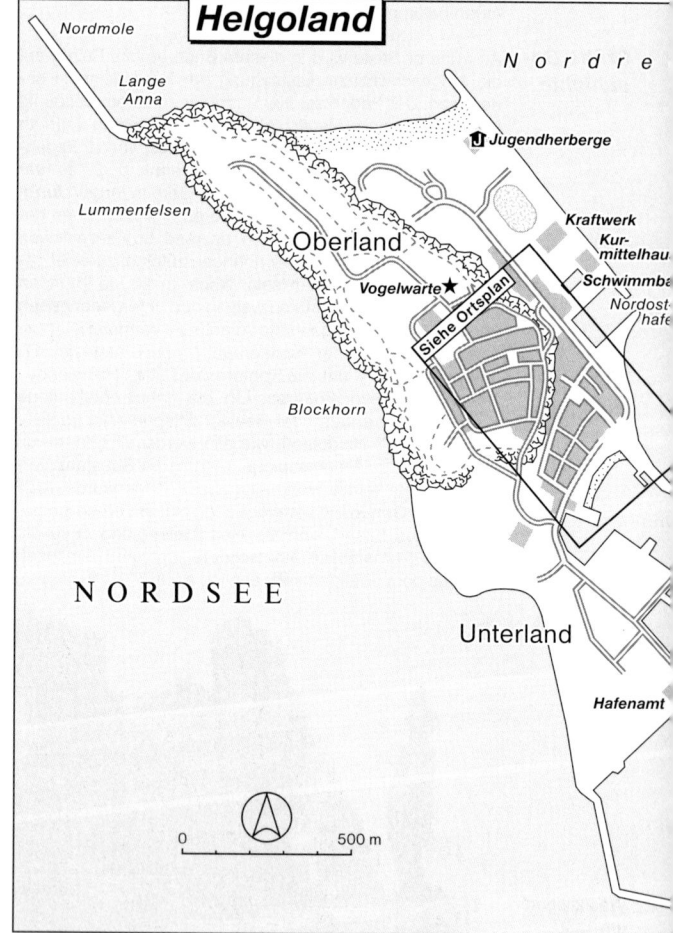

Große Mengen von **Muschelkalk,** wichtige Teile des
Inselfundaments, wurden abgegraben und als **Baustoff**
zum Festland verschifft. *1711* versank das Witte Kliff,
doppelt unterhöhlt, während einer gewaltigen Sturmflut in
der See. Die dünne Landbrücke wurde ein paar Jahre
später ebenfalls endgültig hinweggespült. Helgoland war
jetzt **zweigeteilt.**

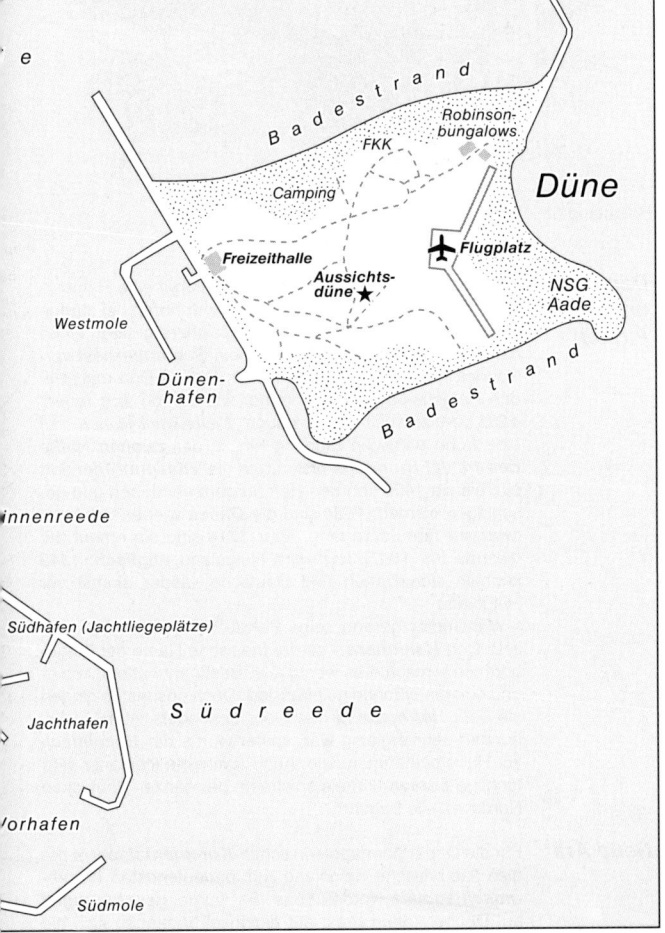

231

Helgoland um 1854

Dänen und Piraten

Um die *Mitte des 14. Jahrhunderts* nennt eine Hamburger Urkunde Helgoland einen *Zufluchtshafen* bei stürmischer See und beschwert sich gleichzeitig über einen dänischen Ritter, der die Insel in ein *Seeräubernest* verwandelt hatte. Dänen und Piraten: Dieses Duo macht in den Helgoländer Annalen immer wieder von sich reden. *1231* bereits weist das „Erdbuch" *König Waldemars II.* auf eine frühe dänische Bindung hin. In der *zweiten Hälfte des 14. Jahrhunderts* nisten sich die *Vitalienbrüder* dort ein, bis sie 1402 von den Hamburgern vertrieben und geschlagen werden. *1684* sind die *Dänen* wieder am Zuge, zwar nur fünf Jahre lang, aber *1714* sind sie erneut da, diesmal *bis 1807*. Jetzt wird Helgoland *englisch. 1849* kabbeln sich Dänen und Deutsche wieder einmal vor Helgoland.

Wer immer gerade seine Fahne auf der Insel flattern ließ: Den *Halunnern* – so der friesische Name der Eingeborenen – machte es wenig aus. Bestimmt hatten sie hier und dort ein bißchen mitpiratisiert. Doch ansonsten gingen sie dem *Heringsfang* nach, der besonders im 16. Jahrhundert sehr ergiebig war, später wurde der *Schellfisch* zur Haupteinnahmequelle. Auch waren die Insulaner sehr tüchtige *Lotsen* und als solche an der ganzen deutschen Nordseeküste begehrt.

Neue Ära

Für die Dauer der napoleonischen *Kontinentalsperre* gedieh das britische Helgoland zum bedeutendsten *Warenumschlagplatz* Nordeuropas. Es wurde *geschmuggelt* auf Deubel komm raus; auf der Insel begannen sich die

ersten Anzeichen von Neureichtum bemerkbar zu machen. Doch dies war eine Scheinblüte, wie sich bald herausstellen sollte. Mit der Niederlage *Napoleons* im Jahre
1814 ging es mit Helgoland wieder **wirtschaftlich berg-
ab,** unter anderem auch, weil die Seehäfen an Ems,
Weser und Elbe nach dem Abzug der Franzosen ihr eigenes Lotsenwesen aufzubauen begannen. Die Helgoländer
Lotsen waren nicht mehr gefragt. Außerdem war die Insel
ja englisch, also Ausland. Selbst die Helgoländer Fischer
hatten jetzt Schwierigkeiten, ihre Fänge auf dem Festland
abzusetzen.

In dieser Situation, man schrieb das Jahr 1826, kam ein
Insulaner namens *Jacob Andresen Siemens* auf die kühne
Idee, ein **Seebad** zu gründen, um die Kassen wieder klin-
geln zu lassen. Der Gedanke faßte Fuß, die ersten „Kurgäste" traten in Erscheinung. Maler und Dichter begannen, die Schönheit der Insel zu preisen. *Heinrich Hoffmann
von Fallersleben* dachte sich *1841* dort das **Deutschland-
lied** aus, das 1922 zur Nationalhymne wurde. Auch *Friedrich Hebbel* und *Heinrich Heine* machten sich für das Eiland
dichterisch stark. Der letztere, von daheim offenbar nicht
sehr verwöhnt, empfand, „das Meer rieche wie Kuchen".
1905 mußten sich bereits *27.000 Badegäste* diesen Kuchen teilen.

Krieg

Da war Helgoland auch schon deutsch. Am *10. August
1890* hatte *Kaiser Wilhelm II.* die Insel feierlich *in Besitz
für das Deutsche Reich* genommen. Dafür wurden den
Briten Kolonialrechte in Afrika sowie die Schutzherrschaft
über **Sansibar** eingeräumt. Helgoland wurde dem preußischen Staat einverleibt und der Provinz Schleswig-Holstein zugeteilt, zu der – provinziell ist es dort ja eh geblieben – die Insel heute noch gehört.

Schon vierundzwanzig Jahre nach der Einverleibung
mußten die Halunner die Insel wieder räumen – der
1. Weltkrieg hatte begonnen. Kriegsbelange gingen vor.
Helgoland war ja mit der alleinigen Absicht erworben worden, den Felsen zu einer **Seefestung** auszubauen, die die
deutsche Nordseeküste schützen sollte. In den Jahren
1908 bis 1916 schusterte das Reich über 10 Millionen
Mark in das maritime Fort. Der Helgoländer **Hafen** wurde
massiv ausgebaut und die ersten wirksamen Schutzmaß-
nahmen gegen den Ansturm der See getroffen. Der Krieg
zerschmiß alles wieder in Trümmer. Bei ihrer Rückkehr
nach Kriegsende fanden die Insulaner eine Wüste vor.

**Neu-
beginn**

Doch bald kam der Fremdenverkehr erneut in Schwung.
Bäderdampfer nahmen wieder Kurs auf die rote Hochsee-
insel. Und bald, *1934* bereits, wurde unverzagt von neuem
aufgerüstet. Die kaiserlichen Kasematten, wegen lascher

Helgoland

Durchsetzung der Versailler Vertragsbedingungen teilweise heil geblieben, wurden zu weiträumigen **Bunker- und Tunnelsystemen** ausgebaut, die Hafenanlagen zur Aufnahme von größeren Kriegsschiffen und U-Booten vorbereitet. Das Oberkommando der Kriegsmarine entwarf **1937** ein großangelegtes **Hafenkonzept** für die Insel, die sogenannte Hummerschere. Danach sollte der alte Felssockel rund um Helgoland und Düne als Fundament für Molen und Uferbefestigungen genutzt werden; die beträchtlichen Zwischenräume wollte man aufspülen.

Die Arbeiten begannen ohne Verzug. Allein 440.000 Kubikmeter Beton wurden auf das unschuldige Eiland gegossen, 32.000 Tonnen Stahl verbaut. Kurz vor dem 2. Weltkrieg glich die Insel einer einzigen **Großbaustelle.**

Der lärmende Betrieb, die militärische Präsenz, nicht zuletzt auch die antisemitischen Verbotsschilder, die der damalige Bürgermeister in Aufbruchstimmung am Anleger aufstellen ließ, das alles verleidete den Liebhabern Helgolands die Insel. Dafür kamen massenweise **KdF-Touristen.** Gut hundert Jahre nach ihrer Gründung als Seebad erlebte die Insel ihre erste Tagesgastinvasion.

Wieder Krieg

Mit **Kriegsbeginn** erlosch jäh jedes Strand- und Badeleben. Bis auf die wehrfähigen Männer verblieb die Bevölkerung vorerst auf der Insel, auch Fisch- und Hummerfang wurden weiter ausgeübt. Da Helgoland fernab der umkämpften Fronten lag, war der Felsen strategisch nicht von großer Bedeutung und für die Alliierten zunächst kein Angriffsziel. Im **Frühjahr 1943** nahmen amerikanische Bomber jedoch erstmals Kurs auf die Insel. Weitere **Luftangriffe** folgten. Helgolands Bevölkerung, die in den verzweigten Stollen die Bombardements überlebt hatte, mußte wieder einmal **evakuiert** werden. Auf 150 Ortschaften auf dem Festland verteilt, waren die Halunner diesmal dazu verdammt, sieben lange Jahre auf ihre Heimkehr zu warten. Während der letzten Kriegsjahre hatte sich auf der Insel eine **Widerstandsbewegung** gebildet. Die Gruppe wollte Helgoland am **18. April 1945** kampflos an die Engländer übergeben. Die geplante Aktion flog indes durch Verrat auf, die Mitglieder der Bewegung wurden erschossen. Am Mittag des gleichen Tages unternahmen nahezu 1000 alliierte Flugzeuge **drei Großangriffe** auf die Insel. Nach knapp zwei Stunden lag Helgoland ausgebombt in Schutt und Asche. Wenige Tage nach der deutschen Kapitulation wurde der **Trümmerhaufen** an die englischen Streitkräfte ausgeliefert.

Big Bang

In der Folgezeit setzten die Engländer alles daran, die Insel endgültig von der Seekarte zu tilgen. Die vorgesehene Radikalkur tauften sie „Operation Big Bang". **1947**

– wiederum an einem 18. April – lösten sie die bislang **größte nichtnukleare Sprengung der Geschichte** per Fernzündung aus. Fast **7000 Tonnen Sprengstoff** flogen mit einem Schlag in die Luft. Doch die Insel blieb bestehen, wenn auch schwer angeschlagen. Der über 200 Millionen Jahre alte Buntsandsteindeckel des Oberlandes wurde durch den Urknall unmerklich angehoben, während der gewaltige Explosionsdruck durch das Schichtgestein zur Seite hin weitgehend entweichen konnte. Zusätzlich federte ein unterhalb des Inselmassivs gelegener Salzstock die Sprengwirkung ab.

Wieder Neu- beginn

Trotz des verpufften Big Bang hatten sich große Teile Helgolands in eine bizarre **Kraterlandschaft** verwandelt. Auch gab es jetzt nicht mehr nur ein Ober- und Unterland, sondern durch den Gesteinsschutt auch ein „Mittelland". Eine **weitere Großsprengung** versetzte den Trümmern den Rest. Danach bestimmte England die Insel zum **Bombenabwurfziel** für die britische Luftwaffe.

Die Sprengungen hatten bereits heftige **Proteste** ausgelöst, insbesondere seitens der Halunner. Die Bombardements ließen die Einsprüche zur Lawine anschwellen, welche die englische Regierung zunehmend unter Druck setzte. Nach einer spektakulären **Besetzungsaktion** durch zwei Heidelberger (nicht Helgoländer!) Studenten **im Dezember 1950** und diplomatische Verhandlungen der Adenauer-Regierung wehte ab **März 1952** die **Bundesflagge** über der Insel. Im gleichen Jahr lag auch schon der erste Bäderdampfer wieder vor Helgoland. Der **Neuaufbau** lief auf vollen Touren. Mitte der sechziger Jahre war das modernste Seebad der Deutschen Bucht zu hundert Prozent im Geschäft.

Helgoland heute

Tages- tourismus

Es dauerte nicht lange, bis die Halunner erste Früchte ernten konnten: Im Tagestourismus erlebte das Eiland zu Beginn der **siebziger Jahre** einen wahren Boom. Über **820.000 Tagesgäste** landeten 1973 auf Helgoland, mehr als 2000 pro Tag. Fast alle kamen mit dem Schiff, nur wenige mit dem Flugzeug. Gleichzeitig registrierte die Kurverwaltung nicht weniger als 415.000 Übernachtungen von Dauergästen. Seit diesen fetten Jahren hat sich am äußeren Erscheinungsbild der Insel wenig geändert. Investiert wurde wenig; die Gäste kamen auch so.

Helgoland

Einbußen Eine erste Quittung für das perspektivlose „Streben nach der schnellen Mark" – O-Text der Kurverwaltung – folgte auf dem Fuße. Die Vermieter mußten immer stärkere Einbußen hinnehmen. Gegenüber dem Boomjahr 1973 sank die Zahl der Übernachtungen bis 1987 um 40, die der Tagesgäste um 44 Prozent.

Aufgeschreckt durch diese dramatische Fehlentwicklung hatte die SPD-Opposition im Kieler Landtag wenig später eine ***Untersuchung*** beantragt, deren Ergebnisse im Herbst 1988 vorlagen. Sie besagten unter dem Strich, daß Helgo-

land einem schon lange nicht mehr anspruchs-
los dahinkonsumierenden Reisepublikum für zuviel Geld zu wenig böte und im Begriff stand,
sich auf dem gleichen Kurs ins touristische Ab-
seits zu manövrieren.

**Kurs-
wechsel**
Dieser zweite Big Bang zeigte mehr Wirkung als
der erste. Der Kurs ist seither radikal geändert
worden. Man hat sich neue Ziele gesteckt, bei
deren Realisierung, so die Kurdirektion im Januar 1993, "Helgoland sich nun sicherlich bald mit
Sylt und Amrum vergleichen lassen kann." Dem

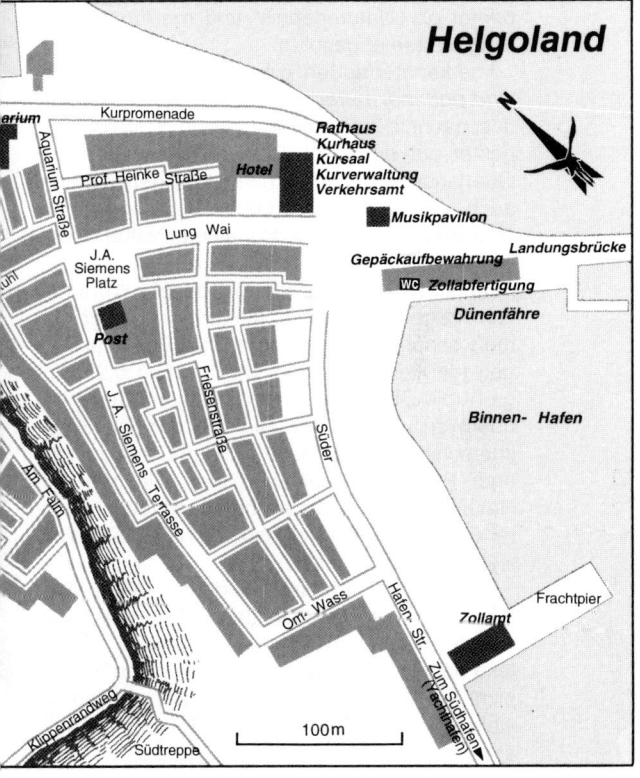

Westküste

Rat der Expertise folgend, wurde der Insel auch ein **neues Image** verpaßt. Helgoland wird jetzt primär als „Naturerlebnis" und **maritime Erholungs-Oase** angeboten.

Anerkanntermaßen gilt Helgoland als **staub- und pollenärmster Ort der Republik.** 70 km ist das nächste Land entfernt, kein Kraftfahrzeug pestet auf der Insel. Das spärliche Gras des Oberlandes wird von Schafen kurz gehalten, um auch das letzte Pollenpartikel zu vernichten. **Allergiker** finden hier Befreiung, Naturfreunde ihr kleines Paradies.

Da kommt nun allerdings dieses Wörtchen zum Tragen: **klein.** Das Naturerlebnis Helgoland muß schon aufgrund räumlicher Beschränkungen ein kleines bleiben. Die Insel ist 0,95 km^2 groß (die Düne 0,7), in einer halben Stunde bequem zu umwandern. Die von riesigen Besucherscharen betrampelte einstige Großbaustelle und Bomberzielscheibe bietet allenfalls ein Natürchen. Kein Platz auch für Liebhaber insularer Einsamkeit; ein Robinson muß das Eiland mit vielen Freitagen teilen.

Dennoch werden Helgoland-Fans die felsigen Gestade auch weiterhin gegen die lieblichsten Palmenstrände zu verteidigen wissen. Helgoland hat ein gewisses Flair, das Sylt und Amrum nicht besitzen und das schwer einzuordnen ist: vielleicht die nie ganz verlorengegangene Aura einer uralten Sakralstätte.

Zollfreier Status

Zum Reiz des kleinen Abenteuers trägt Helgolands zollfreier Status bei, der (im Gegensatz zu den sogenannten Butterfahrten) von der EU-Kommission über den 30. Juni 1999 hinaus verlängert worden ist. Die Insel ist Zollfreigebiet, in dem man allerlei Konsumgüter günstig erstehen kann. Allerdings in gewissen Grenzen. Raucher- und Trinkerherzen schlagen auf Helgoland höher, denn die respektiven Suchtstoffe sind einigermaßen billig. Günstig angeboten werden auch Schmuck und Uhren. Bei anderen Waren darf man sich aber auch im Kaufrausch den Blick nicht trüben lassen. Vieles in der Rubrik „Duty-free" ist erheblich teurer als auf dem Festland. Nur allzu verständlich, denn von dort wurde es ja höchst aufwendig auf die Insel gekarrt. Und wer schleppt schon „5 kg Butter, 1 Tierkörper Geflügelfleisch", ein Kilo „Pflaumen in Armagnac" oder einen Doppelliter Met mit nach Haus – Artikel, die säuberlich in der Zollbestimmung verzeichnet sind? Das eine oder andere Schnäppchen läßt sich auf Helgoland schon machen, aber nicht das ganz große Geschäft. Denn bei der Abfahrt vom Eiligen Land steht immer der Mann von der Zollstelle an der Pier. Er sieht zwar nie besonders scharf hin – aber daß er auf einem Auge blind wäre wie weiland Nelson vor Kopenhagen, darauf ist kein Verlaß. Wer ganz sicher gehen will: das Zollamt Helgoland hat die Telefonnummer 304.

Die Helgoländer Farben

„Grön is dat Land,
Rot is die Kant,
Witt is de Sand -
Dat sind die Farben von Helgoland."

Entsprechend sieht die Helgoländer Flagge aus:
(Waagerecht) grün, rot und weiß gestreift.

Helgoland

Sehenswertes

Es macht keinen Sinn, aus dem Komplex Helgoland Einzelstücke herauszuschälen und diese als besonders spektakulär zu preisen. Man muß die Insel *als Ganzes* gesehen und erlebt haben, um sie solcher Würdigung teilhaftig werden zu lassen.

Gleichwohl hat Helgoland viel von dem *Charme verloren,* der der Insel noch vor dem 2. Weltkrieg anhing. Damals, noch gar nicht lange her, gehörten die Westklippen Helgolands zu den schönsten *wildromantischen Steilküsten* Nordeuropas. Grotten, Höhlen, Brandungstore und Einzelfelsen markierten eine *Felsenpromenade,* die von 1792 an alljährlich von einer immer größer werdenden Zahl von Naturfreunden und Forschern besucht wurde. Die Namen der Einzelfelsen, die den Klippensaum schmückten, waren weltberühmt: Mönch, Hoyshörn, Predigerstuhl, Ingelskark, Paterken en sin Fru, Mörmers Stack, de Letje Kark, Kasteal Hörn und das Nathum Stack, das unter dem Namen *Lange Anna* als *letzter Einzelfelsen* zum Naturdenkmal helgoländischer Entwicklungsgeschichte geworden ist. Nur dieser einsame Pfeiler steht heute noch, von Betoninjektionen gehalten, Mahnmal für menschlichen Wahnwitz, der Helgoland ganz besonders zugesetzt hat.

Unter britischer Herrschaft erlebte Helgoland von 1807 bis 1890 *glückliche Jahre.* Die englischen Gouverneure zeigten Verständnis für die Eigenheiten der Kronkolonie in der Deutschen Bucht; sie und die Insulaner kamen prächtig miteinander aus. Um so schändlicher – und unbegreiflicher – ist, was die Engländer der Insel später antaten. Daß Helgoland im letzten Kriegsjahr bombardiert wurde, kann man notfalls akzeptieren; schließlich saß dort ja „der Feind". Die anschließenden Sprengungen und Bombardements waren jedoch völlig sinnlos und richteten sich ausschließlich gegen die Natur. Ein einzigartiges Naturdenkmal wurde zerstört, um ein Haar ganz.

Gleichzeitig wurde ein und für allemal die **Beschaulichkeit zerstört,** die den Ort Helgoland einmal ausgezeichnet hatte. Spuren eines mediterranen Ambientes – verwinkelte Gäßchen, dicht aneinandergeschmiegte kleine Häuser – waren noch bis ins 20. Jahrhundert hinübergerettet worden; auch sie wurden hinweggebombt. Dennoch kann man von Glück sagen, daß der **Wiederaufbau mit** einigem **Sachverstand** vollzogen wurde. Zwar wirken die Häuserzeilen der Appartementhotels recht monoton, zum Teil sogar steril, wie so oft auf den Inseln. Doch der Ortskern im Unterland empfindet immer noch ein wenig die **alte Friesenkultur** nach, mit moderat gehaltener Bebauung und Baumgrün. Klugerweise hat man auch die Düne vor architektonischem Wildwuchs bewahrt.

Eine kleine Vorstellung des alten Helgoland geben noch die **Hummerbuden am Binnenhafen,** bunte Holzhäuschen, in denen die Fischer ihre Gerätschaften aufbewahren.

Ganz besonders sehens- und besuchenswert ist das **Aquarium der Biologischen Anstalt** an der Kurpromenade. Hier kann die gesamte Fauna und Flora der Nordsee, von der gemeinen Klaffmuschel bis hin zur Seehundfamilie, bestaunt werden.

●Geöffnet (außer vom 10.11. bis 20.12.) tägl. 10-16.30 Uhr. Eintritt: 2 DM, Kinder 1 DM.

Wer jetzt noch etwas Zeit hat, sollte auf alle Fälle der **Helgoländer Vogelwarte** auf dem Oberland eine Visite abstatten. Dort werden Vögel gefangen, untersucht und nach behutsamer Beringung wieder freigelassen. Vom 15.3. bis 15.10. (sonst nach Vereinbarung, Tel. 306) kann man jeweils Di und Fr um 16.30 Uhr Einblick in diese Aktivitäten nehmen oder sich auch einer gelegentlichen Expedition in die Vogelwelt anschließen. Gesehen haben sollte man den **Lummenfelsen.**

Helgoland

241

Betrieb am
Lummen-
felsen

Die Düne

Auf der Hauptinsel gibt es keine nennenswerten
Badestrände. Gebadet wird deshalb auf der
„Düne", die insofern etwas irreführend benannt
ist, als es dort mit Ausnahme einiger Bodenwel-
len kaum Erhebungen gibt. Die Westseite ist
eine einzige lange **Mole,** dort befindet sich auch
die **Anlegestelle der Börteboote.** Der Ostteil
wird großenteils vom **Flugfeld** eingenommen.
Daneben, an das Bungalowdorf grenzend, kann
man sich im *Flughafen-Restaurant* stärken; zur
Abwechslung auch im *Dünenrestaurant* am Süd-
strand.

Der **Badebetrieb** findet am Nordstrand statt. In
der linken Ecke wird **gesurft,** in der Mitte läuft
man **textilfrei** umher. Es gibt sogar ein (kleines)
Naturschutzgebiet auf der Düne: Die **Aade** im
Südosten!

Die Helgoländer Lumme

An der Westseite Helgolands, in der Nähe der Insel-
nordspitze, befindet sich *Deutschlands einziger See-
vogelfelsen.* Hier brüten **Lummen** neben zahlreichen
Dreizehenmöwen auf den Galerien des Buntsandstein-
felsens. Der sogenannte Lummenfelsen steht unter Naturschutz. Er ist die alleinige Brutstätte dieses zu den
Alken gehörenden Vogels in unseren Breiten. Die
Lumme brütet sonst nur an den nordeuropäischen Mee-
resküsten, wo sie zu den typischen Bewohnern der nordischen „Vogelfelsen" gehört.

Auf den schmalen Felssimsen der Helgoländer West-
klippe finden sich alljährlich rund *1000 Paare* dieser
Vögel ein, die fast das ganze Jahr hindurch auf See
leben und nur in der Brutzeit das Land aufsuchen. Die
Ankunft der Lummen, die mit ihrem schwarzweißen Gefieder und ihrer aufrechten Körperhaltung kleinen Pin-
guinen gleichen, erfolgt im März bis Anfang April. Dicht
an dicht werden dann die schmalen Vorsprünge der
Felsen besetzt, und ein tausendstimmiges „Arr-arr"
schallt weit vernehmbar von der Felswand.

Etwa Anfang Mai legt die Lumme auf den nackten
Felsen ein *einziges Ei.* Nester kennen diese eigenarti-
gen Seevögel nicht. Lummeneier sind in ihrer Grundfar-
be und Fleckenzeichnung sehr unterschiedlich. Die fast
birnenförmige Gestalt verhindert, daß das Ei vom Felsen herunterrollt, wenn es im Gedränge der Vögel an-
gestoßen wird. Bedingt durch die Form dreht sich das
Ei um seine Spitze. In einem Monat haben beide Eltern-
vögel das Ei abwechselnd ausgebrütet und füttern ihr
Junges ausschließlich mit Fischen.

Das ständige An- und Abfliegen der Lummen macht
diesen Vogelfelsen zu einem faszinierenden *Beobach-
tungsplatz.* Die Lummen sind vorzügliche *Taucher.* Mit
ihren Flügeln rudern sie und haschen mit ihrem spitzen
Schnabel nach Fischbeute.

Anfang Juli locken die Alttiere vom Wasser aus ihre
noch nicht flugfähigen Jungen zum sogenannten *Lum-
mensprung.* Dieser Sprung der Jungen vom hohen
Felsen ins nasse Element ist zugleich der Sprung ins
Leben. Nun erlernen sie von den Alten das Tauchen
und Fischen, und bald darauf ziehen die Lummen fami-
lienweise nach den nordischen fischreichen Gewässern. Erst auf diesem Zug nach Norden werden die
Jungen flügge.

Helgoland

Insel-Info

PLZ: 27498.
Vorwahl: 04725.

Auskunft
● *Helgoland Touristic GmbH:* Lung Wai 28
(Tel. 813711...13, Fax 813725).
● *Fremdenverkehrsverein:* Büro Landungsbrücke
(Tel. 355). Hilft bei der Zimmersuche.
● *Flugauskunft* und -buchung, allgemeine *Reiseinformation:* DER (Verkehrsamt, Tel. 80865); *Reisebüro Mailänder* (Oberland, Tel. 813711).

Medizinische Versorgung
● *Ärzte:* G.-Maxse-Str. 638 (0), Aquariumstr. 182 (U),
Am Falm (U).
● *Zahnarzt:* Oberland.
● *Paracelsus Nordseeklinik:* Invasorenpfad (U).
● *Krankenwagen:* Tel. 7723.
● *DRK-Station:* auf der Landungsbrücke.
● *Apotheke:* auf dem Oberland.
● *Kurverwaltung:* Lung Wai 28, Tel. 8143-0

Saison
HS: 1.5. bis 31.10., NS: 1.10. bis 30.10. und 1.3. bis 30.4.

Kurtaxe
Siehe Anhang.

Strandkorbmiete

Tageskarte Mai und Oktober	DM 8
Wochenkarte Mai und Oktober	DM 50
Tageskarte Juni und September	DM 10
Wochenkarte Juni und September	DM 60
Halbtageskarte Juni und September (ab 14 Uhr)	DM 8
Tageskarte Juli und August	DM 12
Wochenkarte Juli und August	DM 70
Halbtageskarte Juli und August (ab 15 Uhr)	DM 8
Jahresstrandkorb (übertragbar)	DM 550

Helgoländer
Gasse
um 1900

FKK   Am Nordstrand der Düne. Man kann, muß aber nicht.

Ruhe-   12-14 und 22-8 Uhr.
zeiten

Hunde   Hunde sind überall auf der Insel anzuleinen. Die Düne ist
                   (außer bei An- und Abreise mit dem Flugzeug) für sie ge-
                   sperrt! Verboten sind Hunde auch in den Kuranlagen des
                   Nordost-Geländes.

Kirchen   St. Nicolai (ev.), St. Michael (k.), beide Oberland.

Presse   ●*Der Helgoländer,* monatlich
                   ●*Helgoland – meine Insel* (Veranstaltungsprogramm), alle
                   14 Tage

Fortbewegung

Nur ein paar Fahrzeuge auf der Insel sind motorisiert, z. T.
elektrisch, und dienen ausschließlich der Versorgung. Auf
Helgoland geht man zu Fuß, auch Fahrräder dürfen nicht
benutzt werden. Der geringen Distanzen wegen besteht
auch keine Veranlassung dazu. Wer nicht gehen kann,
bestellt das Mini-Taxi (Tel. 313).

Fahrstuhl   Wer die Treppen zum (30 m hohen) Oberland scheut,
zum   kann einen Fahrstuhl benutzen. Betriebszeiten täglich
Oberland   7-23 Uhr (So und feiertags ab 9 Uhr). Preis 0,80 DM pro
                   Fahrt, 1,30 DM rauf und runter (Hunde auch). Nicht emp-
                   fehlenswert sind eigenmächtige Abkürzungen über die
                   brüchigen Hänge, wie ein Zeitungsbericht vom Sommer
                   1993 zeigt:

---

20 Meter abgestürzt: Lebensgefahr

Auf Helgoland ist am Sonnabend ein 32 Jahre alter
Mann von einem 20 Meter hohen Steilhang gestürzt
und lebensgefährlich verletzt worden. Der Mann hatte
sich zusammen mit einem Freund nach einem
Disco-Besuch verirrt. Auf der Suche nach dem Heim-
weg verlor er das Gleichgewicht.

Dünen-   Zur Düne gelangt man mittels der sogenannten Dünen-
fähre   fähre, offene Börteboote, die von 8 bis etwa 17 Uhr zwi-
                   schen Insel und Düne pendeln. Genaue Zeiten im Aus-
                   hang auf der Landungsbrücke. Preise: Einzelkarte (auch-
                   Tagesgäste) 8 DM, Kinder ab 6 und Jugendliche bis 18
                   die Hälfte. Familienkarte 14 DM.

Helgoland

Unterkunft

Achtung: HS-Preise für alle Herbergen gelten vom 1.5. bis 15.10.

Hotels, Hotel-Pensionen und Fremdenheime

●Die feinste Adresse der Insel, das *Hotel Helgoland Karree* gleich vorn am Anleger, befand sich bei Drucklegung noch im Bau. Über 80 Zimmer, 10 Appartements, sowie Tagungs- und Konferenzzimmer wird der Palast bei Fertigstellung verfügen, die bis auf weiteres allerdings fraglich ist.

●Die bestehenden Hotels, Hotel-Pensionen und Fremdenheime sind wesentlich bescheideneren Zuschnitts. ÜF-Preise beginnen in diesem Komplex bei 42 DM *(Kumm Weer*, Tel. 378); der Durchschnitt liegt bei etwa 70 DM. In der NS werden um 20 % Rabatt gewährt, viele Klausen machen jedoch im Winter dicht.

Zimmer

●Privatquartiere sind (auf dem Oberland) schon ab 25 DM zu haben (*Bufe*, Tel. 332); der Schnitt liegt hier bei 35 DM. In manchen Fällen werden 10-25 % Nachlaß für die NS gegeben. Gut die Hälfte der insgesamt 60 Privatquartiere ist im Winter geschlossen.

Ferienwohnungen

Appartements machen auch auf Helgoland den größten Teil des Beherbergungsangebots aus. Es gibt da einiges an Kleindruck; z. B. werden Strom, Wasser und Heizung in vielen Fällen (über separate Zähler) extra berechnet. Auch die unfeine Praxis, den ersten Belegungstag erheblich zu verteuern, um die (illegalen) „Endreinigungskosten" aufzufangen, hat sich hier breit gemacht.

●Preise beginnen bei 90 DM pro Einheit. Dies ist allerdings ungefähr das niedrigste Preisniveau; die meisten Ferienwohnungen liegen über 100 DM. Fast alle sind ganzjährig geöffnet; substantielle Rabatte in der NS.

Robinson-Bungalows

Auf der Düne stehen vom 1.5. bis 15.10. kleine individuelle Bungalows für zwei bis vier Personen, insgesamt über 60 Einheiten, zur Vermietung bereit. Ein gutes Konzept: Unterkünfte dieser Art sollte es an der Nordsee statt klotziger Appartements eigentlich viel mehr geben. Die Holzhäuschen haben einen Schlaf- und Wohnraum, Kühlschrank und Kochplatte (jedoch keine Küchenutensilien) und sind elektrisch beheizbar.

Preisbeispiel für 2 Personen: 1 Übernachtung HS 140 DM, jede weitere 90 DM, in der NS 110 bzw. 60 DM. Rabatte bei längerer Belegung (nur VS/NS): ab 1 Woche 15 %, ab 2 Wochen 25 %.

Preise jeweils pro Einheit inkl. Erstausstattung mit Bettwäsche (Wechsel 15 DM pro Garnitur), Strom, Heizung und „Endreinigung".

Jugend-
herberge

Die *JH Haus der Jugend* (Tel. 341, Fax 7467) befindet sich auf dem Nord-Ost-Gelände (15 Min. vom Anleger). Das Haus hat die Kategorie 4 und verfügt über 128 Betten, 5 Tagesräume und 14 Familienzimmer. Offen 1.4.-31.10. Belegungsstatus checken!

Camping

Der Campingplatz (Tel. 80840) liegt neben dem Bunga-lowdorf auf der Düne und hat ca. 100 Stellplätze für Zelte. Im nahen Flugplatzrestaurant mit Einkaufskiosk kann Inselsurvival trainiert werden. Fernsehraum, Minigolf- und Kinderspielplatz: alles da. Preis pro Übernachtung: Zelt bis 10 m^2 11 DM, darüber 13-15 DM, plus 6 DM pro Person, plus Kurtaxe. Rabatte bei längerer Belegung.

Gastronomie

●Die größte kulinarische Action Helgolands findet auf der **Düne** statt. Sowohl das *Flughafen-* als auch das *Dünenre-staurant* nehmen sich der Verköstigung alles sich auf der Düne Bewegenden an, und das ist im Sommer ganz schön viel. Deshalb veranstaltet das Dünenrestaurant regelmäßige Massenfütterungen. Jeden Di gibt es „Eintopf satt", jeden Do eine „Beach-Party mit Grill", Sa „Köstlich-keiten aus der Riesenpfanne" und So eine „Bar-becue-Party". Offen täglich 10-23 Uhr.

●Auf der Insel selbst geht es gemäßigter zu. In der „histo-rischen Gaststätte" *Störtebeker* werden leckere Fischge-richte gereicht, und natürlich ist auch der berühmte **Helgo-länder Hummer** dabei, der lebend einem speziellen Becken entnommen wird.

●Versteht sich, daß gerade auf Helgoland jedes Restau-rant **frischen Fisch** auf der Karte hat. Hier findet man, an-ders als auf manchen Autofähren, keinen holländischen Truck mit palettierten „bratfertigen Schollen", die dann als „eben gefangen" vermarktet werden.

●Die meisten Restaurants sind täglich geöffnet, bieten einen **Mittagstisch** – so die *Westfalenschänke*, das *Deutsche Haus*, die *Fischer-Stuben*, der *Bremer Schlüßel*, der *Bielefelder Hof*, die *Helgoländer Schlemmerkate* und die *Althelgoländer Moccastuben* – und sind bis gegen 22 Uhr in Betrieb. Selbst „der Chinese" fehlt nicht – im *Jade-House* ist er zu finden. Auch die Hotels – *Helgolandia, Schwan* – haben separate Restaurants, in denen jedermann willkommen ist.

●**Tagesgäste** haben zumeist gar keine Zeit für ein gemüt-liches Mittagessen. Sie werden, falls die Seekrankheit sie nicht noch beutelt, im *Kochlöffel, Römer, Mensendiek* oder *Rickmer Trapp* einkehren, wo es etwas auf die Schnelle gibt, oder eines der fünf Helgoländer **Cafés** aufsuchen. Viele bleiben indes bereits in einer der rund ein Dutzend

Helgoland

Der Binnen-
hafen (KVH)

zählenden *Kneipen* hängen, denn die Getränke sind auf Helgoland – relativ – billig, und sofern es sich um einen heißen Eiergrog handelt, wärmen sie ja auch.

Sport

Freibad

Das Helgoländer Freiluftschwimmbad (Tel. 808-43) liegt auf dem Nord-Ost-Gelände. Das große Meerwasserbassin hat eine Wassertemperatur von mindestens 25 °C. Angegliedert ist eine Sauna.

●*Öffnungszeiten:* Außer von etwa Mitte November bis Mitte Dezember ständig tagsüber.

●*Eintritt:* Erwachsene mit Kurkarte 20 DM, Erwachsene mit gültiger Kurkarte und Tages- oder Mehrtageskarte, Kinder und Jugendliche von 6 bis 18 Jahren sowie Schwerbehinderte ab 70 % ....DM 10
Für Kinder unter 6 Jahren...frei

**Gymna-
stik**

Gymnastik wird an den Stränden der Düne und im Schwimmbad von Mitte Juni bis Mitte September angeboten. Die Teilnahme ist kostenlos. Im allgemeinen findet die Action um 9.30 Uhr im Schwimmbad statt und um 11 Uhr am Nordstrand der Düne. Anschließend folgen dann Übungen und Spiele für Kinder.

● ***Helgoland-Marathon:*** jährlich in der 2. Märzwoche.

Sport-anlage

Auf dem Nordost-Gelände befindet sich eine Freizeit-, Spiel- und Sportanlage, die allen Gästen offensteht.

Angeln

Angeln ist eine große Sache auf Helgoland. Zwar sind große Seegebiete um die Insel und Düne NSG und damit für Angler gesperrt. Doch ein generelles Fangverbot rund um die Insel gibt es nicht. Selbst von der ***Südmole*** der Insel und der ***Außenmole*** der Düne darf geangelt werden – oft mit glänzendem Erfolg. ***Makrelen*** beißen von Mitte Juni bis Ende September an, „wie wild" mitunter. Etwas später machen sich ***Herings- und Grundhai*** bemerkbar. (Es gibt übrigens keine dem Menschen gefährlichen Haiarten in der Nordsee.) ***Dorsch und Plattfisch*** gehen von April bis September an den Haken, andere Fischarten das ganze Jahr über. Vom Hafen aus kann man auch ***Angelausflüge per Boot*** machen, zu welchem Zwecke man sich mit den Fischern ins Einvernehmen setze. Wenn genügend Teilnehmer zusammenkommen, ist schon eine Mitfahrt für 10 DM pro Kopf drin. Ein idealer Treffpunkt ist die Hummerbude 1.

Scholle

Hochsee-segeln

Wer Hochseesegeln lernen möchte, wende sich an Georg Oestereich (Tel. 7200). Dort lernt er/sie es garantiert. Der Skipper ist Jahrgang 1918 und hat 55 Jahre Seefahrt auf dem Buckel. Ein 14tägiger BR-Kurs kostet ab 800 DM (plus 125 DM DSV-Prüfungsgebühren). Auch alle anderen Kurse sind im Programm.

Surfen

Surfen ist nicht ganz so groß geschrieben auf Helgoland. Zwar existiert eine (nur im Sommer betriebene) ***Surfschule*** am Nordstrand der Düne. Doch weil sie unmittelbar ans NSG grenzt, hat der Sport längst nicht den Stellenwert, den er auf anderen Inseln besitzt. Die Preise sind dieselben wie anderswo: Ab etwa 200 DM für einen Grundkurs. Achtung: Wer sein eigenes Board mit nach Helgoland nimmt, zahlt den Erwachsenentarif dafür – teuer!

Tennis

Es gibt zwei Hartplätze auf dem Nordost-Gelände. Gebühr pro Stunde: 15 DM.

Unterhaltung

Auf einem kleinen Flecken wie Helgoland kann schnell Langeweile aufkommen, der gefürchtete „Inselkoller" gar, vor allem wenn das Wetter nicht mitmacht. Die Kurdirektion bemüht sich deshalb um einige Animation. Viel hat sie allerdings nicht zu bieten.

Helgoland

Kur-konzert, Veranstal-tungen

Im Sommer gibt's täglich außer Mo 15-17.30 Uhr Kurkonzerte im Pavillon an der Landungsbrücke. Dort finden auch sporadisch Auftritte von Trachtengruppen und Volkstänze statt. In der Nordseehalle kann man sich ab und zu einen Kulturfilm oder Diavortrag ansehen.

●Weitaus mehr engagieren sich die beiden Kirchen, die täglich etwas Neues im Programm haben, und auch der private Sektor. Im *Café Krebs* gibt's jeden Abend um 21 Uhr einen (kostenlosen) Helgoländer Videofilm; das *Dünenrestaurant* setzt alle paar Tage eine Party oder einen Grillabend an. Das *Krebs* ist übrigens auch eine Disco (auf dem Oberland); das Gegenstück „unten" ist das *Akki*. An satt Unterhaltung fehlt's in beiden nicht.

Inselfest

Die ganz große Fete findet alljährlich am *12. Juli* und in der Nacht auf den 13. statt: Das Helgoländer Inselfest und **Tag des Seebäderdienstes.** Dann herrscht Narrenfreiheit auf der Insel, die sich in einen Flohmarkt verwandelt: Jeder, der ein Geschäftchen machen möchte, kann es an diesem Tage ohne Gewerbeerlaubnis tun. Mindestens ein Dutzend Bands, darunter einige von weither geladene, wumpfen permanent gegeneinander an – der Bär ist los.

Eine Ruhepause tritt ein, nachdem die mindestens 5000 Tagesgäste, viele stark schwankend, die Insel verlassen haben. Doch schon um 22 Uhr rollt der nächste Schub an, der sich zollfrei amüsieren möchte: Ganze zwei Stunden lang. Dann wird dieses – noch etwas stärker schwankende – Kontingent wieder eingebootet, um sich an Bord noch einen kleinen zu gönnen und um 24 Uhr einem prachtvollen Feuerwerk beizuwohnen, das auf dem Oberland abgebrannt wird. Gegen 3 kommt man dann heiter, aber ziemlich geschafft wieder auf dem Festland an. Die Reedereien (siehe „Anreise") erteilen Auskunft über Teilnahmemöglichkeiten.

Touren

Bunker-führungen

Viel Auslauf gibt es auf dem winzigen Eiland nicht. In der HS finden täglich einstündige „Bunkerführungen" in einige intakt gebliebene Stollen im Felsmassiv statt. Zeiten im Aushang. Preis 5 DM.

Exkur-sionen

Bezahlte Inselführungen und „Hafenbummel" kann man sich ganz bestimmt sparen und diese kleinen Abenteuer auf eigene Faust unternehmen. Lohnend sind Exkursionen mit dem *Verein Jordsand* (bei den Hummerbuden) und Mitarbeitern der *Vogelwarte* (Oberland), sowohl auf der Insel als auch auf der Düne. Eine Spende für den guten Zweck (Naturschutz) wird in diesen Fällen erbeten. Einzelheiten im Veranstaltungskalender.

Ausflug mit dem Segler
Auf dem (im Nordost-Hafen stationierten) Oldtimer *Ra-Ra* finden periodisch Gruppenfahrten (bis zu 12 Personen) statt, zwar mehr unter Motor als unter Segel, aber unter lustiger Regie von *Knoten-Fiete*. 35 DM für eine 1 ½-2stündige Seereise.
●*Info:* Tel. 348.

Hochseetörns
Ernsthafte Hochseetörns bietet die *Yachtschule Oestereich* an (siehe „Sport"), nach den Nordfriesischen Inseln zum Beispiel. Dafür muß man aber schon einen Tausender pro Woche (VP) anlegen.

Bootstour
Die Helgoländer Fischer sind da etwas preiswerter. Wenn das „Börteboot" halbwegs voll wird, kostet eine Minitour schlappe 10 Mark pro Passagier.

Rundflug
Ein Inselrundflug ist möglich, falls eine Maschine gerade einmal leersteht. Mal die Flugleitung anrufen: Tel. 311.

Fährverbindungen

Häfen
Helgoland wird von mehreren Häfen aus angelaufen.
●Tagesfahrten von anderen Inseln: Siehe dort.
●Bremen-Vegesack (Strandstraße), *Helgoland,* Reederei *Warrings* (Tel. 04464-94950), Sonderfahrten im Sommer, 7.30-21.30 Uhr.
●Bremerhaven (Seebäderkaje), *Helgoland,* Reederei *Warrings* (s. o.), 29.4.-1.10. täglich 9.45-19 Uhr.
●Büsum (Fischerkai), *First Lady,* Reederei *Eils/Biehl* (Tel. 04834-9010), Ostern, und 27.4.-6.10. täglich, zusätzliche Abfahrten mit *Lady von Büsum.* Ca. 8.30-18.30 Uhr. Kinderpreis bis 15 Jahre.
●Cuxhaven (Fährhafen), *Funny Girl,* Reederei *Eils* (Tel. 04721-35082), Frühjahr, Herbst, Winter täglich 10.30-18.30 Uhr.
●Cuxhaven (Fährhafen), *Wappen von Hamburg,* Reederei *Seetouristik* (Tel. 0461-86417), 1.5.-30.9. tägl. 10.30- 18.30 Uhr. Außerdem von Mai bis August mehrmals Nachtfahrten (ab 21, an 1 Uhr) mit Highlife an Bord. Preis: 15 DM.
●Dagebüll, *Pidder Lyng,* Reederei *WDR* (Tel. 04681-8047), von Anfang April bis Ende Oktober mehrmals pro Woche, morgens nach 7 bis ca. 20 Uhr.
●Eider-Sperrwerk, *Pidder Lyng,* Reederei *WDR* (s. o.); von Juni bis Ende Oktober mehrmals pro Woche zu verschiedenen morgendlichen Abfahrtzeiten, Rückkehr ca. 18-20 Uhr.
●Hamburg (St. Pauli Landungsbrücken, Br. 6/7), *Wappen von Hamburg,* Reederei *Seetouristik* (s. o.); jeden Sa im Mai, Juni und September; jeden Fr im Juli und August, ab

Helgoland

251

Ausgebootet

Cuxhaven zurück per Sonderzug. Ab Hamburg 7 Uhr, ab Cuxhaven ca. 19 Uhr. Ab Mitte 1997 wird es eine Katamaran-Schnellverbindung von Hamburg via Cuxhaven geben.
●Hörnum (Sylt), *Pidder Lyng,* Reederei *WDR* (s.o.), mehrmals wöchentlich von Sommer bis Herbst.
●Norddeich (Mole), *Funny Girl/Frisia III*, Reederei *Eils/Frisia* (Tel. 04932-89520), Sonderfahrten von April bis September, 1-2mal wöchentlich, 8-20.45 Uhr.
●Wilhelmshaven (Helgolandkai), *Wilhelmshaven,* Reederei *Warrings* (s.o. oder Tel. 04421-43443); 1.4.-1.10. täglich 9-19.20 Uhr (HS-Preise vom 29.4.-10.9.; in der NS 30 % billiger). Im Service inbegriffen: Ausbooten zu der Düne und kostenlose Benutzung der Fähren zur Hauptinsel.

Preise   Ein Überblick über die Preise sei hier nach folgendem Schema gegeben: A) Tagesrückfahrt – B) Kinder 4-11 C) Jugendl. 12-18 – D/E/F) Zweimonatskarte für diese Kategorien – G/H/I) Einfache Fahrt für diese Kategorien – J) Familienkarte für Eltern(teile) mit Kindern unter 12. Preise sind auf volle DM aufgerundet.

Hafen	A	B	C	D	E	F	G	H	I	J
Bremerhaven	57	30	38	70	36	40	43	23	27	126
Büsum	44	30	—	50	30	—	35	22	—	105
Cuxhaven	55	28	—	68	34	—	41	21	—	128
Dagebüll	42	20	30	46	20	30	—	—	—	93
Eider-Sperrwerk	42	20	30	46	20	30	—	—	—	93
Hamburg	66	33	—	—	—	—	72	36	—	163
Husum	46	23	33	50	23	33	—	—	—	99
Norddeich	43	27	—	—	—	—	—	—	—	120
Vegesack	62	32	42	70	36	40	43	23	27	130
Wilhelmshaven	57	30	38	70	36	40	43	23	27	126

●Außerdem gibt es zahlreiche **Gruppentarife** und **Sonderkonditionen,** Mischmöglichkeiten Flug/Schiff, verbilligte Chartertouren usw. Weitere Auskünfte zu Bahn/Bus-Transfers, Parkmöglichkeiten etc. durch die Reedereien.

Ausbooten

Im jeweiligen Preis inbegriffen ist der Boots-Transfer in Helgoland. Die Schiffe gehen (außer bei Mitführen von Ladung) auf der **Reede** vor Anker, und die Passagiere werden von sogenannten **Börtebooten** an Land und an Bord verfrachtet. Die Boote sind offen, und es kann schon mal ungemütlich werden, wenn der Regen rauscht und die See überdampft. Der Schutz von Kameras und anderen empfindlichen Gegenständen ist dann notwendig.

Das Ausbooten ist ein **Relikt aus der Vergangenheit.** Denn Helgolands Hafen ist zu klein und zu seicht, um die Seebäderschiffe aufzunehmen. Jedenfalls nach offizieller Lesart. So ganz stimmt das nämlich nicht. Daß deutsche Hafenbaukunst nicht in der Lage wäre, hier eine vernünftige Anlegestelle zu schaffen, ist wenig glaubhaft. Vielmehr sind solche Vorhaben an der zähen Lobby der Börteschiffer gescheitert, die, etwa 50 an der Zahl, ihr lukratives Gewerbe (3,50 DM pro Passagier, bis zu 5 000 pro Tag im Sommer) erhalten sehen wollen. Verständlich ist das, und wahr ist auch, daß der Ausbootvorgang den einzigen halbwegs abenteuerlichen Aspekt einer Helgolandfahrt darstellt, den die meisten Passagiere in angenehmer Erinnerung behalten. Und „passiert" ist dabei auch noch nie etwas.

Lotsenzeichen

Flugverbindungen

Fluglinien und Info

Helgoland wird regelmäßig von fünf Fluglinien angeflogen: *OFD/ROA* (Bremen, Tel. 0421-558074), *Atlas Air* (Nordholz bei Cuxhafen, Tel. 04741-1047), *Helgoland Airlines* (Mariensiel bei Wilhelmshafen, Tel. 04421-92600), *LFH* (Harle, Tel. 04464-8011) und *FLN* (Norden, Tel. 04931-4377).

Helgoland

●Tägliche Flugverbindungen der *OFD* und *ROA* gibt es mit **Bremerhaven** (one way 115 DM, Tagesflug 190 DM, Verbund Schiff/Flug 155 DM), **Heide/Büsum** (105/190/140 DM), **Wangerooge** (110 DM). Weiterhin gibt es mehrfach wöchentlich Flüge von **Emden** (220/240 DM), **Borkum, Juist** und **Norderney** (140/200 DM) sowie von **Hamburg** (230 DM).

●*Helgoland Airlines* fliegt ab **Bremerhaven, Nordholz, St. Peter Ording, Wangerooge und Wilhelmshaven.**

●Von der *FLN* werden Bedarfsflüge ab **Norddeich** angeboten, die *LFH* fliegt im Sommer täglich ab **Harle** (115 DM) über **Wangerooge** (105 DM).

Flugplatz Der Helgoländer Flugplatz, nur ein Runway mit kleinem Terminal, befindet sich auf der Düne. **Bootstransfer** zu der Insel (15 DM, Kinder bis 18 die Hälfte) ist nicht im Flugpreis enthalten.

Mit dem eigenen Boot

Helgoland ist wohl der populärste Sportboothafen der Deutschen Bucht, obwohl er offiziell einen solchen Status überhaupt nicht besitzt, sondern die Funktion eines **Bundesschutzhafens** ausübt.

●Mindestens zehntausend Yachten laufen jährlich die Insel an. Sie alle unterzubringen ist ein Problem. Im **Südhafen** ist Platz für 320 Gastboote im enggedrängten Päckchen, im **Vorhafen** (nur bei gutem Wetter) für 100. Weitere drei Häfen haben für den Segler kaum Bedeutung: Der **Dünenhafen** ist für Sportboote gesperrt, der **Binnenhafen** zumeist von Fischern und Bundesfahrzeugen belegt, der **Nordosthafen** eine Domäne der Einheimischen. Im Südhafen wird der Platz im Sommer oft verzweifelt knapp, zumal die Westkaje für die Berufsschiffahrt reserviert ist. Häufig genug zeigen dann zwei senkrechte rote Lichter an der Einfahrt, daß das Loch voll ist. Wenn es draußen stramm weht, darf allerdings niemandem die Aufnahme verwehrt werden, denn Helgolands Rolle als Schutzhafen kommt ja dann erst richtig zum Tragen.

●Die **Hafenmeisterei** (Tel. 504) befindet sich an der südwestlichen Ecke des Beckens; hier ist auch das **Hafengeld** abzuliefern. Liegeplätze werden bei **Funkanmeldung** zugewiesen (Helgoland Port Radio, UKW-Kanal 67). Toiletten und Duschen an der Nordkaje; Schiffshändler, Ausrüstung und Proviant am Binnenhafen.

●**Achtung:** Die NSGs rund um Helgoland dürfen ganzjährig nicht befahren werden!

Der Helgoländer Hummer

Man hat es schon einmal totgesagt, dieses kuriose Schalentier, das zoologisch der Spinne näher verwandt ist als etwa einem Fisch. Er ist schon ein Unikum, der Hummer. Er hört mit den Beinen, schmeckt mit den Füßen, kaut mit dem Magen, ist hoffnungslos kurzsichtig. Wen sollte es da noch wundern, daß die Nieren dieses Urviechs hinter seiner Stirn stecken und das winzige Gehirn sich in Schlundnähe befindet?

Des Hummers Pech ist, daß er bei aller äußerlichen Häßlichkeit himmlisch gut schmeckt. So kam es, daß man ihm auf den steinigen Böden um Helgoland, die er als Lebensraum schätzt, schon immer intensiv nachstellte. Die Hummerfischerei war auf Helgoland eine regelrechte Industrie, bis der letzte Krieg ihr ein vorübergehendes Ende setzte.

Das, was sie einmal war, ist sie nie mehr geworden. Der Hummer machte sich rar nach dem Krieg, teils wohl, weil die Steilküsten weggebombt waren, teils, wie Meeresbiologen annehmen, weil das Wasser nicht mehr so sauber ist wie einst. Ob das aber auch alles so seine Richtigkeit hat? Die schlitzohrigen Helgoländer Fischer, gehalten, jedes gefangene Exemplar für Statistik und Steuer zu melden, haben mit Bürokratie wenig am Hut. Deshalb ziert Hummer, obwohl vermeintlich im Aussterben begriffen, auch weiterhin Helgolands Speisekarten, und ein Unternehmen, das die Schalentiere in Verkennung der Tatsachen direkt von den Orkneys einfliegen wollte, ging pleite.

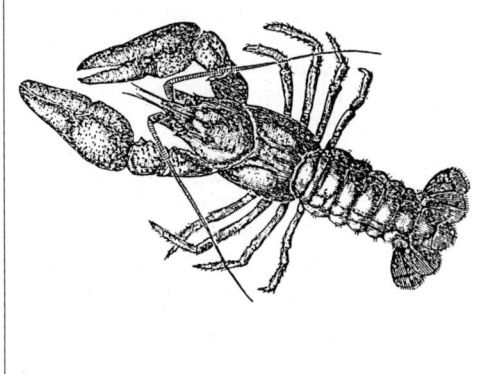

Neuwerk
– Hamburgs Vorposten im Watt

Geschichte

Das Inselchen Neuwerk, 3 km² groß, liegt im Watt der Elbmündung etwa 10 km außerhalb von Cuxhaven. Bereits anno 900 wird das Eiland unter dem Namen **Nige Ooge** (Neue Insel) in Urkunden erwähnt, und zu einem frühen Zeitpunkt sicherte die damals schon mächtige **Stadt Hamburg** sich diesen Vorposten, um den Schiffsverkehr auf der Elbe zu kontrollieren.

Der Name

Von **1299 bis 1310** errichteten die Hamburger auf der Insel einen 45 m hohen **Turm** mit fast 3 m dicken Mauern, der zunächst als Fort, später auch als Leuchtfeuer diente. Nach diesem Bau, das **nige Wark** (neue Werk) genannt, erhielt das Eiland dann seinen endgültigen Namen.

Neuwerk heute

Die Insel Neuwerk gehört immer noch zu Hamburg, und der etwas düstere Turm ist auch erhalten geblieben. Er ist das **Wahrzeichen der Insel,** das älteste noch voll erhaltene Bauwerk an der Küste und weltweit der Veteran aller noch in Betrieb befindlichen Leuchttürme. Daß man ihm deshalb ein weihevolles Andenken bewahrt hat, kann man aber nicht gerade sagen. In ihm befindet sich jetzt eine Schenke, ein „idealer Treffpunkt für Familienfeiern, Vereins- und Kegelfahrten", und „Tanz im Turm" gibt's auch, immerhin nach Oldies. Spezialitäten des Hauses: „Turmpfanne, Turmfeuer und Eiergrog".

In den siebziger Jahren wollte die Stadt Hamburg hier einen gigantischen **Tiefwasserhafen** bauen, die gesamte südliche Elbmündung mit Beton verkleistern. Aus diesem grandiosen Vorhaben ist gottlob nichts geworden. Statt dessen hat man die Inseln Neuwerk und Scharhörn sowie das umgebende Watt sozusagen in Abbitte in einen separaten **hamburgischen Natio-**

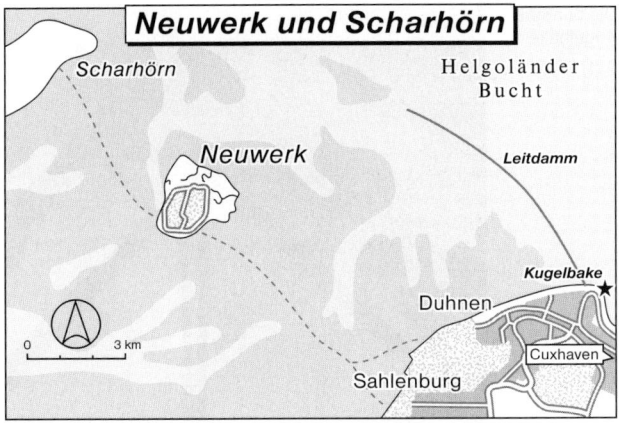

Neuwerk und Scharhörn

Scharhörn

Helgoländer Bucht

Neuwerk

Leitdamm

Kugelbake

Duhnen

Cuxhaven

0   3 km

Sahlenburg

nalpark verwandelt und ein immer noch urwüchsiges Naturgebiet damit der Nachwelt erhalten.

Auf Neuwerk leben permanent etwa *35 Menschen.* Es gibt sogar eine Schule mit drei Kindern, außerdem ein paar Herbergen und Gaststätten. Trotz erheblichen Ansturms im Sommer ist das Eiland still und ruhig, sobald sich die Tagesgäste wieder zum Festland verkrümelt haben. Es erscheint in der Tat irreal, daß sich hier solch ein Hort des Friedens befindet, während von Duhnen die Lichter einer boomenden Tourismusindustrie hinüberscheinen und fast auf Steinwurfweite die dicken Pötte auf der Elbe vorüberziehen.

Sehenswertes

Die 138 uralten Stufen zum *Leuchtfeuer* sollte man einmal emporsteigen, einen Rundgang um die Insel machen (1 Stunde), den *Friedhof der Namenlosen* besuchen. Am Turm befindet sich auch ein *naturkundliches Info-Zentrum* des *Vereins Jordsand*, das einen längeren Halt wert ist. In der Schule gibts eine *Bernsteinsammlung.*

Neuwerk

Die berühmte
Kugelbake

Insel-Info

PLZ: 27499.
Vorwahl: 04721.

Unterkunft und Gastronomie

Drei **Pensionen** gibt es auf Neuwerk: Das Haus Bernstein (Tel. 28708) ist mit 30-40 DM ÜF die billigste. Die beiden anderen – *Altes Fischerhaus* (Tel. 29043) und *Haus Seeblick* (Tel. 29447) verlangen für ÜF jeweils 55 DM.

Die beiden letztgenannten Häuser bieten auch **Ferienwohnungen** an, und zwar zu 110 bzw. 74-145 DM. Sie sind über einen Teil des Winters hinweg geschlossen. Übernachtungen sind auch möglich bei *Fischer* (Tel. 29161), *Griebel* (Tel. 28277) und bei *Rose* (Tel. 29276).

●Auf Neuwerk befinden sich auch ein kleiner **Campingplatz** und zwei **Schullandheime.** Info: Tel. 36046.

●*Haus Seeblick* und *Altes Fischerhaus* sind **Restaurants** angegliedert. Außerdem kann man sich in der vorerwähnten *Turmschenke*, im *Restaurant zum Anker* (kl. Kinderspielplatz anbei) und bei *Otto Frers* ernähren.

Fährverbindungen

Fahrten gibt es fast täglich ab Cuxhaven (siehe dort).

Anreise übers Watt

Watten-weg

Ein mit **Pricken** gekennzeichneter und von keinen größeren Prielen unterbrochener Wattenweg führt von **Cuxhaven-Sahlenburg** nach Neuwerk. Dies ist mit 9 km die kürzeste Verbindung. Wer sich streng an diesen Weg hält und die Gezeiten minuziös einkalkuliert, dem kann auch bei ungünstiger Witterung hier eigentlich kaum etwas passieren.

Watt-führer

Besser ist es aber immer, wenn man sich einem Wattführer anvertraut und in der Gruppe loszieht, zumal diese Tour mit 3 DM (Kinder 2) nicht teuer ist. Sammelpunkte sind in **Duhnen** an der Lesehalle, in **Sahlenburg** an der Wattwagenauffahrt. Auskünfte erteilt die *Reederei Eils* oder der Wattführer *Osterhof* (Tel. 21447).

Watt-wagen

Bequemer geht's mit dem Wattwagen, einer klassischen lokalen Institution. Kontakte in Cuxhaven: *Brütt* (Tel. 400200/48139), *Henn* (Tel. 29700), *Zabel* (Tel. 48335). Neuwerk: *Fischer* (Tel. 29161), *Fock* (Tel. 29043), *Griebel* (Tel. 28277). Preis pro Strecke: 24 DM, Kinder bis 9 Jahre 12 DM, Hund 15 DM.

Eigenes Boot

Wer mit dem eigenen Boot nach Neuwerk fahren möchte, wird unweigerlich auf Schiet landen: Das gesamte Watt um die Insel fällt trocken, auch am Fähranleger und im winzigen Hafen im Südteil der Insel.

Scharhörn

Die Insel Scharhörn ist vor allem als ein von allen Seefahrern gefürchteter **Schiffsfriedhof** bekannt. Hunderte von Fahrzeugen haben dort ihr Ende gefunden und verschwanden binnen kurzer Dauer auf Nimmerwiedersehen im Mahlsand.

In der Tat ist Scharhörn kaum mehr als eine **Sandbank,** wenn auch ungefähr so groß wie Neuwerk, doch ohne Baum und Strauch. Ein **Vogelwart** lebt auf der Insel und betreut das streng geschützte **Reservat,** das u. a. die größte Seeschwalbenkolonie der Nordsee beherbergt. Über eine **geführte Wattwanderung** ab Neuwerk kann man Scharhörn legal besuchen. Die Tour findet nur etwa alle 14 Tage statt und kostet 3 DM, Kinder die Hälfte. Der Vogelwart nimmt die Besucher am Strand in Empfang (weiter ist nicht drin) und hält einen kleinen Vortrag über seine Arbeit. Von Touren auf eigene Faust in diesem Bereich ist dringend abzuraten; man befindet sich hier schon fast auf hoher See.

Neuwerk

Abfahrtshäfen und Fähren

Emden

Emden, der Abfahrtshafen nach **Borkum**, kann auf eine fast 1200jährige Geschichte zurückblicken. Einst besaß die Stadt einen der bedeutendsten Handelshäfen Europas, heute macht sich die schwache wirtschaftliche Infrastruktur der Küstenregion bemerkbar.

Besichtigungstips

Kunst-
halle

Die von *Henri Nannen* gegründete Kunsthalle ist in ganz Deutschland bekannt und berühmt.
●Hinter dem Rahmen 13, Tel. 04921-975050. Offen Di 10-20, Mi-Fr 10-17, Sa-So 11-17 Uhr.

Museum

Das **Ostfriesische Landesmuseum** mit der Rüstkammer ist immer einen Besuch wert (Neutorstraße, Tel. 04921-22855 und 87478). Geöffnet 1.4.-30.9. Mo-Fr 10-13 und 14-17 Uhr, Sa und So 11-13 Uhr (15.6.-15.9. 11-17 Uhr); 1.10.-30.3. Mo-Fr 10-13 und 15-17 Uhr, Sa und So 11-13 Uhr.

Rundfahrt

Auch eine Rundfahrt auf den zahllosen **Wasserwegen,** die Emden malerisch durchziehen, sollte man sich vielleicht nicht entgehen lassen.

Emden-Info

Auskunft

Verkehrsverein Emden, Am Stadtgarten, 26721 Emden, Tel. 04921-97400, Öffnungszeiten zu den normalen Bürostunden.

Anreise

Der **Borkumkai** liegt im äußersten Südwesten der Stadt (Ortsteil Nesserland) vor der Seeschleuse. Einige **Züge** fahren bis zum Borkumkai, in anderen Fällen muß am Bahnhof in den **Bus** umgestiegen werden (Linie 3005). Bei reichlich Gepäck ist in diesem Fall ein **Taxi** vorzuziehen. Das gleiche gilt für den **Flugplatz** im Norden Emdens (Ortsteil Harsweg): Da zwei Buslinien für die Anfahrt nötig sind, ist auch hier das Taxi empfehlenswert.

Parken

Nahe des Borkumkais kann man sein Auto in den *Borkumgaragen* unterstellen. Das kostet 4,50 DM (Hof), 6 DM (Halle) bzw. 7 DM (Box) für jeden angefangenen Tag (*AG Ems*, Tel. 04921-890741).

Fährverbindungen mit Borkum

Auskunft   *Reiseauskunft* für alle Routen und *Kfz-Zentralreser-vierung: AG Ems*, 26723 Emden-Außenhafen (Tel. 04921-890722, Fax 890742).

Fähre   Die Fahrzeit mit der Autofähre nach Borkum beträgt etwa 2 Stunden, während derer es eine Menge Küste und Wattenmeer zu sehen gibt.

●*Fahrplan:* Im Winter zweimal täglich, während des restlichen Jahres und in der Weihnachtssaison täglich vier Abfahrten.

●*Fahrpreise: einfache Fahrt:* Erwachsene 25 DM, Kinder (4-11 Jahre) 12,50 DM; *Tagesrückfahrkarte:* 25 DM, Kinder 12,50 DM; *Wochenendrückfahrkarte* (von Fr 17 Uhr bis So gültig): 37,50 DM, Kinder 18,50 DM; normale *Rückfahrkarte:* 47 DM, Kinder 23,50 DM. Die Rückfahrkarte für ein *Fahrrad* kostet 18 DM, für den *Hund* 10 DM. *Fahrzeuge* bis 2,5 t zul. Gesamtgewicht kosten bis 160 cm Höhe: 14,50 DM je angefangene 100 kg Leergewicht; über 160 cm Höhe: 15,50 DM (Hin-/Rückfahrt zzgl. 2,5 % Kaigebühr).

●*Gepäck:* Emden – Borkum Bahnhof 7,50 DM; Borkum Bahnhof – Unterkunft 5 DM für das erste Gepäckstück, jedes weitere 2,50 DM.

Kata-maran   Außerdem kann man per schnittigem Passagier-Katamaran mit 70 Sachen in einer knappen Stunde nach Borkum düsen. Das kostet nicht viel mehr *(15 DM Zuschlag),* man hat, weil es sich nur um Personenverkehr handelt, keine miefenden Autos um sich herum, und manchem macht es gewiß Spaß, mit einem Affenzahn die Außenems entlangzujagen. Die Naturschützer sind allerdings nicht so begeistert von diesen Flitzern.

●*Fahrplan:* Von Emden nach Borkum und umgekehrt generell ein- oder zweimal täglich. Im Winter (21.10.-21.3.) Di und Mi und im Sommer (2.6.-1.9.) Mo sowie ganzjährig an den meisten Feiertagen keine Fahrt.

Achtung: Vom 1.1.bis Mitte Mai verkehrt kein Katamaran!

Nach Borkum ab Eemshaven

Auskunft   Siehe unter Emden, Fährverbindungen.

Parken   In Eemshaven kostet das Parken 3,50 DM (Hof), 6 DM (Halle) bzw. 7 DM (Box) pro Tag.

Fähre Eine weitere **Anreisemöglichkeit nach Borkum** ist, nach
Eemshaven in den Niederlanden (etwa 20 km nördlich von
Delfzijl) durchzurollen und dort die kürzere Route mit der
Autofähre (ca. 50 Min.) nach der Insel zu nehmen. Diese
Alternative ist allerdings eigentlich nur für eilige Automobilisten (und Holländer) von Interesse und dann etwas billiger. Für das Fußvolk heben sich etwaige Einsparungen
durch die umständliche und teure Anreise mit öffentlichen
Verkehrsmitteln jedoch wieder auf. Auch lohnt es sich
nicht, über Eemshaven zu fahren, „um ein Stück Holland
zu sehen". Der Terminal Eemshaven, das ganze Gelände
überhaupt, ist eine potthäßliche Zweckanlage, jede
Menge eckiger Beton.

●**Fahrplan:** Im Winter zweimal tägl., in der Hauptsaison
(24.5.-1.9.) tägl. drei, Fr und Sa vier Fähren. Während des
restlichen Jahres und in der Ostersaison tägl. zwei, Di-Sa
drei Fähren.

●**Fahrpreise: Tagesrückfahrkarte:** Erwachsene 22 DM,
Kinder (4-11 Jahre) 11 DM; **Wochenendrückfahrkarte:**
33 DM, Kinder 16,50 DM; normale **Rückfahrkarte** 38 DM,
Kinder 19 DM. Ein Fahrrad kostet 13,50 DM (Hin- und
Rückfahrt). Komplizierter wird es bei **Fahrzeugen.** Bis 3 m
Länge und 160 cm Höhe kostet die Hin- und Rückfahrt
75 DM, über 160 cm hohe Fahrzeuge kosten 80 DM, bis
4 m Länge 108 (113) DM, bis 4,50 m 130 (136) DM, bis
5 m 176 (184) DM, darüber 216 (224) DM, alle jeweils bis
2,5 t zul. Gesamtgewicht.

●**Gepäck:** Eemshaven – Borkum Bahnhof 5 DM, Borkum
Bahnhof – Unterkunft 5 DM für das erste Gepäckstück,
jedes weitere 2,50 DM.

Norddeich

Einst lebte Norddeich zu einem nicht geringen
Prozentsatz von den Funkern des *Radio Norddeich*. Heute sind es Badegäste, die im Ort für
Bewegung sorgen, die meisten auf der Durchrei-
se nach **Norderney** und **Juist.**

Norddeich-Info

Auskunft *Verkehrsbüro Norddeich,* Tel. 04931-98602 und 986200.

Parken Wer seinen Wagen auf dem Festland lassen möchte
(nach Juist kann man ein KFZ sowieso nicht mitnehmen),

kann ihn der (sorgfältig ausgeschilderten) *Frisia-Großgarage* dicht beim Hafen anvertrauen und sich per Zubringerbus zur Fähre bringen lassen (1,50 DM).

●Tägliche *Gebühren* für einen Stellplatz: Im Freien 5 DM, unter Dach 6 DM, in der „Box" 7,50 DM. Weitere *Auskünfte*: Tel. 04931-987166.

Bahnverbindungen *Norddeich-Mole*, die Endstation der Züge (der Bahnhof Norddeich liegt etwa 500 m weiter ortswärts), ist ein ins Hafenbecken ragender Finger, an dem man direkt in die Fähre umsteigen kann. Links (am Westkai) geht's nach *Norderney,* rechts nach *Juist.* Dazwischen liegen die Büros und Abfertigungsgebäude der Reederei.

Fährverbindungen mit Juist

Die Fähren nach Juist gehen an der östlichen Molenseite ab.

Auskunft *DB* und die Reederei *Norden Frisia* (Tel. 04931-8870 und 987124).

Fahrplan ●Die Route ist sehr stark von den *Gezeiten* abhängig, denn sie führt durch ein enges und zudem stark gewundenes Fahrwasser. Die *Abfahrtszeiten wechseln* daher fast täglich. Faxabruf: 04931-987131.

●Dies hat in der Praxis zur Folge, daß *Tagesfahrten* oft nicht möglich sind, weil die Fähre entweder schon nach sehr kurzem Aufenthalt im Juister Hafen oder aber erst mit der Tide des nächsten Tages zum Festland zurückkehrt, also eine Übernachtung einlegt. Tagesausflügler sind in der Regel besser beraten, Juist mit dem Flieger anzusteuern.

●Bei *außergewöhnlich niedrigen Wasserständen* (wie sie durch langanhaltenden Ostwind bewirkt werden können) läuft per Schiff gar nichts mehr. Wer unvorbereitet in diese Situation gerät, kann sich auf Abenteuerliches gefaßt machen, wenn eine Schiffsladung Passagiere versorgt und verfrachtet werden muß!

●Die Abfahrtszeiten der Fähre für Norddeich und Juist können für das jeweilige Kalenderjahr dem *Kursbuch der DB* unter der Nr. 10001 entnommen werden.

Fahrtdauer und Fahrpreise ●Die *Fahrzeit* beträgt etwa 1¼ Stunden.

●Die *Preise*: Tageskarte 30 DM, Viertageskarte 40 DM, Zweimonatskarte 42 DM, Kinder von 4-11 zahlen die Hälfte.

Gepäck Wer mit der Bahn anreist, kann sein Gepäck im Heimatort für Haus-zu-Haus-Zustellung aufgeben. Andernfalls wird es in Norddeich in Container verladen. Preis pro Gepäckstück bis Juist-Hafen: 3,50 DM (unter 30 kg), 5,50 DM hin und zurück. Auf Juist gibt die *Firma Kannegieter* (Flugplatz-str., Tel. 1235) Hilfestellung bei der Gepäckbeförderung (Heimzustellung: 13,50 DM).

Fährverbindungen mit Norderney

Auskunft *DB* und die *Reederei Norden-Frisia* (Tel. 04931-8870 und 987124).

Fahrplan Die Rinne zur Insel ist im Gegensatz zu jener nach Juist tief und *gezeitenunabhängig.* Die Fähren verkehren deshalb nach einem festen Fahrplan an Wochentagen zwischen 7 und 18 Uhr neunmal täglich. Freitagabend gibt es eine zusätzliche Fähre um 20 Uhr (ab Norderney 19 Uhr). Am *Wochenende* verkehren sechs bzw. sieben Fähren. In der *Osterzeit* sind es täglich zwischen 6.45 und 18 Uhr elf Fähren, und So wird eine zusätzliche Abendfähre um 20 Uhr (ab Norderney 19 Uhr) eingesetzt. In der *Hauptsaison,* von Juni bis Ende August, verkehren zwischen 6.45 und 20 Uhr (ab Norderney 6.40 bis 19 Uhr) 13 Fähren täglich, im Juli und August wird Di-Fr um 22 Uhr (ab Norderney 23 Uhr) eine zusätzliche Personenfähre eingesetzt.
●Wer die Abfahrtzeiten noch einmal checken möchte, findet sie im *Kursbuch* der DB unter Nr. 10002. Alle Schiffe sind *Ro/Ro-Autofähren.*

Fahrtdauer ●Die *Fahrtdauer* beträgt etwa 50 Minuten.
und ●*Fahrpreis:* Rückfahrkarte 22,50 DM; Kinder von 4-11
Fahrpreise zahlen die Hälfte. PKWs kosten zwischen 99 und 132 DM (Hin- und Rückfahrt) je nach Stellfläche.

Gepäck Gepäck kann per DB durchgehend aufgegeben werden. Mitgeführtes Gepäck wird in Norddeich in Container umgeladen und kostet 3 DM pro Stück und Strecke. Auf Norderney nimmt sich die *Spedition J. Fischer* auf Verlangen der Gepäckbeförderung an.

Neßmersiel

Wer nach Baltrum will, kommt an Neßmersiel nicht vorbei. Es sei denn, daß er an dem Ort aufgrund dürftiger Ausschilderung vorbeirollt ...

Besichtigungstip

Echt friesisch ist das 1774 errichtete *Haykena-Haus* mitten im Ort, die einzige Sehenswürdigkeit Neßmersiels.

Neßmersiel-Info

Auskunft *Verkehrsbüro:* 26553 Neßmersiel (Tel. 04933-1902 oder 736). Infosäule am Hafen: Quartier-Info Baltrum.

Parken Der Fähranleger hat nur einen Kai; davor befindet sich ein großer (gebührenpflichtiger) *Parkplatz* – nicht sturmflutsicher! Die Neßmersieler *Garagenbetriebe* (Tel. 2223, 721, 2363) bieten Abstellmöglichkeiten im Ort an. Gebühren: Parkplatz 4 DM, Hallenplatz 5,50 DM, Sammelgaragenplatz 6,50 DM, Einzelgarage ab 7,50 DM, jeweils pro Tag. Mindestgebühr für Parkplatz 10 DM, für Garagen 20 DM.

Bahn-anreise Bahnreisende müssen im Hauptbahnhof von *Norden* in den *Zubringerbus* nach Neßmersiel umsteigen. Die *Busfahrpläne* sind im Kursbuch unter der Nr. 2188/II verzeichnet. Achtung: Alle Ankünfte und Abfahrten müssen sorgfältig laut Fahrplan koordiniert werden!

Fährverbindungen mit Baltrum

Auskunft Reederei *Baltrum-Linie* auf Baltrum (Tel. 04939-91300) oder durch die DB.

Fahrplan Der Hafen von Neßmersiel ist *gezeitenabhängig* und der Fahrplan der Fähren stark unregelmäßig. Die *Abfahrtzeiten* (ab Neßmersiel und ab Baltrum) sind im Kursbuch der DB unter der Nr. 10004 zu finden. Wer eine *Tagesfahrt* nach Baltrum plant, sollte den Fahrplan schon vor der Anreise genau studieren, weil ein solcher Trip aufgrund der Tidenverhältnisse manchmal nicht stattfinden kann.

Fahrtdauer und Fahrpreise

●Die *Fahrzeit* nach Baltrum beträgt etwa 30 Minuten.
●*Fahrpreise:* Einfache Fahrt 20 DM; Tagesfahrt 24 DM; Zweimonatskarte 36 DM; Kinder von 4-11 zahlen die Hälfte. Tickets werden während der Überfahrt an Bord verkauft.

Gepäck

Größeres Gepäck wird auf der Fähre wie üblich in Container verfrachtet, doch mit einem kleinen Unterschied gegenüber anderen Inseln: Der Service ist, ein fast unbekanntes Wort an der Küste, umsonst! Bei Anreise mit der *Bahn* kann das Gepäck bis zum Zielhaus durchgehend aufgegeben werden. Auf der Insel nimmt sich die Spedition *Bruns-Strenge* (Tel. 272) für 2 DM pro Stück der Gepäckbeförderung an.

Bensersiel

Seit 1859 ist Bensersiel der Langeooger Fährhafen. Damals war es noch ein von Fischern und Seehundjägern bewohntes Nest. Das hat sich geändert: Heute bildet es zusammen mit dem landein gelegenen *Esens* einen Nordseebadkomplex, der 5500 Gästebetten bereithält.

Besichtigungstip

Wer in Esens auf den Zubringerbus zum Hafen warten muß und etwas Zeit totzuschlagen hat, kann sich dort das *Holarium* ansehen, eine im Herzen Ostfrieslands wohl gänzlich unerwartete Ausstellung von Hologrammen.

Bensersiel-Info

Auskunft

Kurverwaltung Esens-Bensersiel (Tel. 04971-915-0).

Parken

In Bensersiel gibt es drei *Garagenbetriebe: Arians* (Tel. 04971-887), *Galts* (Tel. 4596) und *Graefs* (Tel. 833). Die Tarife sind in etwa die gleichen wie in Neßmersiel (siehe dort). Ein großer offener *Parkplatz* befindet sich auch direkt neben dem Anleger. Er ist ebenfalls gebührenpflichtig, aber, weil vor dem Deich gelegen, nicht sturmflutsicher.

**Bahnver-
bindung**
Ein **Bahnhof** befindet sich in Esens, von dort gibt es einen **Zubringerbus** (siehe Fahrplan der Fähre). Eine weitere Busanbindung besteht mit dem Bahnhof **Norden.**

Fährverbindungen mit Langeoog

Auskunft
Schiffahrt Langeoog in Bensersiel (Tel. 04971-928911) oder bei der *DB.*

Fähre
Die **Fähre** legt am obersten Ende der östlichen (rechten) Hafenseite ab.

Fahrplan
Der Fährverkehr mit Langeoog ist **nicht tideabhängig.** Bis zu neunmal täglich verkehrt zwischen 6.45 (Mo-Fr) bzw. 8.15 und 17.30 bzw. 19 Uhr (Fr und So) eine Fähre von Bensersiel **nach Langeoog.** Ab 9 Uhr morgens gibt es auch die dazugehörige **Busverbindung** (Bus Nr. 393) ab Bahnhof Esens. Zurück **aufs Festland** verkehrt zwischen 7.10 (Mo-Fr) bzw. 8.15 Uhr und 17.30 bzw. 19 Uhr (So, kein Busanschluß!) insgesamt siebenmal täglich ein Schiff, jeweils mit Busanschluß nach Esens.
●Der Fahrplan ist unter der Nr. 10005 auch im **Kursbuch** der DB verzeichnet, der des Esens-Busses unter der Nr. 393.
●Die Fähren sind „rauchfrei".

**Fahrtdauer
und
Fahrpreise**
●Die **Fahrzeit** nach Langeoog beträgt etwa eine Stunde einschließlich Inselbahn. **Fahrkarten** am Anleger.
●**Preise:** Tagesfahrt 30 DM; Vier-Wochen-Karte 31 DM; Zweimonatskarte 34 DM. Kinder von 4 bis 11 J. zahlen die Hälfte. Beförderung mit der Inselbahn ist im Preis enthalten.

Gepäck
Reisegepäck kann mit der Bahn bis ans Zielhaus aufgegeben werden. Mitgebrachtes Gepäck wird auf dem Schiff in Container umgestaut. Gebühr: 5 DM pro Stück (einschl. Rückfahrt). Am anderen Ende nimmt sich die Firma *Heyken* (Tel. 6060/320) auf Verlangen der Gepäckbeförderung an. Nicht ganz billig: 4 DM für ein „normales" Stück, bis zu 7 DM für einen dicken Brocken.

Neuharlingersiel

Spiekeroogs festländisches Pendant ist ein hübsch gelegenes Städtchen mit einem ausgesprochen idyllischen Fischereihafen, als Reiseziel beliebt und entsprechend belebt. Wer zu Stoßzeiten keine Bleibe mehr findet, kann im weiteren Umfeld von Kleinholum über Werdum bis Altfunnixsiel mit Sicherheit ein Ausweichquartier auftreiben.

Besichtigungstips

Sehenswert in Neuharlingersiel ist außer dem malerischen **Hafen,** dessen Siel *Friedrich der Große* 1785 bauen ließ, das **Schlößchen Sielhof,** in dem sich heute ein Restaurant befindet. Verzichten sollte man auch nicht auf einen Besuch des **Buddelschiffmuseums** (Hafenwestseite, offen von März bis Oktober 10-13 und 14.30-18 Uhr, Di Ruhetag, Eintritt 2 DM). Auch ein kleines **Museum am Hafendeich,** in dem Seenotrettungsgeräte aus alter Zeit ausgestellt sind, ist recht interessant.

Neuharlingersiel-Info

Auskunft   *Kurverwaltung* (Tel. 04974-188-0).

Parken   Inselreisende, die per Auto anfahren, können ihre Mobile in den **Spiekeroog-Garagen** am östlichen Ortseingang einstellen (Cliener Straat 1 und 16, Tel. 284 und 386). Gebühren: pro Tag 8,50 DM Garage, 6 DM draußen; ab 5. Tag draußen 5 DM. Es gibt auch mehrere **Tagesstellplätze** (alle gebührenpflichtig) im Stadt- und Hafengebiet; diejenigen vor dem Deich sind jedoch nicht sturmflutsicher.

Bahn-
anreise   Bei Anreise mit der Bahn muß in **Esens** oder **Norden** auf den sogenannten **Bäderbus** umgestiegen werden. Der Esens-Fahrplan ist im DB-Verzeichnis unter der Nr. 393 zu finden, die Anbindung an Norden unter 2187/II. Da die **Abfahrtszeiten der Fähre** tidenabhängig sind, ist es am besten, die gesamte Route vorab von der DB ausarbeiten zu lassen.

Fährverbindungen mit Spiekeroog

Auskunft   Fahrkartenausgabe Neuharlingersiel, Tel. 04974-214.

Fähre   Die Fähre nach Spiekeroog legt auf der westlichen (linken) Hafenseite ab. (Eine spätere Verlegung an den gegenüberliegenden Kai ist geplant.)

Fahrplan   Der Fahrplan ist *tidenabhängig* mit ständig wechselnden Abfahrtzeiten und sollte von Spiekeroogfahrern genau studiert werden, weil im Gegensatz zu anderen Inseln keinerlei Alternative mit dem Flugzeug existiert. *Tagesfahrten* sind daher manchmal nicht möglich.
●Der Fahrplan für das jeweilige Jahr ist im *Kursbuch* der DB unter der Nr. 10006 verzeichnet oder kann bei der Kurverwaltung in Spiekeroog angefordert werden.

Fahrtdauer   ●*Preise:* Einfache Fahrt 17,50 DM; hin und zurück (auch
und   Hunde) 35 DM; Fahrrad (einfach) 18 DM, Kinder von 4 bis
Fahrpreise   11 Jahren fahren für die Hälfte. *Fahrkartenverkauf* im Pavillon auf der Pier.
●*Fahrtdauer* ca. 45 Min.

Gepäck   Reisegepäck kann bis zum Zielhaus per Bahn aufgegeben werden. Andernfalls erfolgt in Neuharlingersiel Umladung in Container zum Preis von 4 DM pro Stück (einschl. Rückfahrt). Auf der Insel handhabt die Spedition *Oltmanns* (Tel. 215) die Gepäckbeförderung, Preise ab 2 DM.

Harlesiel

Wangerooges Festlandshafen Harlesiel bildet eine Einheit mit dem etwas weiter inland gelegenen Carolinensiel, ist jedoch wesentlich jüngeren Entstehungsdatums. Bei der Hollandflut von 1953 hatten die Deiche an dieser Stelle mit knapper Not gehalten; danach wurden hier Küstenbefestigungen geschaffen, die den Bau eines neuen Hafens erforderlich machten. Dieserart entstand Harlesiel.

Besichtigungstips in Carolinensiel

Carolinensiel wurde anno 1730 erbaut und war lange Zeit neben Emden Ostfrieslands betriebsamster Segelschiffhafen. Zeitzeugen aus der damaligen Ära sind heute noch am ***alten Sielhafen*** zu bewundern: Das ***Sielmuseum*** und das ***Groot Mommens Hus,*** ein ehemaliger Kornspeicher, jetzt auch Museum (beide im Winter außer zur Weihnachtssaison geschlossen).

Harlesiel-Info

Auskunft   ***Tourist-Information Wittmund,*** Tel. 04462-2181 und - 983125.

Parken   Autogaragen in Harlesiel: *Heyken* (Tel. 307) und *Wachtendorf/Eilers* (Tel. 8002) draußen 4, Garage 6 DM/Tag, *Graalmann* (Tel. 390) Garage 5,50 DM/Tag.

Bahn- ***anreise***   Mit der Bahn Anreisende müssen sich gründlich informieren. Anfahrtsstrecke ist Bremen-Oldenburg-Wilhelmshaven (Kursbuch-Tabelle 390/392). In ***Sande*** heißt es umsteigen in den sogenannten ***Tidebus,*** der die Fahrgäste in 45 Min. zum Anleger befördert. Die Fähre legt dann wenig später ab. Da die Zugankunft in Sande mit der (fast täglich wechselnden) Abfahrt des Busses koordiniert werden muß, ist es am besten, sich einen Fahrplan von der DB erarbeiten zu lassen.
●Eine weitere ***Busverbindung*** existiert ab dem Hauptbahnhof in ***Norden*** (Kursbuch-Tabelle 2187/II).

Fährverbindungen mit Wangerooge

Auskunft   *Fahrkartenausgabe Harlesiel* (Tel. 04464-949411) oder
             durch die DB.

Fahrplan   Der Fährverkehr ist *gezeitenabhängig;* trotzdem werden
             bis zu vier Abfahrten pro Tag geboten, meistens jedoch
             drei und mitunter auch nur zwei.
             ●Die Fährabfahrten sind im *DB-Fahrplan* unter der Num-
             mer 10007 verzeichnet.

Fahrtdauer Die *Fahrzeit* nach Wangerooge beträgt ca. 1¼ Std. ein-
und   schließlich Inselbahn vom Anleger zum Ort (4 km). *Fahr-*
Fahrpreise *preise:* Einfache Fahrt 28 DM; Tagesfahrt 29 DM; Zwei-
              monatskarte 46 DM; Kinder von 4-11 zahlen die Hälfte.

Gepäck   *Bahngepäck* kann bis zum Zielhaus aufgegeben werden.
             Ansonsten erfolgt *Umladung* in Container zum Preis von
             5 DM pro Stück. Auf der Insel kann man den Gepäck-
             dienst *Hundorf* (Tel. 04469-1426) mit der Beförderung be-
             auftragen.

Cuxhaven

Die Stadt Cuxhaven ist die Basis für alle Touren
nach **Neuwerk.** Sie ist auch der „klassische" Abfahrtshafen für **Helgoland,** denn das größte
Kontingent an Reiselustigen, die den roten Felsen besuchen, kam stets aus Hamburg, dessen
Flagge bereits seit dem 14. Jahrhundert über
Cuxhaven flatterte.

Besichtigungstips

Alte Liebe Die Alte Liebe hat mit Zuneigung überhaupt nichts zu tun.
              Als diese Pier 1703 gebaut wurde, versenkte man ein
              steinbeladenes Schiff namens *Olivia* zur Stärkung der
              Fundamente. Daraus wurde später die *Olle Liefde,* und bis
              zur Alten Liebe war es dann nur noch ein kleiner Schritt.
              An die 80.000 Schiffe ziehen hier alljährlich die Elbe ent-
              lang, Riesenkähne darunter.

Kugel-   Ein Stück nördlich der Alten Liebe, jenseits der Grimmer-
bake   hörn-Bucht, steht die Kugelbake, Cuxhavens Wahrzei-
             chen. Das schlichte Gerüst entstand ursprünglich nach

273

der schrecklichen Weihnachtsflut von 1717, die auch Cuxhaven nicht verschonte, und blieb, obwohl heute funktionslos, als Gruß für einlaufende und Mahnmal für auslaufende Seefahrer stehen.

Museen   Ein Dutzend Museen gibts in Cuxhaven, das spektakulärste vielleicht das **Wrackmuseum in Stickenbüttel** mit faszinierendem Bergungsgut aus dem Elbmündungsbereich. Ein **Marineluftschiffmuseum** existiert sowie ein **U-Boot-Archiv,** und selbst ein **Deichmuseum** fehlt nicht.

Cuxhaven-Info

Auskunft   **Kurverwaltung** (Tel. 04721-4040).

Parken   Parkmöglichkeiten auf der Pier. Wer sein Auto unter Dach und Fach wissen möchte, rufe ein entsprechendes Service-Center an: Tel. 04721-36001.

Fährverbindungen mit Neuwerk

Auskunft   Das MS *Flipper* der *Reederei Cassen Eils* (Tel. 04721-
und   32211) unternimmt vom 16.3. bis 24.10. fast täglich Fahr-
Fahrplan   ten. **Abfahrtsort** ist die Alte Liebe, die **Fahrtdauer** nach Neuwerk beträgt ca. 1,5 Std.. Diese Fahrten lassen sich mit Wattwanderungen bzw. Hin- oder Rücktouren im pferdegezogenen Wattwagen kombinieren. Alle **Abfahrtszeiten** sind natürlich in hohem Maße tidenabhängig.

Preise   ●**Einfache Fahrt:** Kinder und Jugendliche bis 17 Jahre zahlen 15 DM, Erwachsene 20 DM, die Familienkarte kostet 52 DM, ab 3 Kindern 62 DM.
●**Tagesrückfahrkarte:** Kinder und Jugendliche zahlen 25 DM, Erwachsene 30 DM, die Familienkarte kostet 68 DM, ab 3 Kindern 78 DM.
●Die **Familienkarte** gilt für Eltern mit eigenen Kindern (bis 15 Jahre).

Fährverbindungen mit Helgoland

●**Abfahrtsort** ist der Fährhafen.
●**Fahrpläne, Preise und Informationen:** siehe unter Helgoland.

Anhang

Kurtaxe und Strandkorbpreise im Vergleich

	HS	NS	Winter
Baltrum	01.6.-15.9.	15.3.-31.5.	01.1.-14.3.
		16.9.-31.10.	
Borkum	15.5.-30.9.	01.10.-14.5.	
Juist	15.5.-30.9.	01.1.-06.1.	07.1.-19.3.
		20.3.-14.5.	02.11.-21.12.
		01.10.-01.11.	
		22.12.-31.12.	
Langeoog	01.6.-15.9.	01.3.-31.5.	01.11.-23.12.
		16.9.-31.10.	07.1.-29.2.
		24.12.-06.1.	
Norderney	15.5.-30.9.	01.10.-31.10.	01.11.-29.2.
		01.3.-14.5.	
Spiekeroog	01.6.-15.9.	01.3.-31.5.	01.11.-29.2.
		16.9.-31.10.	
Wangerooge	**15.5.-30.9.**	01.1.-06.1.	07.1.-14.3.
Ortsgebiet		15.3.-14.5.	01.11.-25.12.
		01.10.-31.10.	
		26.12.-31.12.	
Wangerooge	15.5.-30.9.	wie Wangerooge	07.1.-14.3.
außerhalb		Ortsgebiet	01.11.-25.12.
Helgoland	01.5.-31.10.	01.4.-30.4.	01.11.-31.3.

Langfristige Sommerferienregelung

Bundesland	2000	2001
Baden-Württemberg	27.7.-09.9.	26.7.-08.9.
Bayern	27.7.-11.9.	26.7.-10.9.
Berlin	20.7.-30.8.	19.7.-29.8.
Brandenburg	20.7.-30.8.	19.7.-29.8.
Bremen	13.7.-23.8.	28.6.-08.8.
Hamburg	20.7.-30.8.	19.7.-29.8.
Hessen	22.6.-02.8.	21.6.-01.8.
Mecklenburg-Vorpommern	20.7.-30.8.	19.7.-29.8.
Niedersachsen	13.7.-23.8.	28.6.-08.8.
Nordrhein-Westfalen	29.6.-09.8.	05.7.-15.8.
Rheinland-Pfalz	22.6.-02.8.	28.6.-08.8.
Saarland	22.6.-02.8.	21.6.-01.8.
Sachsen	13.7.-23.8.	28.6.-08.8.
Sachsen-Anhalt	13.7.-23.8.	28.6.-08.8.
Schleswig-Holstein	20.7.-30.8.	19.7-29.8.
Thüringen	13.7.-23.8.	28.6.-08.8.

Kind/Jgl. 6-18	Erwachsene	Sonstiges	Strandkorb pro Woche/HS
1,70/1,20/--	4,50/2,90/-	ab 3. Kind frei, Tagesgäste u. Wattwanderer ermäßigt	84,00
1,30/0,50/--	5,00/2,70/-	ab 3. Kind frei	49,00
1,50/1,10/0,50	4,90/3,20/1,60		75,00
1,90/1,40/0,50	4,70/3,00/1,00	ab 3. Kind frei	77,00
1,50/1,00/0,70	5,00/2,50/1,50		80,50
1,70/1,50/--	4,20/2,70/-		70,00
1,70/1,30/0,50	4,80/3,00/1,50		70,00
1,20/0,90/0,35	2,70/1,90/0,70	ab 3. Kind frei, Ab/Anreisetag = 1 Tag	70,00
	5,00/3,00/--		65,00

2002	2003
25.7.-07.9.	24.7.-03.9.
01.8-16.9.	24.7.-03.9.
04.7.-17.8.	03.7.-13.8.
04.7.-14.8.	03.7.-13.8.
20.6.-31.7.	10.7.-20.8.
04.7.-14.8.	03.7.-13.8.
27.6.-09.8.	17.7.-27.8.
04.7.-14.8.	03.7.-13.8.
20.6.-31.7.	10.7.-20.8.
18.7.-28.8.	31.7.-10.9.
04.7.-16.8.	17.7.-27.8.
27.6.-07.8.	17.7.-27.8.
20.6.-31.7.	10.7.-20.8.
20.6.-31.7.	10.7.-20.8.
04.7.-14.8.	03.7.-13.8.
20.6.-31.7.	10.7.-20.8.

Anhang

Weiterführende Literatur

Sachbücher

- *Das Greenpeace-Buch der Nordsee,* Mac Cavin, Malcolm, Franckh-Kosmos, 1991
- *Das Nordsee-Kinderheft,* Janssen, Susan und Kruse, Jan BUND Schleswig-Holstein 1992
- *Das Watt,* Maywald, Armin, Maier, Ravensburg 1991
- *Die Deutsche Gesellschaft zur Rettung Schiffbrüchiger,* Ostersehlte, Christian, Kabel, Hamburg 1990
- *Die Nordsee, Inseln, Küsten, Land und Leute,* Maier, Dieter, Reich-Verlag, Luzern 1986
- *Historischer Küstenschutz,* Kramer, Johannes und Rohde, Hans, Wittwer, Stuttgart 1992
- *Kein Deich, kein Land, kein Leben,* Kramer, Johannes, Rautenberg, Leer 1989
- *Kleiner Vogelführer für die Ostriesischen Inseln,* Temme, Manfred, Anker, 1982
- *Kleines plattdeutsches Wörterbuch,* Sass, Johannes, Wachholtz, Neumünster 1989
- *Küstenfibel,* Wieland, Peter, Boyens, Heide 1990
- *Lebensraum Nordseeküste und Wattenmeer,* Dolder, Willi und Ursula, Greil, Grünwald 1989
- *Naturwunder Küste,* Rohde, Jürgen, Bucher, 1985
- *Nordsee in Not,* Greenpeace Report, Rowohlt, Reinbek 1988
- *Nordseeküste – Führer für Sportschiffer,* Werner, Jan, Delius Klasing, Bielefeld 1989
- *Pflanzen am Meer,* Jantzen, Friedrich, LB-Naturbücherei, 1989
- *Störtebeker & Co.,* Zimmerling, Dieter, Ullstein, Berlin 1983
- *Sturmflut 1717,* Jakubowski, Manfred, Oldenbourg, München 1992
- *Vögel am Meer,* Pott, Eckart, LB-Naturbücherei, 1989
- *Vögel der Nordsee,* Quedens, Georg, Breklumer Verlag, Breklum 1989
- *Was finde ich am Strande,* Streble, Heinz, Franckh-Kosmos, 1990
- *Was weißt du von der Waterkant?,* Prager, Hans G., Koehlers VG, Minden 1980
- *Wenn Sylt versinkt,* Brandt-Odenthal, Marian, Fischer, Frankfurt 1989

Belletristik

- *Die Nordsee-Inseln. Ein Heimatbuch,* Lobsien, Wilhelm, Leipzig 1928
- *Geschichten ut Bollerup,* Lenz, Siegfried, Quickborn, Hamburg 1989
- *Helgoländer Lieder,* Hoffmann v. Fallersleben, Heinrich, Wolfsburg 1953
- *Nordsee-Geschichten,* Fock, Gorch, Orion-Heimreiter, 1989
- *Reisebilder – Späte Lyrik,* Heine, Heinrich, Goldmann, München 1959
- *Werke in einem Band,* Storm, Theodor, Hauser, München/Wien 1988
- *Auserwählte Novellen, ill. v. W. Busch,* Storm, Theodor, Parkland, Stuttgart 1989

Anhang

HILFE!

Dieses Reisehandbuch ist gespickt mit unzähligen Adressen, Preisen, Tips und Infos. Nur vor Ort kann überprüft werden, was noch stimmt, was sich verändert hat, ob Preise gestiegen oder gefallen sind, ob ein Hotel, ein Restaurant immer noch empfehlenswert ist oder nicht mehr, ob ein Ziel noch oder jetzt erreichbar ist, ob es eine lohnende Alternative gibt usw.

Unsere Autoren sind zwar stetig unterwegs und versuchen, alle zwei Jahre eine komplette Aktualisierung zu erstellen, aber auf die Mithilfe von Reisenden können sie nicht verzichten.

Darum: Schreiben Sie uns, was sich geändert hat, was besser sein könnte, was gestrichen bzw. ergänzt werden soll. Nur so bleibt dieses Buch immer aktuell und zuverlässig. Gut verwertbare Informationen belohnt der Verlag mit einem Sprechführer Ihrer Wahl aus der über 100 Bände umfassenden Reihe „Kauderwelsch". Wenn sich die Infos direkt auf das Buch beziehen, würde die Seitenangabe uns die Arbeit sehr erleichtern.

Bitte schreiben Sie an:

REISE KNOW-HOW Verlag Peter Rump GmbH, Osnabrücker Str. 79 D-33649 Bielefeld, oder per e-mail an: info@reise-know-how.de

Danke!

Deutschland

Europa

REISE KNOW-HOW Bücher werden von Autoren geschrieben, die Freude am Reisen haben und viel persönliche Erfahrung einbringen. Sie helfen dem Leser, die eigene Reise bewußt zu gestalten und zu genießen. Wichtig ist uns, daß der Inhalt nicht nur im reisepraktischen Teil „Hand und Fuß" hat, sondern daß er in angemessener Weise auf Land und Leute eingeht. Die Reihe REISE KNOW-HOW soll dazu beitragen, Menschen anderer Kulturkreise näher zu kommen, ihre Eigenarten und ihre Probleme besser zu verstehen. Wir achten darauf, daß jeder Band gemeinsam gesetzten Qualitätsmerkmalen entspricht. Um in einer Welt rascher Veränderungen laufend aktualisieren zu können, drucken wir bewußt kleinere Auflagen.

RAD & BIKE:

REISE KNOW-HOW RAD & BIKE sind Radführer von lohnenswerten Reiseländern bzw. Radreise-Stories von außergewöhnlichen Radtouren durch außereuropäische Länder und Kontinente. Die Autoren sind entweder bekannte Biketouren-Profis oder „Newcomer", die mit ihrem Bike in kaum bekannte Länder und Regionen vorstießen. Wer immer eine Fern-Biketour plant - oder nur davon träumt – kommt an unseren RAD & BIKE-Bänden nicht vorbei!

Amrum
ISBN 3-89416-720-3
Hauptstadt Berlin mit Potsdam
ISBN 3-89416-688-6
Insel Borkum
ISBN 3-89416-632-0
Insel Fehmarn
ISBN 3-89416-683-5
Insel Föhr
ISBN 3-89416-721-1
Harz/Ost
ISBN 3-89416-228-7
Harz/West
ISBN 3-89416-227-9
Insel Langeoog
ISBN 3-89416-684-3
Mecklenburg/Brandenburg Wasserwandern
ISBN 3-89416-221-x
Mecklenburg/Vorpommern Binnenland
ISBN 3-89416-615-0
München
ISBN 3-89416-672-x
Norderney
ISBN 3-89416-652-5
Nordfriesische Inseln
ISBN 3-89416-601-0
Nordseeinseln
ISBN 3-89416-197-3
Nordseeküste Niedersachsens
ISBN 3-89416-603-7
Ostdeutschland individuell
ISBN 3-89662-480-6
Ostfriesische Inseln
ISBN 3-89416-602-9
Ostseeküste/Mecklenburg-Vorpom.
ISBN 3-89416-184-1
Ostseeküste Schleswig-Holstein
ISBN 3-89416-631-2
Rügen und Hiddensee
ISBN 3-89416-654-1
Sächsische Schweiz
ISBN 3-89416-630-4
Schwarzwald
ISBN 3-89416-611-8
Schwarzwald/Nord
ISBN 3-89416-649-5
Schwarzwald/Süd
ISBN 3-89416-650-9
Insel Sylt
ISBN 3-89416-682-7
Thüringer Wald
ISBN 3-89416-651-7
Usedom
ISBN 3-89416-691-6

Amsterdam
ISBN 3-89416-677-0
Andalusien
ISBN 3-89416-679-7
Bretagne
ISBN 3-89416-175-2
Budapest
ISBN 3-89416-660-6
Bulgarien
ISBN 3-89416-220-1
Costa Brava
ISBN 3-89416-737-8
Costa del Sol
ISBN 3-89416-723-8
Dänemarks Nordseeküste
ISBN 3-89416-634-7
England, der Süden
ISBN 3-89416-676-2
Europa Bike-Buch (RAD & BIKE)
ISBN 3-89662-300-1
Gardasee
ISBN 3-89662-729-7
Gran Canaria
ISBN 3-89416-665-7
Großbritannien
ISBN 3-89416-617-7
Hollands Nordseeinseln
ISBN 3-89416-619-3
Irland-Handbuch
ISBN 3-89416-636-3
Island
ISBN 3-89662-035-5
Kärnten
ISBN 3-89662-105-x
Kreta
ISBN 3-89416-739-4
Litauen & Kaliningrad
ISBN 3-89416-169-8
Das Tal der Loire
ISBN 3-89416-681-9
London
ISBN 3-89416-673-8
Madeira
ISBN 3-89416-722-x
Madrid
ISBN 3-89416-731-9
Mallorca
ISBN 3-89662-166-1
Mallorca für Eltern und Kinder
ISBN 3-89662-158-0
Mallorca, Reif für
ISBN 3-89662-168-8
Mallorca, Wandern auf
ISBN 3-89662-162-9

P R O G R A M M Ü B E R S I C H T

PROGRAMMÜBERSICHT

PROGRAMMÜBERSICHT

Register

Anhang

Kartenverzeichnis

Der Autor

Wer könnte besser einen Reiseführer für die deutschen Nordseeinseln schreiben als jemand, der an der Nordsee (Cuxhaven, 1942) geboren wurde, mit Salzwasser im Blut viele Jahre lang zur See fuhr und fließend „Platt" spricht?

Der vorliegende Nordseeführer ist Roland Hanewalds fünfzehntes Buch, seit er sich zu Beginn der achtziger Jahre nach und nach von der Seefahrt verabschiedete, um als Schriftsteller, Journalist und Fotograf in eigener Regie weiterzumachen. Zu seinen Büchern gesellen sich weit über fünfhundert Bildreportagen in bislang dreißig Ländern.